21 世纪全国高等院校财经管理类规划教材

数字营销

刘雪娇　侯治平　主编

北京大学出版社
PEKING UNIVERSITY PRESS

图书在版编目(CIP)数据

数字营销 / 刘雪娇, 侯治平主编. —— 北京：北京大学出版社, 2025.6. ——(21世纪全国高等院校财经管理类规划教材). —— ISBN 978-7-301-36363-8

Ⅰ. F713.365.2

中国国家版本馆 CIP 数据核字第 2025XG1069 号

书　　　名	数字营销 SHUZI YINGXIAO
著作责任者	刘雪娇　侯治平　主编
策 划 编 辑	温丹丹
责 任 编 辑	吴坤娟　王　璠
标 准 书 号	ISBN 978-7-301-36363-8
出 版 发 行	北京大学出版社
地　　　址	北京市海淀区成府路 205 号　100871
网　　　址	http://www.pup.cn　新浪微博：@北京大学出版社
电 子 邮 箱	编辑部 zyjy@pup.cn　总编室 zpup@pup.cn
电　　　话	邮购部 010-62752015　发行部 010-62750672　编辑部 010-62754934
印 刷 者	北京圣夫亚美印刷有限公司
经 销 者	新华书店
	787 毫米×1092 毫米　16 开本　14.5 印张　344 千字 2025 年 6 月第 1 版　2025 年 6 月第 1 次印刷
定　　　价	45.00 元

未经许可，不得以任何方式复制或抄袭本书之部分或全部内容。
版权所有，侵权必究
举报电话：010-62752024　电子邮箱：fd@pup.cn
图书如有印装质量问题，请与出版部联系，电话：010-62756370

前言

随着科技的日新月异，我们已全面迈入数字化时代。从智能手机到智能家居，从云计算到物联网，数字技术已渗透到生活的每一个角落，极大地提升了效率与便捷性。企业也在这场数字化浪潮中积极探索转型之路，利用数字技术优化生产流程、创新服务模式、拓展市场空间，以实现可持续发展。

习近平总书记强调："要发展数字经济，加快推动数字产业化，依靠信息技术创新驱动，不断催生新产业新业态新模式，用新动能推动新发展。"这一重要指示，不仅体现了党中央对数字经济的高度重视，也为各行各业的数字化转型提供了根本遵循。在党的领导下，我国数字经济发展取得显著成效，为经济社会发展注入了强大动力。

在此背景下，数字营销作为连接企业与消费者的桥梁，其重要性日益凸显。通过运用互联网、大数据、社交媒体等数字化手段，企业能够更精准地洞察市场需求，更有效地触达目标消费者，从而实现营销效果的最大化。数字营销不仅降低了营销成本，提高了营销效率，还为企业带来了更广泛的商业机遇和更广阔的市场空间。在当前竞争激烈的市场环境中，掌握数字营销技能已成为企业立足和发展的必备条件。

本书正是基于这样的时代背景编写而成的。本书围绕市场营销和数字技术两条主线，系统介绍了数字营销的原理和方法，通过构建数字营销体系，聚焦前沿理论，阐释了如何通过数据赋能企业营销活动，并融入企业全新实践，创造经济和社会价值。本书将数字技术融入营销链路各环节，系统介绍了各种数字营销的方法和工具等，紧密结合我国企业特点，挖掘数据驱动的营销精髓。同时，各章节贯穿各类案例，且突出本土案例，使学生能够更直观地理解数字营销的实际操作。针对大数据时代的数据滥用、隐私侵犯等热点问题，本书强调了合理、合法、合规地使用数字技术的重要性，旨在帮助读者树立正确的数据观和价值观。此外，本书还非常注重理论与实践的结合，每章都精心配置了案例引入和案例分析等环节，旨在培养读者的职业素养，既强化其营销专业能力，又注重提升其胜任工作的综合职业能力。

本书可作为普通高等院校市场营销、电子商务、工商管理、国际贸易、互联网数据管理和应用、大数据分析等专业的教材，也可供从事互联网数据工作、市场营销工作、市场运营与管理工作的读者参考使用。

本书由吉利学院专任教师刘雪娇、广州工商学院教授侯治平担任主编，其中刘雪娇负责统稿与内容修改，侯治平负责全书框架设计；成都联工筑科技有限公司总经理陆永强，吉利学院专任教师李韵如、黄燚、曾晋担任副主编。

本书编写分工如下：刘雪娇编写第三章（第三、四节），第六章，第七章，第八章；侯治平编写第二章（第五节）、第五章；陆永强编写第四章；李韵如编写第十章、第十一章、第十二章；黄燚编写第一章，第二章（第一、二、三、四节），第九章；曾晋编写第三章（第一、二、五节）。

本书由吉利学院数字营销现代产业学院第一批产品思维教材建设（2024）项目经费支持。在编写过程中，编者参考了大量国内外同行和企业管理者的著作、文章、案例，谨向所有使本书受益的优秀作者致以诚挚的谢意。

由于时间和编者水平所限，书中难免存在疏漏之处，恳请各位专家和广大读者批评指正。如有疑问，可通过邮箱 lxjiao6688@163.com 与编者联系。

编　者
2025 年 4 月

第一篇 基础篇

第一章 数字营销概论 ········· 3
第一节 数字营销的内涵 ········· 4
第二节 从传统营销到数字营销 ········· 7

第二章 数字营销的理论基础 ········· 11
第一节 传统营销组合理论 ········· 12
第二节 顾客价值共创理论 ········· 14
第三节 顾客体验旅程理论 ········· 15
第四节 顾客购买决策模型 ········· 19
第五节 营销战略理论 ········· 26

第三章 数字营销的基础——数据 ········· 30
第一节 认识数据运营 ········· 31
第二节 梳理数据 ········· 32
第三节 收集数据 ········· 38
第四节 分析数据 ········· 48
第五节 应用数据 ········· 54

第二篇 实施篇

第四章 识别数字化用户 ········· 61
第一节 数字消费者行为特征 ········· 62
第二节 数字消费者购买决策过程 ········· 65
第三节 用户画像和企业画像 ········· 71
第四节 消费者行为分析模型 ········· 79

第五章 推广数字化广告 ········· 86
第一节 数据驱动的数字化推广 ········· 87

  第二节 数字化广告 …… 88
  第三节 数字化广告的投放 …… 92
  第四节 数字化广告的实现 …… 97

第六章 转化数字化用户 …… 104
  第一节 产品数字化 …… 105
  第二节 产品价格数字化 …… 108
  第三节 营销渠道的数字化 …… 112
  第四节 内容营销对用户转化的影响 …… 116
  第五节 用户获取成本与用户生命周期价值 …… 120

第七章 运营数字化用户 …… 122
  第一节 用户成长路径规划 …… 123
  第二节 消费者资产分析 …… 126
  第三节 数字化的用户深度运营 …… 133
  第四节 用户忠诚度计划 …… 139

第八章 评估数字化效果 …… 146
  第一节 整体营销效果分析 …… 147
  第二节 用户质量分析 …… 150
  第三节 广告营销效果分析 …… 154
  第四节 营销运营效果分析 …… 158
  第五节 品牌资产效果分析 …… 163

第三篇 工具篇

第九章 社会化媒体营销 …… 169
  第一节 社会化媒体营销 …… 170
  第二节 微博营销 …… 171
  第三节 微信营销 …… 175

第十章 数字触点 …… 184
  第一节 数字触点 …… 185
  第二节 短视频营销 …… 186
  第三节 直播营销 …… 193

第十一章　内容营销 …… 200

第一节　内容营销 …… 201
第二节　KOL 营销 …… 205
第三节　小红书营销 …… 208

第十二章　元宇宙营销 …… 212

第一节　元宇宙营销 …… 213
第二节　虚拟游戏营销 …… 214
第三节　电子竞技营销 …… 217

参考文献 …… 221

第一篇

基础篇

第一章 数字营销概论

学习目标

1. 掌握数字营销基本概念和特征。
2. 了解数字营销的发展历程。

案例引入

吉利汽车的数字营销转型

随着数字技术的飞速发展，汽车行业的营销环境正经历着深刻变革。吉利汽车作为行业内的领军企业，敏锐地捕捉到了这一趋势，并成功实施了数字营销转型，为企业发展注入了新的活力。

吉利汽车构建了一个融合官方网站、应用程序（Application，APP）、社交媒体矩阵及电商平台的全方位数字营销平台。这一平台不仅实现了产品全面展示、信息一键查询、在线便捷购车与深度用户互动的完美融合，还通过大数据技术的深度应用，精准剖析用户的行为、兴趣偏好及消费习惯，为每位目标客户量身定制个性化推荐，显著提升了营销效率，同时赋予了用户前所未有的优质体验。

在内容营销领域，吉利汽车持续创新，精心策划并制作了一系列高质量的视频、图文及直播内容，以生动的形式传递品牌的核心价值、详尽的产品信息及感人的用户故事。这些丰富多元的内容不仅极大地丰富了用户的浏览体验，还在无形中提升了品牌的市场认知度和美誉度。

同时，吉利汽车深刻洞察社交媒体的力量，积极活跃于微博、微信、抖音等热门平台，通过发布引人入胜的话题、举办创意满满的线上活动，并携手知名关键意见领袖（Key Opinion Leader，KOL）① 共创精彩内容，与广大用户建立起深度互动的桥梁，成功吸引了大量用户的关注与参与，进一步巩固了品牌的市场地位。

吉利汽车将线上营销的高效便捷与线下实体店的亲身体验相结合，打造出一种全新的无缝购物模式。用户可以在线上轻松浏览产品信息、预约试驾服务，随后步入线下实体店，享受实车驾驶的乐趣，并获得专业的购车咨询与贴心的售后服务。这种线上线下深度融合的营销策略，不仅提升了购车的便捷性，还加深了用户对品牌的信任

---

① 指拥有更多的产品信息，对某群体的购买行为有较大影响力的人。

和依赖。

吉利汽车的数字营销转型取得了显著成效。一方面,品牌曝光度和知名度大幅提升,用户群体不断扩大;另一方面,用户互动性和参与度显著提高,品牌忠诚度得到增强。此外,通过精准营销和线上线下融合营销,吉利汽车的销售业绩也实现了稳步增长。

第一节 数字营销的内涵

一、数字营销的概述

20 世纪 90 年代,数字营销的雏形开始显现。这一时期,大型企业开始尝试利用电子邮件和企业网站来推广自己的产品和服务。电子邮件成为企业与潜在客户沟通的新渠道,而企业网站则提供了产品信息的在线展示平台。虽然这一阶段的数字营销手段相对单一,但它为企业打开了一个全新的营销世界。

21 世纪初,随着搜索引擎和社交媒体的兴起,数字营销迎来了新的发展机遇。搜索引擎优化(Search Engine Optimization,SEO)技术的出现,使得企业能够通过提升网站在搜索引擎中的排名,吸引更多的潜在客户。同时,社交媒体的兴起为企业提供了与消费者直接互动的平台。这一时期,数字营销开始注重与消费者的双向沟通,强调用户体验和口碑传播。2005 年前后,随着社交媒体的广泛普及,数字营销进入了一个新的阶段。企业开始利用这些平台与用户进行互动,建立品牌形象,并通过社交媒体广告进行更精准的目标营销。社交媒体营销不仅提升了用户参与度,还为品牌提供了更直接的用户反馈渠道。

到了 2010 年,移动设备的普及和大数据技术的发展为数字营销带来了新的变革。移动应用、短信营销等新型数字营销手段应运而生,使得企业能够随时随地与消费者保持联系。大数据分析技术的运用更是让数字营销实现了质的飞跃。通过对消费者行为的深入分析,企业能够更精准地定位目标市场,制定个性化的营销策略。

近年来,随着人工智能(Artificial Intelligence,AI)、物联网等技术的不断发展,数字营销正朝着更加智能化、自动化的方向发展。智能推荐系统能够根据消费者的购物历史和浏览行为,为其推荐合适的产品;而物联网技术的应用,则使得企业能够实时追踪产品的使用情况,为消费者提供更加贴心的服务。

数字营销是利用网络技术、数字技术和移动通信技术等技术手段,借助各种数字媒体平台,针对明确的目标用户,为推广产品和服务、实现营销目标而开展的精确化、个性化、定制化的实践活动,它是数字时代下企业与用户建立联系的一种独特的营销方式。

二、数字营销的特征

在数字化时代,数字营销以其独特的优势和特征,正在逐步替代传统营销。数字营销不仅提高了营销效率,还实现了对目标受众的精确触达,使营销效果最大化。下面将从以下六个方面详细阐述数字营销的特征。

1. 营销技术化

在数字营销的新时代,数据已然成为企业最宝贵的资产和决策的核心依据。随着技术的不断进步,企业如今能够通过多维度、精细化的数据追踪与分析,深入洞察用户行为,从而更加精准地把握市场动态和消费者需求。

通过深度追踪用户的在线行为,企业可以了解消费者的浏览习惯、购买偏好以及社交媒体互动模式,进而描绘出精细的用户画像。同时,对网站流量的精细剖析能够揭示访问者的来源、停留时间、转化率等关键指标,帮助企业评估不同渠道的营销效果并优化资源配置。此外,全面把控广告效果也是数据驱动决策的重要环节,对曝光量、点击率以及转化率等数据的实时监控,有助于企业及时调整广告策略,实现营销效果最大化。

数据驱动的决策模式不仅提升了营销的精准度和效率,还使得企业能够在激烈的市场竞争中保持敏锐的洞察力。借助先进的数据分析工具和技术,企业可以更加科学地评估营销活动的影响力,预测市场趋势,并制定更为精准的营销策略。

2. 深度互动性

数字营销的深度互动性是其最显著的特征之一。传统营销方式往往是单向的,企业向消费者传递信息,而消费者则处于被动接受的状态。然而,在数字营销中,企业与消费者之间建立了双向沟通的桥梁,实现了深度的互动与交流。这种深度互动性主要体现在以下几个方面。

首先,企业可以通过社交媒体、官方网站等渠道,及时发布产品信息、促销活动等内容,并邀请消费者参与讨论、分享心得。消费者可以随时随地与企业进行互动,提出自己的意见和建议,从而参与到产品研发、市场推广等环节中。

其次,数字营销配备了在线客服、智能问答等功能,帮助消费者解决购物过程中遇到的问题,提高消费者满意度。

最后,借助数字营销的深度互动性,企业可以更好地了解消费者的需求和偏好,为产品研发和市场决策提供有力支持。

数字营销的深度互动性不仅提高了消费者的参与度和忠诚度,还为企业带来了更多的商业机会。通过与消费者的实时互动,企业可以及时调整产品策略,满足市场需求,从而在激烈的市场竞争中脱颖而出。

3. 目标精准性

数字营销的另一个重要特征是目标精准性。在传统营销中,企业往往难以准确地找到目标受众,导致营销效果不佳。然而,在数字营销中,企业可以利用大数据和 AI 技术,对消费者的购物行为、浏览记录、搜索历史等数据进行深入分析,从而精确地定位目标受众。这种目标精准性主要体现在以下几个方面。

首先,企业可以通过数据分析,了解消费者的年龄、性别、地域等基本信息,以及购物习惯、兴趣爱好等深层次信息。这些信息有助于企业制定更加精准的营销策略,提高营销效果。

其次，数字营销可以实现广告定向投放。企业可以根据消费者的特征和需求，将广告精准地推送给目标受众，从而提高广告的点击率和转化率。

最后，企业可以优化产品组合和定价策略，以满足不同消费者的需求，提升销售额和利润。

数字营销的目标精准性不仅提高了营销的效率和效果，还降低了营销成本。企业可以更加精确地投入资源，避免盲目投放和浪费。同时，目标精准性也有助于提升品牌形象和知名度，吸引更多的潜在客户。

4. 平台多样性

数字营销的平台多样性为企业提供了更多的选择和灵活性。传统营销受限于特定的渠道和媒介，而数字营销则可以利用互联网、移动互联网、社交媒体、搜索引擎等多个平台进行推广。这种平台多样性带来了以下几个显著的优势。

首先，平台多样性扩大了企业的市场覆盖范围。通过在不同的平台上开展营销活动，企业能够触及更广泛的受众群体，无论是年轻人还是老年人，都能找到适合他们的触达方式。

其次，平台多样性为企业提供了更多的营销手段和工具。企业可以根据不同平台的特点和用户群体，制定差异化的营销策略，如制作短视频、发起话题挑战、进行直播销售等，从而更有效地吸引和转化潜在客户。

最后，平台多样性有助于降低营销风险。当某个平台出现问题或流量下降时，企业可以迅速调整策略，将资源投向其他平台，确保营销活动的连续性和稳定性。

然而，平台多样性也带来了一定的挑战。企业需要不断学习和适应各个平台的规则和特点，以便更好地利用其优势。同时，跨平台营销也需要统一的品牌形象和规范的信息传递，以避免品牌形象受损和信息混乱。

5. 灵活性与实时性

数字营销的灵活性与实时性是其区别于传统营销方式的重要特征之一，赋予了企业在动态市场环境中快速响应和调整的能力。

灵活性体现在数字营销可以随时根据市场状况、消费者需求、竞争态势等因素进行策略调整。例如，当市场趋势发生变化时，企业可以迅速调整产品定位、宣传策略或促销手段，以适应新的市场环境。这种灵活性还体现在对营销渠道的选择上，企业可以根据目标受众的媒体使用习惯，灵活选择投放广告的平台和方式。

实时性则是指数字营销能够即时反馈营销效果，并允许企业根据实际情况即时进行调整。通过互联网和移动技术，企业可以实时监控广告的点击率、转化率、用户行为等数据，从而迅速了解营销活动的效果。如果发现某项策略效果不佳，企业可以立即停止或调整，避免资源的浪费。同时，实时性也使得企业能够抓住瞬时的市场机遇，例如借助热门事件或话题进行借势营销，提升品牌曝光度和影响力。

灵活性与实时性相辅相成，共同构成了数字营销的高效调整机制。灵活性使得企业敢于尝试不同的营销策略，而实时性则提供了检验策略有效性的即时反馈。这种组合使得数字营销成为一种高度动态和适应性强的营销方式，能够帮助企业在快速变化的市场中保持领先地位。

6. 服务的个性化与定制化

随着消费者需求的日益多样化，服务的个性化与定制化成为数字营销的重要特征。数字营销通过收集和分析消费者的数据，为每位消费者提供量身定制的产品和服务推荐。这种服务的个性化与定制化体现在以下几个方面。

首先，企业可以利用大数据和 AI 技术，根据消费者的购物历史、浏览记录等信息，为其推荐合适的商品和服务。例如，电商平台会根据用户的购买记录和浏览行为，为其推送相关的商品推荐，提高购物的便利性和满意度。

其次，数字营销可以实现定制化服务。消费者可以根据自己的需求和偏好，定制个性化的产品。企业根据消费者的定制需求，提供专属的设计和生产服务，满足消费者的个性化需求。

服务的个性化与定制化不仅提升了消费者的购物体验，还增强了消费者对品牌的忠诚度和黏性。同时，它也为企业带来了更高的消费者满意度和口碑传播效应，促进了业务的持续增长。

第二节　从传统营销到数字营销

一、传统营销的发展

1. 传统营销的定义

传统营销是一种交易营销，它强调将尽可能多的产品和服务提供给尽可能多的消费者。企业通过传统媒体和渠道，如电视、广播、报纸、杂志以及户外广告等，来推广和销售产品或服务。这种营销方式强调产品的功能性和差异性，并通过各种促销活动来刺激消费者的购买欲望。这种模式关注顾客体验，具有较强的交流性，让消费者能够看到现实的产品并体验购物的休闲乐趣，从而取得消费者的信赖。

2. 传统营销的历史背景

（1）起源阶段

传统营销的历史可以追溯到工业革命时期，特别是 19 世纪中期。当时，商品生产出现了大幅增长，这推动了商品销售方式和销售策略的发展。营销的重心主要在于如何分销大量生产的商品，因此早期的广告和促销活动应运而生。为了扩大销售，企业开始尝试各种宣传手段，如张贴海报、派发传单等，以吸引消费者的注意。这些早期的营销活动构成了传统营销的雏形。

（2）发展阶段

进入 20 世纪，随着市场的不断扩大和消费者需求的多样化，营销开始更加注重市场研究和消费者行为分析。20 世纪 20 年代，广告业兴起，企业开始认识到品牌形象和广告的重要性。此时的营销模式更加关注产品的销售和推广。到了 20 世纪 50 年代，营销的概念进一步发展，形成了更为系统的营销组合理论。这个时期的营销开始注重市场细分和目标市场的选择，以及如何根据消费者的需求来调整产品策略。

（3）演变阶段

随着市场竞争的日益激烈和消费者需求的不断升级，传统营销也在不断演变和创新。例如，企业开始注重品牌建设，通过打造独特的品牌形象和口碑来吸引消费者。同时，各种促销手段和营销策略也层出不穷，如打折、赠送礼品、建立会员制度等，以刺激消费者的购买欲望。

在现代市场中，传统营销仍然发挥着重要作用。许多消费者仍然倾向于在实体店购买商品，目的是享受亲自挑选和试用的乐趣。传统营销也为品牌建设和市场推广提供了有效的手段。通过广告和促销活动，企业能够迅速提升品牌知名度和市场占有率。然而，随着互联网和数字技术的飞速发展，传统营销也面临着新的挑战和机遇。越来越多的企业开始将传统营销与数字营销相结合，以更全面地覆盖目标受众，提升营销效果。

总的来说，传统营销在历史长河中经历了不断的发展和演变，至今仍在现代市场中发挥着重要作用。然而，面对数字化时代的挑战和机遇，企业也需要不断创新和调整营销策略以适应市场的变化。

二、数字营销的发展

数字营销在中国的历史可以追溯到 20 世纪 90 年代末。在接下来的二十多年里，数字营销在中国经历了一个从萌芽到蓬勃发展的过程。在这段时期，数字营销从最初的门户网站展示广告和搜索营销，逐渐演化为社交媒体营销、视频营销、内容营销、直播营销等多种形态。随着时间的推进，更多先进技术，如 AI 和元宇宙概念，也被纳入其中。数字营销的发展阶段如表 1-1 所示。

表 1-1 数字营销的发展阶段

阶段	数字营销 1.0	数字营销 2.0	数字营销 3.0	数字营销 4.0
时间	2000—2008 年	2009—2013 年	2014—2018 年	2019 年至今
互联网技术	宽带	3G	4G	5G
主要营销模式	早期数字营销：线上广告	交互营销：互联网+营销	精准营销：大数据+营销	智能营销：AI+营销
主要媒体形态	展示广告、图片广告、文字链、搜索以及富媒体	搜索广告、社交媒体广告	个性化广告	全渠道广告
主要营销渠道	广播、电视、门户网站	社交媒体、短视频	直播、整合营销	生态营销

1. 数字营销 1.0：基于 Web1.0 技术的单向信息推广

在数字营销的初始阶段，我们迎来了数字营销 1.0 时代，这是基于 Web1.0 技术的单向信息传递模式。在这一时期，互联网刚刚兴起，网页主要以静态形式存在，信息流动是单向的，即从发布者流向接收者。数字营销 1.0 充分利用了这种新兴的网络技术，通过创建精美的网页，将品牌信息、产品详情单向推送给广大网友。这种模式的优势在于覆盖面广，能够快速地将营销信息传递给大量受众。同时，由于 Web1.0 技术的稳定性，这种营销方式也具有较高的可靠性和持久性。

然而，数字营销 1.0 的局限性也显而易见。它缺乏互动性，消费者无法直接与企业进行沟通交流，企业也难以获取消费者的直接反馈。此外，由于信息传递的单向性，企业无法根据消费者的需求和偏好调整营销策略，这在一定程度上限制了营销效果的最大化。

2. 数字营销 2.0：借助 Web2.0 技术实现的互动式营销

随着 Web2.0 技术的崛起，数字营销进入了 2.0 时代。这个时代的特点在于互动性和用户参与度的显著提升。Web2.0 技术允许用户更加主动地参与到网络内容的创造和分享中，博客、论坛、社交媒体等平台的兴起，使得消费者和企业之间的沟通交流变得前所未有的便捷。

数字营销 2.0 充分利用了这些平台的互动性，通过话题讨论、线上活动、用户投票等方式，吸引消费者积极参与，从而增强了品牌与消费者之间的联系。这种营销模式的优势在于它能够提高消费者的参与度和品牌忠诚度，同时也有助于企业更直接地了解消费者的需求和反馈。

但是，数字营销 2.0 也面临着一些挑战。随着社交媒体的普及，信息传播的速度日益加快，一旦出现负面舆论，很容易对企业形象造成不良影响。因此，在数字营销 2.0 时代，企业需要更加谨慎地处理与消费者的互动关系，及时应对可能出现的各种危机。

3. 数字营销 3.0：大数据驱动的精准营销策略

进入数字营销 3.0 时代，大数据技术的运用使得营销变得更加精准和高效。这个时代的企业不再满足于广泛的覆盖面和简单的互动，而是追求对消费者的深入了解，以实现个性化的营销策略。

通过收集和分析消费者的在线行为数据、购买记录等，企业可以构建出精细的用户画像，从而精准地推送符合消费者兴趣和需求的内容。数字营销 3.0 的优势在于它能够提高营销的针对性和效果，降低无效投放的成本，同时也有助于提升消费者的购物体验和满意度。

然而，数字营销 3.0 也面临着数据安全和隐私保护的问题。企业在收集和使用与消费者相关的数据时，必须严格遵守相关法律法规，确保数据的合法性和安全性。

4. 数字营销 4.0：AI 赋能的智慧化营销

随着 AI 技术的不断发展，数字营销迎来了 4.0 时代。这个时代的特点在于智慧化和自动化水平的提升。通过使用 AI 技术，企业可以更加智能地分析与消费者相关的数据，预测市场趋势，制定更精准的营销策略。

数字营销 4.0 利用机器学习、自然语言处理等技术，实现了营销内容的自动化生成和个性化推荐。这种模式的优势在于它能够极大地提高营销效率，减少人工干预的成本，同时也能够为消费者提供更加贴心和个性化的服务。

但是，AI 技术的应用也带来了一定的挑战。例如，机器学习模型的训练需要大量的数据支持，而数据的获取和处理成本相对较高。此外，随着技术的不断进步，企业也需要不断更新和优化自身的营销系统，以适应市场的快速变化。

总的来说，从数字营销 1.0 到数字营销 4.0 的演变过程中，我们可以看到技术与营销的不断融合与进步。每个时代都有其独特的优势和挑战，企业需要紧跟时代的步伐，不断创新和优化自身的营销策略，以适应不断变化的市场环境。在未来的发展中，数字营销将继续向更加智能化和个性化的方向发展，为消费者提供更加优质的服务体验。

案例分析

宝洁的信息化再造和数字化转型

作为全球知名的消费品巨头,宝洁自19世纪创立以来始终站在行业前沿。进入21世纪以后,随着信息技术的飞速发展和消费者需求的多样化,宝洁逐渐意识到传统运营模式已难以满足市场的新要求,于是开启了信息化再造和数字化转型的征程。

1. 信息化再造阶段

2002年:宝洁在全球范围内整合企业资源规划系统,实现了从生产、销售到财务等各个环节的数据一体化管理。这一举措标志着宝洁迈出了信息化再造的第一步,为后续的数字化转型奠定了坚实基础。

2003—2007年:宝洁持续优化其信息化基础设施,包括电子办公系统、商业流程管理系统,确保业务流程的高效运转。销售人员开始利用移动设备进行市场巡查,实时反馈市场信息,提升市场响应速度。

2. 数字化转型阶段

2010年:宝洁正式提出全球数字化战略,标志着公司全面进入数字化转型阶段。

2015年:作为数字化转型的试点,宝洁市场营销部门率先进行了数字化、智能化、自动化的全方位变革,并取得了显著成效。这一试点的成功为宝洁全面数字化转型提供了宝贵经验。

2017年:宝洁成立数字创新中心,专注于产品研发、品牌建设及市场执行方面的创新,利用大数据和AI技术深入洞察消费者需求,优化广告投放策略,提升营销效率。

2018年:宝洁大中华区正式开启以供应链为核心的全面数字化技术改革,对生产和运输环节进行智能化升级,同时建立全链路可视化运作的数字系统,实时掌握供应链各端状态,提升整体效能。

2019年:宝洁在数字化转型上不断深化,引入智能生产线和熄灯工厂等先进制造技术,实现生产的自动化和智能化。同时,利用物联网、大数据、云计算和AI等技术,优化供应链管理,提升订单预测和调度能力,为消费者提供更优质的产品和服务。

2020年:宝洁创下近六年来的最佳业绩,数字化转型成为推动其在新时代持续蜕变的关键力量。中国市场在这场变革中扮演了重要角色,成为宝洁数字化转型的主要阵地。

宝洁的信息化再造和数字化转型是一次深刻的组织变革,不仅提升了生产效率和市场竞争力,还为员工创造了更好的工作环境和发展机会。未来,宝洁将继续深化数字化转型,探索更多创新技术和应用场景,引领消费品行业的数字化浪潮。

 思考题

1. 分析数字营销相较于传统营销所具备的主要优势及其面临的挑战。
2. 简述从数字营销1.0到数字营销4.0的发展历程及其主要特征。

第二章 数字营销的理论基础

学习目标

1. 掌握传统营销组合理论的内涵。
2. 了解顾客体验旅程理论。
3. 掌握顾客购买决策模型。
4. 了解营销战略理论的内涵和应用。

案例引入

好来牙膏,全域联动升级消费体验,提升用户价值

作为拥有80多年历史的国民口腔护理品牌,好来牙膏(原黑人牙膏)于2021年年底宣布品牌焕新,并启动了一系列数字营销策略,旨在全域联动升级消费体验,实现用户价值的显著提升。

好来牙膏利用阿里巴巴旗下的瓴羊营销云天攻智投平台,在杭州、武汉等25座城市精准投放分众传媒广告。通过大数据分析,锁定"职场白领人群""家庭人群"等目标消费群体,实现广告的精准触达。数据显示,广告投放后,品牌喜好度从焕新前的63%提升至72%,曝光潜在用户浓度达到43%,相较于自然潜在用户浓度提升108%。

在线上,好来牙膏优化直播机制,推出创意定制礼盒,通过抖音等社交平台进行营销,吸引年轻用户;同时,与明星合作,利用其阳光、自信的形象增强品牌认知度。在线下,好来牙膏加强渠道扩铺和陈列,配合卖场联合活动和派券活动,提升终端销售转化率。通过线上线下的联动,品牌曝光人次超11亿,曝光潜在用户数量超1100万。

通过分析天攻智投平台的数据,好来牙膏对曝光人群的行为进行深度追踪,发现观看过户外广告的用户在后续电商行为上更加积极,其行动力是同城市未观看广告用户的1.8倍。这一发现为品牌后续营销策略的调整提供了有力依据。

好来牙膏的全域联动数字营销策略取得了显著成效。不仅品牌认知度和喜好度大幅提升,还实现了销量的脉冲式增长。数据显示,在广告投放期间,超过70%的用户能够记住好来美白系列的广告,这使得该品牌在中国市场取得了近三年来最好的销售增长业绩。

第一节 传统营销组合理论

企业在确定营销战略后,需根据该战略来规划营销组合策略,这涉及针对目标市场需求,优化并综合运用企业可控的营销要素,如产品、价格、渠道和促销等,旨在更有效地达成营销目标。在营销组合策略的发展过程中,已经形成了多种成熟的理论,并且这些理论还在随市场环境的变化持续进步。

一、4P 理论

4P 理论是市场营销学的经典理论,其核心要素包括产品(Product)、价格(Price)、渠道(Place)和促销(Promotion)。在数字营销中,这四个要素被赋予了新的内涵。

1. 产品

企业利用数字技术深入洞察顾客需求,从而提供个性化产品。在电商直播中,主播会根据顾客的反馈来优化产品选择。

2. 价格

在数字营销中,价格的设定需考虑目标顾客的实时需求与行为,因此,动态定价策略成为重要手段,如电子商务平台上的节日促销和拍卖定价。

3. 渠道

在数字营销中,线上销售渠道成为新方式,企业需要促进线上线下渠道的融合,提供一体化购物体验。

4. 促销

在数字技术的支持下,企业能够实现对顾客的个性化、精准化广告推送,从而提升宣传推广的效果。

二、4C 理论

4C 理论强调以顾客需求为出发点,其核心要素包括顾客(Customer)、成本(Cost)、便利(Convenience)和沟通(Communication)。在数字时代,顾客数据为营销理论注入了新的内涵,指导企业满足顾客的个性化需求。

1. 顾客

企业从顾客需求出发设计产品,洞察顾客需求,构建顾客画像。例如,Nike 的 Air Jordan 系列就是一款为特定消费群体量身定制的产品,它成功地将运动与时尚相结合,满足了年轻顾客的多元化需求。

2. 成本

成本是指顾客为获取产品或服务所愿意支付的费用。企业需减少顾客获取产品或服务的成本,如通过线上直销减少中间环节,从而降低成本。

3. 便利

企业规划分销渠道时需要考虑便利性,减少顾客获取产品或服务的阻碍,整合线上线下购买途径，提供多元化的购物选择。

4. 沟通

企业与顾客需要进行双向互动，提升顾客的参与感，共同创造价值。通过利用数字营销渠道传递信息、收集反馈，企业可以对产品进行创新和改进。例如，京东京造平台通过 C2M（Customer to Manufactory）模式①了解顾客需求，持续改进产品。

三、4R 理论

在 4C 理论的基础上，4R 理论强调关注顾客需求和竞争态势，其核心要素包括关系（Relationship）、反应（Response）、关联（Relevancy）和回报（Reward），标志着关系营销新时代的到来。

1. 关系

企业要想建立长期稳定的顾客关系，关键在于提升服务质量和创造愉悦体验。数字时代为企业提供了更多与顾客互动的机会，有助于增强品牌认同感，如海底捞通过优化服务和会员制度赢得了忠实顾客。

2. 反应

反应是指企业站在顾客的角度，及时倾听和满足顾客的需求。利用先进技术，如增强现实（Augmented Reality，AR）和虚拟现实（Virtual Reality，VR）等，企业可以让产品更便捷地触达顾客，并创造逼真的体验，从而降低非经济成本。

3. 关联

关联是指企业将产品或品牌与顾客的购买动机相结合。通过展现专业能力，企业可以树立专家形象，如当当网在书籍销售领域的表现。产品能力需要满足顾客需求，如淘宝 88VIP 提供的综合优惠。关联战略的核心在于了解顾客需求，塑造专业定位。

4. 回报

回报是指企业通过多种方式回馈顾客，以满足他们的心理需求。企业应关注时间价值，即顾客投入时间的价值。为了提升这一价值，企业可以缩短顾客获取产品或服务的时间，如餐厅在顾客等待超时时提供的减免或赠品。

四、4I 理论

4I 理论强调趣味（Interesting）、利益（Interests）、互动（Interaction）和个性（Individuality）。该理论注重整合营销，鼓励明确战略目标，并充分利用资源。

1. 趣味

趣味是指产品或服务需吸引顾客，如"海底捞网红吃法"引发了广泛的讨论和模仿，这就要求企业借助数字技术和新媒体平台，设计出具有吸引力的内容。

2. 利益

企业需要提供实际利益，包括经济利益和非经济利益，如支付宝的蚂蚁森林满足了顾客的环保需求，从而提升了顾客的使用频率和黏性。

---

① 指从消费者到生产者的模式，也称顾客对工厂模式。

3. 互动

企业需要构建与顾客的双向沟通场景，以增强顾客的参与感和投入度，如利用微博平台邀请顾客参与活动，从而提高品牌认同感。

4. 个性

企业需要关注顾客的独特需求，提供定制化的产品，如通过数据分析洞察顾客需求，进行精准推荐，以培养顾客的忠诚度。

营销组合理论的发展过程如图 2-1 所示。

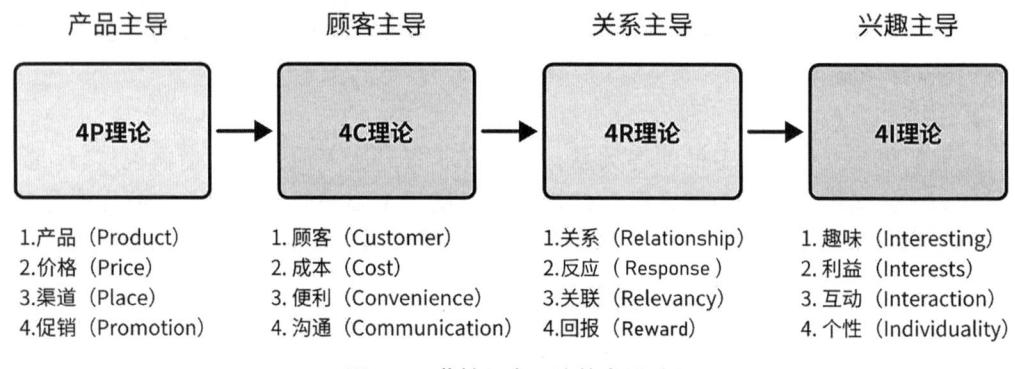

图 2-1　营销组合理论的发展过程

第二节　顾客价值共创理论

近年来，营销组合策略的变革揭示了数字营销日益聚焦于顾客的独特属性、参与体验以及企业与顾客的互动。数字营销高度关注顾客参与，同时倡导顾客与企业共同创造价值。

一、顾客价值共创理论的起源与实质

顾客价值共创理论基于服务主导逻辑，强调顾客作为价值的共同创造者。顾客积极参与产品的交付和使用过程，对企业具有深远的意义。企业借助顾客的参与深入了解其需求，从而提供个性化服务，建立稳固关系。例如，宜家提供家居解决方案，通过线下体验加深顾客对"家"的向往。与顾客合作创造价值已成为企业提升竞争力的关键。例如，小红书平台鼓励顾客分享内容，既满足了顾客的社交需求，又助力了企业的宣传推广。服务生态系统概念逐渐浮现，它涉及顾客、企业等多方参与者，通过产品和服务的交换整合资源并创造价值。例如，淘宝等平台构建了服务生态系统，其中商家、顾客和平台客服是核心角色，共同确保系统的有序运转。

二、顾客价值共创理论在数字营销中的应用

顾客价值共创理论在数字营销中的应用可以通过多种方式实现，如企业建立自己

的品牌社区、利用现有的在线社区，或组织线上线下的联合活动。企业可通过建立在线品牌社区，有效地收集并分析顾客的数据、产品反馈以及各种需求。这些信息不仅有助于企业优化产品和服务、加强与顾客的联系，还能提升顾客获得的产品或服务的质量和满意度。以海尔的智家社区为例，该社区为顾客提供了家电的相关介绍、试用机会以及试用后的体验分享。同时，顾客还可以在此进行产品反馈及建议评价。

若企业资源有限或自建社区效果不佳，利用知名的第三方在线社区也是一个有效的策略。例如，企业可以在微博等平台上创建官方账号，通过这些平台推广产品，与顾客互动，甚至发起活动来引导顾客进行转发、评论和点赞。

此外，组织已经购买产品的顾客参与各类活动也是一个不错的方法。这样既能丰富顾客的产品体验，又能让企业更深入地了解顾客的使用感受和需求满足情况，从而优化产品设计。例如，知乎社区经常在不同城市举办主题快闪展览，结合城市背景提供多样化的知识分享，并向参与者赠送纪念品。这不仅提高了顾客的线下参与度和社区归属感，还有助于企业发掘关键顾客。

第三节　顾客体验旅程理论

根据顾客价值共创理论，企业发展的核心在于与顾客建立长期稳固的关系，洞察其需求，提供卓越体验，共创价值。在数字时代，信息交流渠道日益多样化，顾客体验日益复杂化，由此产生的数据成为洞察顾客需求的宝贵资源。然而，分析顾客行为所面临的挑战也随之增多。

一、顾客体验旅程理论的起源与内涵

顾客体验旅程理论强调企业应重视顾客体验管理。明确顾客体验的定义是关键所在，它涉及顾客与企业互动中的感知、情感反应及后续评价。深入理解此概念有助于企业精准满足顾客需求，进而提升顾客的满意度和忠诚度，使企业在竞争中占据优势。通过优化顾客体验旅程的每个环节，企业能够打造卓越的服务品质，实现长期共赢。

1. 顾客体验

顾客体验是指顾客在与企业交互的过程中，对企业、品牌及产品产生的认知、情感、行为反应、感官体验以及社会影响。这种体验不仅来源于企业可控制的元素，如服务支持、销售策略、产品分类和定价等，还受到企业无法直接控制的因素的影响，如其他顾客的影响以及顾客个人的购买动机等。目前，为了塑造良好的第一印象，企业越来越重视顾客对产品的初步感官体验，特别是视觉、触觉和听觉等方面的感受。顾客体验与顾客对产品的满意度、忠诚度、参与度、购买行为以及顾客与企业之间的关系紧密相连。

顾客体验的质量在很大程度上取决于顾客与企业之间的"接触点"。接触点是指顾客接触到产品信息的任何场景，这些场景可能出现在顾客主动或被动接触产品信息的过程中，如购买、使用和服务环节，以及产品广告、新闻报道、评论和推荐等展示处。

随着数字技术的不断进步,顾客与企业的接触点数量在增加,复杂性也在提升。

2. 顾客体验旅程

顾客体验旅程是一个动态且不断演进的概念,它描绘了顾客在购买周期的各个阶段所经历的持续体验。顾客体验旅程理论深入剖析了接触点以及不断变化的外部环境对顾客体验的影响,从而为企业提供了一种全新的视角来理解顾客体验。同时,该理论也为企业设计并优化顾客体验提供了切实可行的路径。通过深入理解顾客体验旅程,明确关键的顾客接触点,并着重优化那些对顾客吸引力最大以及可能导致顾客中断旅程的接触点,企业能够更好地建立与顾客的长期稳固关系。

(1) 多渠道接触点

在数字时代,触发顾客体验的接触点已经不再局限于实体场所,线上虚拟接触点成为更加多样和便捷的渠道。这些接触点主要来源于企业、合作伙伴、顾客自身以及外部环境等多个方面,如企业的实体门店和线上店铺、合作伙伴的实体门店和电子商务平台、顾客参与的社区论坛、第三方评价网站以及社交媒体平台等。随着移动通信、社交媒体、物联网和 AI 等先进技术的不断发展,顾客能够通过更多个性化的渠道接触到产品。

(2) 全服务周期视角下的顾客体验旅程

全服务周期视角下的顾客体验旅程涵盖购前、购买及购后三个核心环节,且这三个环节彼此关联、循环往复。具体而言,顾客在过去的购物经历中所积累的经验会对其当前及未来的购物决策产生影响。同时,顾客在当下的购物体验中所获得的感受与反馈,又会成为其未来购物决策以及回顾过去购物经历时的参考。这一过程呈现出一种动态、循环的特性,使得顾客的每一次购物体验都成为其整体购物历程中的一个重要组成部分。

①购前阶段。购前阶段涉及顾客在决定购买产品之前,通过线上和线下各种渠道与企业、产品以及品牌进行互动的全面体验过程。这包括明确识别自身需求、主动搜寻相关产品信息、对不同品牌或型号的产品进行比较分析,以及在备选方案中咨询意见并做出筛选等环节。这一阶段是顾客形成购买决策的关键时期,企业的营销策略和顾客服务质量将直接影响顾客的最终选择。

②购买阶段。购买阶段涵盖了顾客在选购产品时与产品及销售环境的全方位互动体验。在此阶段,顾客会通过线上或线下渠道选择心仪的产品,并执行预定和支付等操作。在这一过程中,顾客与产品的直接互动、销售环境的舒适度、支付流程的便捷性等因素都会深刻影响顾客的购买体验和满意度。因此,企业应致力于优化购买流程,提升顾客在选购、下单及支付等环节的便捷性和舒适度。

③购后阶段。购后阶段是指顾客在购买产品后,与企业、产品以及产品相关环境进行的所有后续交互过程。在这一阶段,顾客会对所购产品进行使用,并可能根据需求寻求相应的服务支持,如产品的维修保养或退换货等。同时,顾客还会对产品进行反馈和评价,这些行为不仅深刻地影响着顾客自身的使用体验以及再次购买的意愿,还会对其他潜在顾客的未来购物体验产生重要影响。顾客体验旅程的全过程模型如图 2-2 所示。

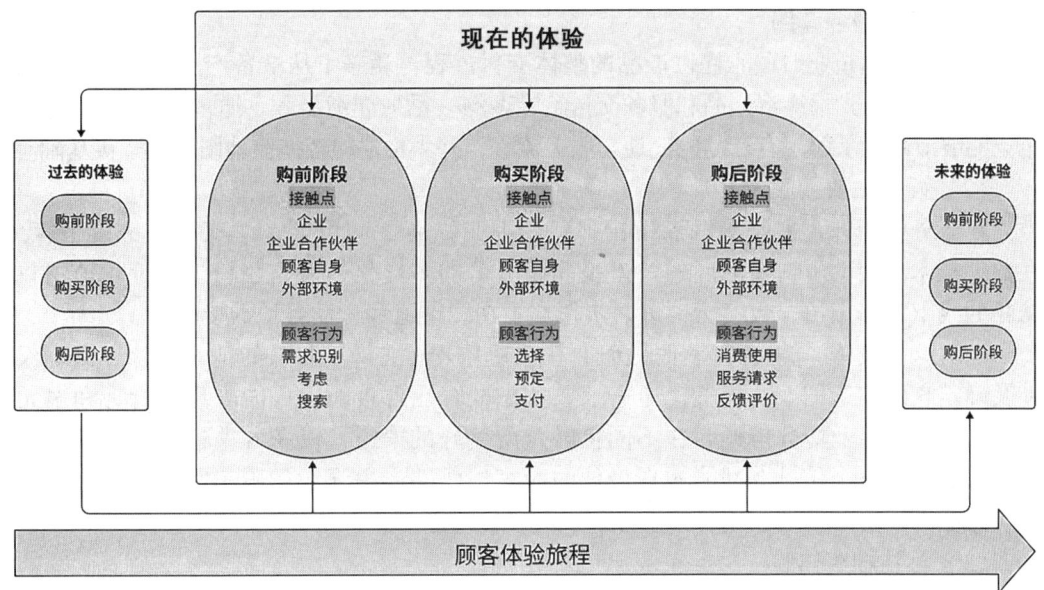

图 2-2 顾客体验旅程的全过程模型①

二、顾客体验旅程理论的应用

为顾客打造优质的整体购物体验是企业销售产品以及与顾客维系长期关系的核心要素。随着顾客体验旅程理论的演进,企业得以从顾客体验的角度出发,对销售及服务流程进行深入剖析、模型构建、有效管理或全新设计。数字技术的兴起为企业拓宽了与顾客互动的渠道,并提供了丰富的数据资源和技术手段来量化评估顾客体验。应用顾客体验旅程理论的关键步骤包括:绘制顾客体验地图、测量顾客体验、管理顾客体验。这涉及对既有流程的描述、对相关数据的收集,以及对数据的深入分析,并以直观方式展示分析结果。

1. 绘制顾客体验地图

顾客体验地图以可视化方式全面展示了服务周期内顾客与产品的交互过程,详细描绘了顾客从产品选购前、购买时、购买后到与企业维系长期关系的整个流程。这张"地图"不仅记录了顾客与产品在各个接触点的关键交互行为,还深入地揭示了顾客所遇到的问题及其真实需求。同时,它还反映了在每个接触点顾客流转的情况,如多少顾客会继续前往下一个接触点,又有多少顾客在此终止旅程。在过往的营销环境下,追踪顾客体验旅程相当困难,数据收集存在诸多限制。但数字营销的兴起为精确制作和分析顾客体验地图提供了海量的数据和便捷的数字化工具。制作这张"地图"通常包含以下三个主要步骤。

---

① Katherine N. Lemon and Peter C. Verhoef, "Understanding Customer Experience Throughout the Customer Journey", *Journal of Marketing*, no. 6 (2016): 69-96.

(1) 绘制服务蓝图

服务蓝图是企业向顾客提供产品的整体交付流程,涵盖了从准备产品、发布产品信息并进行宣传,到最终将产品和服务交付给顾客的一系列详细步骤。通过绘制服务蓝图,企业能够清晰地了解现有产品的流通与服务流程,并为构建顾客体验地图奠定坚实基础。

(2) 确定主要接触点

在服务蓝图中,主要接触点特指那些企业与顾客之间可能产生交互的关键节点。在数字技术的推动下,接触点的类型呈现出显著的多样化趋势。相较于传统营销主要依赖的线下实体渠道,数字营销进一步拓宽了在线渠道和移动渠道的接触点。

面对这一变革,企业需基于服务蓝图,深入探究主要接触点的精确定位。这不仅涉及确定它们在蓝图上的位置,还需细致考虑顾客在各接触点可能展现的行为和多元选择。例如,企业应分析顾客在不同接触点所偏好的渠道,以及各渠道间的顾客转化率,从而确保每个接触点都能实现最佳的顾客接触并产生强大的吸引力。通过这一策略,企业可以更有效地利用各接触点,提升顾客满意度,并增强品牌影响力。

(3) 标注顾客体验

在绘制顾客体验地图的过程中,最核心的步骤是在服务蓝图的各接触点精准标注顾客的体验细节,包括顾客的情绪波动、即时想法以及潜在的痛点。顾客体验地图的核心目标是全面捕捉并记录顾客在全服务周期内的体验轨迹,为分析顾客体验、优化产品与服务提供直观且有力的可视化工具。然而,由于顾客体验本身所具有的抽象性和多变性,在接触点处准确标注顾客体验成为绘制过程中的一大挑战和难点。

2. 测量顾客体验

测量顾客体验是应用顾客体验旅程理论中最重要的一环,如果企业无法精确测量顾客体验,就无法应用顾客体验分析并重新设计服务以达到与顾客建立长久关系的目的。顾客体验的测量依赖不同的数据源,包括来自顾客、外部顾问和企业内部专家的数据。在传统营销中,获取这些数据往往受渠道单一、样本有限等方面影响。随着数字技术和移动设备的普及,如今企业可以借助 AI 技术拓宽数据采集渠道,统计顾客行为,从而更准确地测量顾客体验。下面具体介绍两种测量顾客体验的方式。

(1) 量表测量

传统市场营销领域在探究顾客反馈方面已积累了丰富的经验,开发出多种成熟的量表来衡量不同维度的顾客体验,如经典的五维度服务质量量表和品牌体验量表等。然而,这些传统量表存在主观性强和测量维度不够全面等局限性,且主要依赖顾客的直接反馈。

近年来,随着数字技术的发展,一些新型的顾客体验测量指标逐渐受到重视,如顾客满意度(Customer Satisfaction,CSAT)、净推荐值(Net Promoter Score,NPS)和顾客费力指数(Customer Effort Score,CES)。CSAT 采用李克特五级量表[①]来衡量顾客对产品或服务的满意程度,其简便性使其成为经典的测量工具,但也可能存在偏差。NPS 通过询问顾客是否愿意向亲友推荐产品或服务来评估其推荐意愿,并基于此进一

---

① 李克特五级量表由美国社会心理学家伦西斯·李克特于 1932 年在原有的总加量表基础上改进而成。这种量表由一组与某个主题相关的问题或陈述构成,通过计算量表中各题的总分,可以了解人们对该调查主题的综合态度或看法。

步计算得出相应分值,能够较为客观地预测企业的市场表现和顾客行为。CES 则利用李克特七级量表来评估顾客感知到的产品或服务在简化问题处理方面的便利程度。

为了更准确地获取顾客体验数据,现代企业开始利用机器学习和情感分析等数字分析技术。通过对顾客评论数据的抓取和分析,企业可以直接获取所需测量变量的客观值,无须再依赖传统的问卷调查方式。这些新型的测量指标和分析技术可以单独使用或组合使用,以更全面地了解顾客体验,从而为企业提供有价值的决策支持。

(2) 接触点测量

随着数字技术的飞速发展,企业拥有了更多直接从接触点收集顾客数据以评估顾客体验的渠道。当接触点相对较少时,企业可以深度分析顾客在每个接触点上从信息获取、点击、浏览、咨询直至购买的全程数据,从而精确判断服务质量,并据此对接触点进行优化或重构,以改善顾客体验。

然而,在营销渠道日益多元化的背景下,接触点的数量显著增多,这就要求企业在数据收集时,重视来自不同渠道的多元化数据类型,如顾客的网页浏览行为、线上线下的购买数据、银行及信用卡交易记录、社交网络互动信息以及移动设备使用数据等。同时,企业还需关注不同接触点的使用情况、它们之间的相互影响,以及这些因素如何共同作用于顾客的购买决策。通过这样的综合分析,企业能够更准确地把握顾客需求,进一步优化顾客体验。

3. 管理顾客体验

顾客体验旅程理论的提出不仅突显了管理顾客体验的重要性,还为重塑接触点、设计卓越的顾客体验提供了坚实的理论基础。依据此理论,顾客体验的管理应聚焦于三个核心领域:企业经营理念的革新、顾客体验旅程与接触点的精细设计,以及企业合作伙伴关系的有效管理。

首先,在企业经营理念层面,企业应确立以顾客为中心的经营哲学,强调顾客价值,将提升顾客体验作为首要目标。这需要企业整合多职能部门的力量,确保在产品开发和服务提供过程中始终从顾客的角度出发,充分满足其多样化的需求。

其次,在顾客体验旅程与接触点设计方面,企业应深入剖析顾客体验流程,识别并优化那些可能导致顾客体验不佳的接触点。通过改善或重塑这些接触点,企业可以显著提升顾客满意度和忠诚度。

最后,在合作伙伴关系管理方面,企业应充分认识到合作伙伴在管理顾客体验时的重要性。顾客体验不仅受到企业直接提供的产品和服务的影响,还受到合作伙伴(如分销商)、支付接口以及社区环境等多重因素的影响。因此,企业需要与合作伙伴建立紧密的合作关系,共同为顾客创造卓越的体验。

第四节　顾客购买决策模型

数字技术使企业能够精准把握市场动态和消费者行为,从而制定个性化服务策略,提高顾客满意度。同时,丰富的交互渠道和方式加强了顾客与企业之间的联系,为企业提供了宝贵的反馈。

在此背景下,顾客购买决策模型得到了进一步完善,通过分析相关数据,企业能够深入了解顾客的购买动机、偏好和决策过程,进而制定更符合顾客需求的营销策略,预测市场趋势和顾客行为,为企业的长期发展提供有力支持。

一、顾客购买决策模型的发展

在营销领域,如何激发顾客兴趣以推动购买决策始终备受瞩目。在传统营销中,顾客购买决策模型经历了从单一情境到多情境的演变,涵盖了线上与线下等多个维度。早期模型侧重于对产品属性的评估,但随后逐渐纳入了顾客个人特征(如需求、情绪)、外部情境(如销售环境、社会评价)和产品特质(如设计、功能)等多元要素。随着决策模型的发展,研究不再局限于静态视角,而是从动态视角考量购前、购买及购后不同阶段的影响因素,构建了更为完整的顾客购买决策链路模型。

进入数字营销时代,数字技术的崛起为顾客提供了前所未有的信息获取方式。顾客从被动接收者转变为主动搜寻者,根据个人兴趣主动寻找满足需求的信息。这种转变重塑了顾客购买流程及其在购买决策过程中的地位。特别值得注意的是,顾客兴趣在决策过程中的影响力显著增强。同时,互联网为顾客提供了更便捷的分享与交互平台,使得其他顾客对产品的看法对购买决策产生更大影响。因此,企业需深入理解顾客兴趣驱动的购买决策流程变化,并据此调整营销策略,以适应市场的快速变化,实现营销成功。

二、主要的顾客购买决策模型

圣埃尔莫·刘易斯于1898年提出的AIDA模型描述了顾客在购买决策过程中经历的四个阶段:注意(Attention)、兴趣(Interest)、欲望(Desire)、行动(Action)。该模型为企业营销活动影响下的顾客购买行为奠定了理论基础。随着社会背景和技术环境的变革,顾客决策行为的新内涵促使学者们不断进行拓展。

AIDMA模型在AIDA模型的基础上,详细描述了顾客从注意(Attention)到产生兴趣(Interest),再到产生购买欲望(Desire)、形成记忆(Memory),并最终采取行动(Action)的连续过程。它更加注重顾客的心理变化在购买决策中所起的作用。

随着互联网和社交媒体的崛起,AISAS模型应运而生。该模型聚焦于顾客的搜索(Search)和分享(Share)行为,凸显了信息时代下顾客在购买决策中的主动性和社交性。

为了更全面地反映顾客在购买决策中的体验与情感投入,AIDEES模型进一步引入了体验(Experience)和热情(Enthusiasm)两个维度。该模型不仅涵盖了顾客购买决策的全过程,还强调了顾客在购买过程中的体验与情感的重要性。

这些模型的演变不仅体现了营销领域对顾客购买决策行为深入研究的成果,也为企业制定更加精准、有效的营销策略提供了有力支持。

1. AIDA模型

AIDA模型(如图2-3所示)深入分析了企业产品营销如何逐步影响顾客,并引导其完成购买行为的全过程。这一模型涵盖了四个核心阶段:吸引注意,即通过引人注目的方式使顾客对产品产生兴趣;激发兴趣,即当传递的信息与顾客的需求相契合时,顾客对产品产生深入了解和探索的兴趣；激发欲望，即在进一步了解产品的过程中，顾客发现产品能够满足其内心的期望和需求，从而催生出强烈的购买欲望；促成行动，即这些累积的兴趣和欲望最终转化为实际的购买行为。AIDA 模型强调，营销信息必须能够触动顾客内心，激发其兴趣和欲望，才能有效地推动顾客做出购买决策。

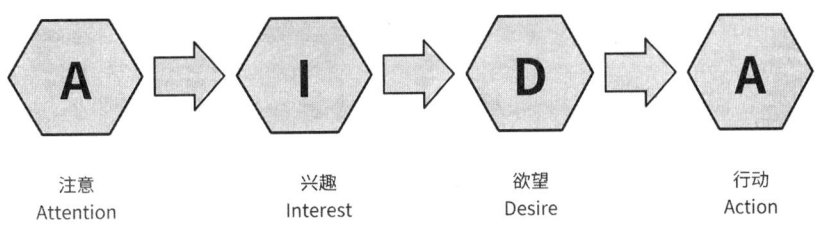

图 2-3　AIDA 模型

2. AIDMA 模型

与 AIDA 模型相比，AIDMA 模型（如图 2-4 所示）在"行动"之前增加了"记忆"这一关键环节。这一模型的核心观点在于，随着市场上同质化产品的增多，顾客在产生消费欲望时，并不会立即购买营销人员推销的产品。相反，他们往往会进行多方面的比较和考量，即"货比三家"，最终选择那个在他们记忆中留下深刻印象的产品。AIDMA 模型强调，在营销过程中，企业不仅要激发顾客的兴趣和欲望，还要通过独特的方式和策略，使产品在顾客心中留下深刻的印象，从而促成最终的购买行为。

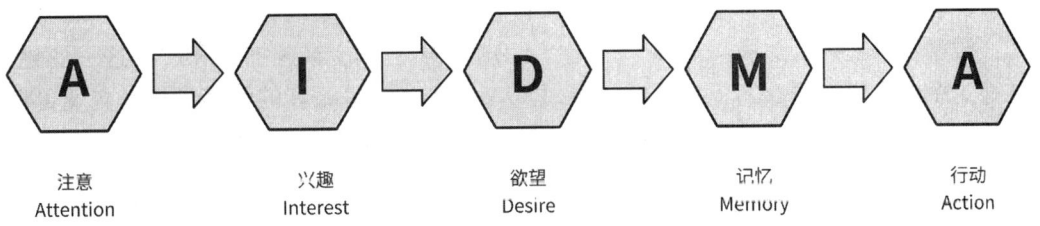

图 2-4　AIDMA 模型

3. AISAS 模型

随着互联网技术的迅猛发展，传统营销模型已经难以全面解释顾客的购买行为，而 AISAS 模型（如图 2-5 所示）的提出恰好适应了互联网时代的营销需求。AISAS 模型由五个环节构成：引起注意、激发兴趣、主动搜索、促成行动、主动分享。这一模型特别强调了"搜索"和"分享"，这两个环节体现了互联网环境下顾客的典型行为模式。当顾客对广告内容产生兴趣时，他们会主动搜索与品牌产品相关的信息，以便更全面地了解产品。购买后，顾客还会通过多个渠道分享他们的购买体验和感受。

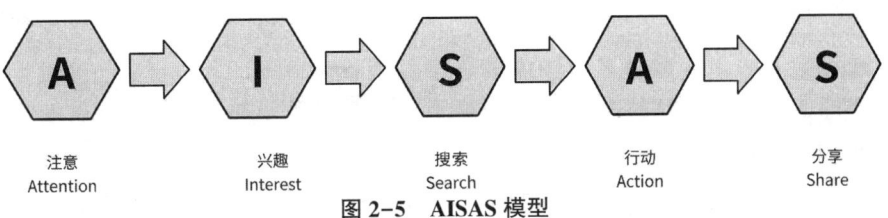

图 2-5　AISAS 模型

AISAS 模型不仅突出了搜索和分享的重要性，还摒弃了单向的企业信息传输方式，强调企业与顾客的双向互动。同时，该模型首次提出并强调了顾客购后行为的重要性，即顾客在购买后仍然会积极参与信息传播和分享。AISAS 模型体现了互联网对顾客决策方式的影响与改变，标志着顾客消费模式从被动接收信息向主动满足自身需求的方向转变。这一模型为企业提供了在互联网时代进行营销的新思路和新方法。

4. AIDEES 模型

在探讨顾客体验与情感变化的过程中，AIDEES 模型（如图 2-6 所示）引入了一种更为全面且深入的视角。该模型详细描述了顾客的情感波动路径，从引起注意到激发兴趣，再到激发购买欲望，随后是享受产品或服务的体验，紧接着是对产品或服务产生热情，并最终以主动分享作为整个过程的结束。

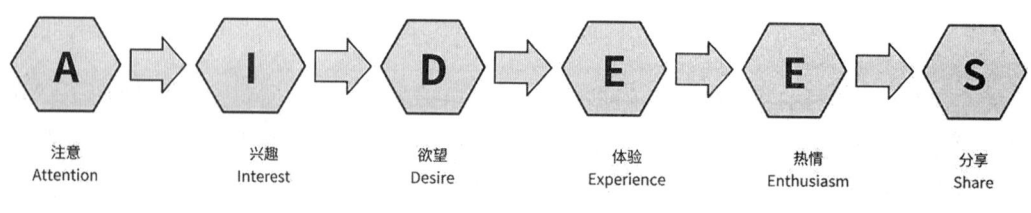

图 2-6　AIDEES 模型

AIDEES 模型的核心在于强调顾客对自身体验的重视程度，这与顾客体验旅程理论不谋而合，后者同样强调管理顾客体验在营销过程中的核心地位。特别是在互联网时代，顾客需求变得更加多元化和个性化，AIDEES 模型更能准确捕捉和反映这一变化，从而为企业提供更精准的营销策略。通过深入了解并满足顾客的情感需求，企业可以与顾客建立更加紧密和持久的关系，进而在激烈的市场竞争中脱颖而出。

三、顾客决策链路模型

1. AIPL 模型

AIPL 模型（如图 2-7 所示）是由阿里巴巴公司推出的，该模型旨在将品牌在阿里巴巴平台的人群资产进行定量化运营，这也是支撑全域营销概念落地的关键一环。

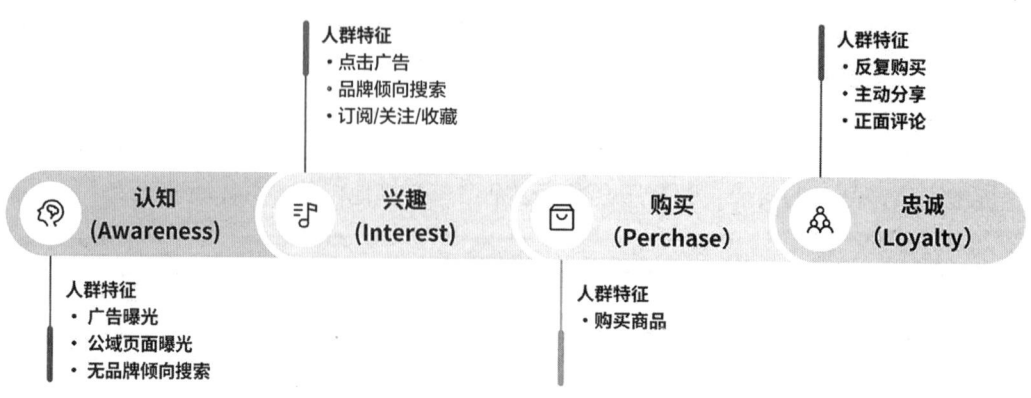

图 2-7　AIPL 模型

(1) 品牌认知人群（Awareness）

品牌认知人群包括被品牌广告触达的顾客以及通过品类词搜索找到品牌的顾客。

(2) 品牌兴趣人群（Interest）

品牌兴趣人群包括点击广告、浏览品牌或店铺主页、参与品牌互动、浏览产品详情页、搜索品牌词、领取试用产品、订阅或关注品牌、加入品牌会员，以及将产品加入购物车或收藏产品的顾客。

(3) 品牌购买人群（Purchase）

品牌购买人群是指购买过品牌商品的顾客。

(4) 品牌忠诚人群（Loyalty）

品牌忠诚人群包括复购产品、发表评论以及分享品牌或产品的顾客。

AIPL模型可以帮助企业通过不同的付费工具，匹配不同的场景，并结合溢价和创意元素，制定相应的策略，以满足不同阶段的顾客需求。

2. FAST模型

如果说AIPL模型是帮助商家了解品牌人群资产总量以及各链路人群数量的模型，那么FAST模型（如图2-8所示）则是在此基础上，从数量和质量两个维度来衡量品牌人群资产运营是否健康的模型。

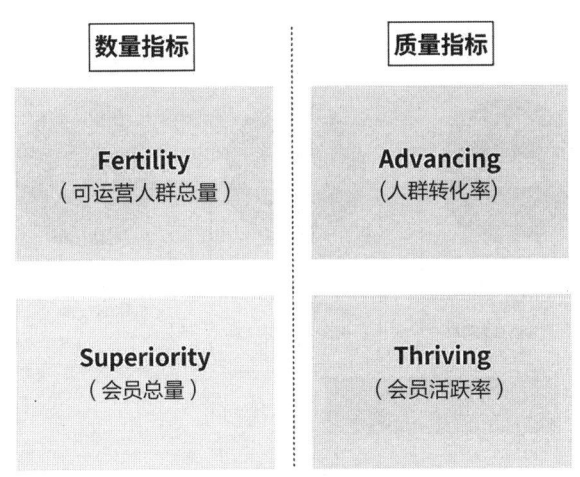

图2-8　FAST模型

(1) 可运营人群总量（Fertility）

可运营人群总量相当于曾达到AIPL状态的顾客去重后的总量，是经过指数化处理的结果。该指标主要帮助品牌了解自身的可运营顾客总量概况。首先利用基于商品交易总额（Gross Merchandise Volume，GMV）的预测算法，预估品牌顾客总量的潜在缺口，然后基于这一缺口情况优化营销预算的投入，通过多渠道进行营销推广，为品牌扩充顾客资产。同时，这一指标还能指导品牌进行未来的产品规划和市场拓展，多方位拓展顾客群体。

(2) 人群转化率(Advancing)

品牌可以通过多场景提高顾客活跃度,促进人群链路正向流转。在多渠道目标人群沉淀后,进一步筛选优质人群,实现广告的精准触达。同时,对品牌内沉淀的人群进行细分,实施分层运营和差异化营销,以促进整体顾客的流转与转化。

(3) 会员总量(Superiority)

会员人群对品牌而言具有巨大价值,他们能够为品牌大促活动提供助力。品牌可以通过线上线下联动、联合营销以及借助平台的新零售场景(如天猫优选、淘宝彩蛋等)来扩大会员总量,为后续的会员运营打下基础。

(4) 会员活跃率(Thriving)

品牌可以借助大促活动提高会员活跃度,激发其潜在价值,为 GMV 目标的实现提供助力;对会员进行分层运营,优化激活效率,实现精准触达。同时,结合公私域资源,赋能会员运营。

3. 5A 模型

5A 模型(如图 2-9 所示)在内容上借鉴了 AIPL 模型,旨在通过运营优质的内容来引发顾客的病毒式传播。它由了解(Aware)、吸引(Appeal)、问询(Ask)、行动(Act)和拥护(Advocate)这五个环节构成。

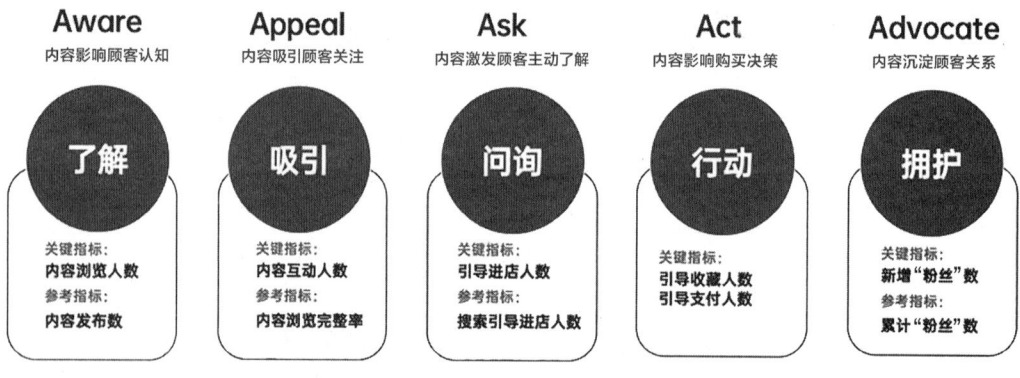

图 2-9 5A 模型①

(1) 了解(Aware)

在这个信息爆炸的时代,如何让顾客迅速了解企业的产品或服务?这是营销的第一步,也是至关重要的一步。企业需要打破传统的广告模式,借助社交媒体平台、SEO 技术以及内容营销等多种推广策略,提高品牌和产品的曝光率。

(2) 吸引(Appeal)

吸引顾客并非仅凭华丽的广告或诱人的促销手段,更重要的是提供有价值的内容和解决方案。企业需要深入了解目标顾客的需求和痛点,提供符合他们期望的产品和服务。

---

① 菲利普·科特勒、何麻温·卡塔加雅、伊万·塞蒂亚万:《营销革命 4.0:从传统到数字》,机械工业出版社,2018。

（3）问询（Ask）

当顾客对产品或服务产生兴趣后，如何为他们提供及时、准确的信息和优质的客户服务？这是企业需要解决的另一个关键问题。除了传统的客服渠道，企业还可以通过常见问题解答、在线聊天机器人、社区论坛等方式，为顾客提供更加便捷和个性化的服务。

（4）行动（Act）

购买决策是顾客旅程的高潮，也是企业最希望看到的结果。在这个阶段，企业需要提供方便快捷的购买流程和多种支付方式，以满足不同顾客的需求。此外，通过优惠活动、限时促销等手段，可以进一步激发顾客的购买欲望。

（5）拥护（Advocate）

这是 5A 模型的最后一个环节，也是最为关键的一个环节。如何让顾客成为品牌的忠实用户，甚至愿意为品牌代言？这需要企业不仅关注产品和服务的品质，还要注重顾客体验和售后服务。通过提供优质的售后服务、建立顾客忠诚度计划、邀请顾客参与品牌活动等方式，可以进一步加深顾客与品牌之间的联系和认同。

通过这五个环节，品牌一方面可以促使顾客记住品牌并实现消费转化，同时激发他们主动进行二次传播；另一方面，品牌可以借此追踪不同环节的营销效果，更准确地评估自身的营销能力，在整个内容营销路径中查缺补漏，不断优化提升。

4. GROW 模型

"增长"始终是营销人员面临的核心挑战。特别是在互联网流量红利逐渐消退的存量竞争时代，增长变得更加艰难。这一难度主要体现在三个方面：难以找到推动品类增长的方向、缺乏明确的品类增长抓手、品类增长效率较低。

对此，阿里巴巴公司针对母婴、食品、家电、美妆、医药保健和个人护理等几大核心类别，提出了 GROW 模型（如图 2-10 所示）。GROW 模型中的四个要素分别代表影响品类增长的"决策因子"。

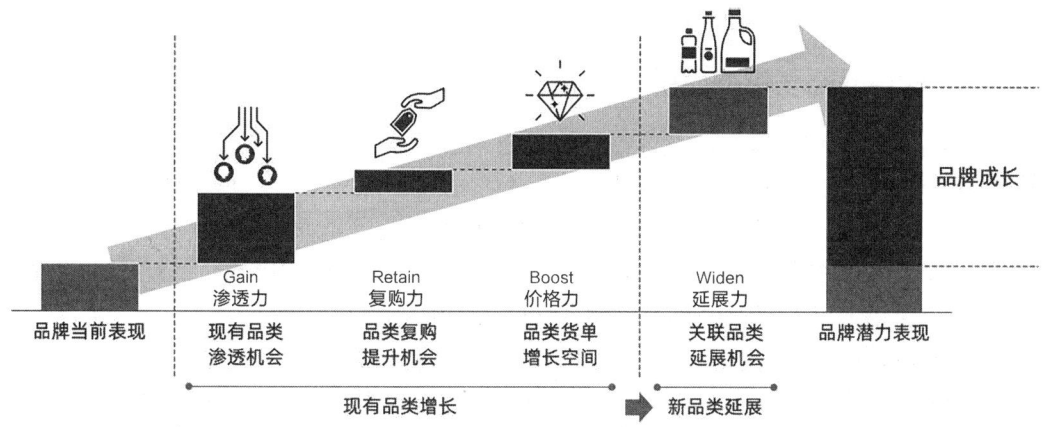

图 2-10　GROW 模型

（1）渗透力（Gain）

渗透力是指顾客购买更多类型的产品对品牌总增长机会的贡献。

(2) 复购力（Retain）

复购力是指顾客更频繁或重复购买产品对品牌总增长机会的贡献。

(3) 价格力（Boost）

价格力是指顾客购买价格更高的升级产品对品牌总增长机会的贡献。

(4) 延展力（Widen）

延展力是指品牌通过提供现有品类之外的其他关联类型产品所贡献的总增长机会。

每个品类都有其对应的 GROW 指数，即根据渗透力（G）、复购力（R）和价格力（O）对各自 GMV 的贡献，计算出各自 G/R/O 的值。这些指数是指导对应品类在增长策略上发力方向的重要依据。

第五节　营销战略理论

一、营销战略理论的内涵

1956 年，美国营销学家温德尔·史密斯最早提出了市场细分的概念。此后，现代营销学之父菲利普·科特勒进一步发展和完善，最终形成了成熟的 STP 理论。STP 理论由市场细分（Market Segmentation）、目标市场（Market Targeting）和市场定位（Market Positioning）三个部分组成。

市场细分基于顾客需求划分市场。企业综合考虑成本、市场规模等因素选择目标市场，如抖音主要针对一线、二线城市，快手则聚焦下沉市场。在确定目标市场后，企业需精准定位产品或品牌特性，以塑造独特印象，从而在竞争中脱颖而出。营销战略理论为企业提供了一个系统性的框架，帮助企业选定目标顾客并打造独特卖点，形成差异化印象，进而获取竞争优势。

二、营销战略理论的应用

在数字时代，信息爆炸而顾客心智容量有限，导致产品信息易被遗忘，企业吸引顾客更具挑战。信息爆炸体现在媒体、产品和广告上：媒体信息从传统媒体扩展至新媒体如微信、微博等；产品种类和品牌丰富，顾客的选择难度增加；广告无处不在，数字技术甚至将影视作品的空白位置也变成了广告位。综合运用营销战略理论能够在信息爆炸的环境中更有效地找到目标顾客并确立市场定位。

1. 市场细分

市场细分是指企业基于顾客在个性、需求和购买习惯上的差异，将市场划分为不同群组。企业可以利用人口统计学特征、心理倾向和行为习惯等变量来进行市场细分。人口统计学特征包括性别、年龄、收入等，心理倾向包括生活方式和价值观等，行为习惯包括顾客的忠诚度和购买历史等。这些变量可以通过市场调研和网络行为数据获取。在数字时代，移动设备便于收集位置信息，提供位置服务。在选择细分变量时，需要确保这些变量具有可操作性，并且所针对的市场细分具有一定的规模，以保障经济效益。市场细分的准确性在很大程度上依赖于顾客数据的精确性。互联网和数字技术的应用使得市场细分变得更加精细和准确,同时也降低了相关成本,但在此过程中,必须确保数据收集的合法合规。

2. 目标市场

市场细分将顾客划分为多个不同的群体,随后,企业需根据一定的标准,选定几个优先级较高的群体,确定其为目标市场。在选择目标市场时,企业应综合考虑多个因素,包括顾客的购买意愿、对产品或品牌的看法、是否具有市场引领作用,以及他们的支付意愿等。

在确定目标市场之后,企业应深入分析目标顾客的特性、喜好和需求,从而构建出精准的用户画像。得益于数字技术和AI技术的进步,如今的用户画像更为精确和细致,这无疑为市场定位的准确性和营销策略的有效性提供了更坚实的数据支持。

3. 市场定位

市场定位是指企业针对目标顾客的心理、需求和消费特征,设计有针对性的营销策略,塑造独特的产品或品牌形象,从而在目标顾客心中留下深刻印象,获得竞争优势。市场定位的关键在于实现产品差异化并得到目标顾客的认同。在数字营销时代,市场定位策略更加多元。下面将介绍几种常用的市场定位策略。

(1) 功能定位策略

对于具备创新和独特功能的产品而言,功能定位策略尤为重要。在实施功能定位时,企业应深入探索产品的独特属性,找出其与竞品不同的特点,并突出产品的差异化功能。当这些功能能够直接满足顾客的核心需求时,产品将更易获得顾客的认可。

(2) 场景定位策略

场景定位策略侧重于通过分析产品特性,为顾客构建特定的消费或使用场景。这种策略特别适用于那些易于与特定场景产生关联的产品。以"三只松鼠"为例,该品牌通过为坚果类产品设定多样化的消费场景,如观看动漫作品时的"二次元零食包",或旅行途中的便携零食,成功地为顾客创造了多种融入品牌元素的消费场景。

(3) 情感定位策略

情感定位策略旨在传递产品的精神属性和象征意义,从而满足顾客的情感需求,建立产品与顾客之间的情感联系。这种定位方式常常以"感动顾客"为目标,通过使用"快乐""分享""幸福"和"爱"等情感词汇来触动顾客的心弦。例如,平安普惠倡导"有温度的金融服务",而美的电器则提出"生活可以更美的",这些口号都旨在与顾客建立情感共鸣。

此外,随着数字技术的发展,品牌能够提供更多新颖的体验,进一步增强与顾客的情感连接。例如,美妆品牌花西子的产品定位为"融合古典东方美学与现代彩妆技艺的东方美妆",这一定位不仅触动了顾客的民族情感,还通过采用AI技术打造的超写实风格虚拟代言人,更精致地展现中式妆容,向世界展示中国之美,从而进一步加深了爱国、支持国货的民族情感定位。

案例分析

数据驱动助力便利蜂高效运营

在数字经济时代,大数据思维正深刻改变着产业链的面貌,其中,便利店行业的佼佼者——便利蜂成为数据驱动运营的典范,充分展示了数据驱动数字营销在营销实践中的实际应用和显著效果。

1. 大数据精准选址:数字营销的起点

在选址策略上,便利蜂充分利用大数据技术,通过对顾客喜好、商圈消费能力等多维度数据的整合分析,精准确定店铺位置。例如,中关村地区两家相距不远的门店布局,就是基于大数据指导下的决策结果,这一策略有效覆盖了不同商圈的顾客群体,确保门店具有较高的人流量和消费潜力。这种精准选址不仅降低了传统选址方法的风险,还提高了门店的盈利能力和市场竞争力。

便利蜂的大数据团队会收集并分析包括人流量、交通便利性、周边竞争情况、目标消费群体的分布和消费习惯等在内的多种数据。他们使用先进的算法和模型来预测不同位置的潜在销售额和投资回报率(Return on Investment,ROI),从而选择出最优的店铺位置。这种基于数据的决策方法,使得便利蜂能够在激烈的市场竞争中占据有利地位。

2. 千店千面的选品陈列:个性化营销的体现

便利蜂的商品陈列并非一成不变,而是根据每家门店的实际情况,通过大数据和算法进行精细化设计。其超过700家门店的商品布局、设备配置以及超过6000种商品信息,都经过系统优化,确保每家门店都能满足周边顾客的独特需求。这种"千店千面"的营销策略,不仅提升了顾客的购物体验,还增加了商品的销售额和顾客的忠诚度。

便利蜂会根据门店所在位置、周边人群的消费习惯、季节变化等因素,动态调整商品陈列和库存。例如,在写字楼附近的门店会增加即食食品和饮料的供应,以满足上班族的需求;而在居民区附近的门店则会增加生活用品和零食的供应。这种个性化的商品陈列策略,使得便利蜂能够更好地满足顾客的需求,提高销售额和顾客满意度。

3. 以顾客为中心的服务:数字营销的核心

便利蜂通过大数据和智能软硬件技术,深入了解每一位顾客的消费习惯和需求,实现个性化服务。其云端系统不仅能记录顾客的基本信息,还能准确识别其消费习惯、交易频率等,为每位顾客提供独特适配的服务。这种以顾客为中心的服务模式,不仅增强了顾客的黏性,还提升了品牌的口碑和市场影响力。同时,便利蜂还建立了庞大的全品类库,通过智能分发商品,确保顾客能够快速找到所需商品,进一步提高购物满意度和忠诚度。

便利蜂利用智能软硬件技术,如自助结账机、智能货架等,提升顾客的购物体验。通过云端系统,便利蜂能够实时追踪顾客的消费行为,并根据这些数据提供个性化的推荐和优惠。例如,对于经常购买健康食品的顾客,便利蜂会推送相关的健康食品优惠信息；对于喜欢尝试新品的顾客，便利蜂则会推送新品试吃活动。这种以顾客为中心的服务策略，使得便利蜂能够与顾客建立更紧密的联系，提高顾客的忠诚度和满意度。

 **思考题**

1. 阐述顾客价值共创理论在数字营销中的应用，并举例说明。
2. 分析顾客体验旅程理论在数字营销中的重要性，并说明如何绘制顾客体验地图。
3. 列举并解释至少三种顾客购买决策模型，并分析它们在现代数字营销中的应用。
4. 阐述 STP 理论的内涵，并结合实例说明其在实际营销中的应用。

第三章 数字营销的基础——数据

学习目标

1. 掌握如何梳理数据指标和北极星指标。
2. 了解主流埋点方式,设立埋点方案。
3. 掌握数据分析的方法。
4. 了解如何应用数据分析。

案例引入

大数据助力京东物流,顾客享受分钟级收货体验

随着电商竞争的加剧,从单纯依赖促销驱动 GMV 增长转向注重用户体验已成为行业趋势。尤其在物流高峰期,能否快速、准确地满足用户需求,成为电商平台和物流企业面临的重要挑战。京东物流以其出色的服务,成为这一时期的亮点。

在 2021 年"618"活动期间,京东物流展现了其强大的配送能力。数据显示,京东物流最快仅用 4 分钟就将快递送达用户手中。在这背后,京东依靠的是其稳定履约的技术保障:全国日均单量预测准确率超过 95.5%,并拥有 32 座亚洲一号仓库和高效的机器人仓系统作为支持。

与传统的物流服务流程相比,京东物流通过大数据技术实现了显著的优化。在传统流程中,从用户下单到企业备货、物流公司打包运输,再到快递员配送,每一个环节都可能出现延误,导致用户满意度下降。而京东通过大数据分析,能够精准预测用户需求,实现"预测式发货"。

具体来说,京东物流利用大数据技术对用户偏好进行分析,为每个仓库进行更科学、合理的配货。当系统预测到潜在用户的需求时,会提前将货物运送至距离用户最近的物流网点。一旦用户下单,货物就能迅速从最近的仓库调拨,实现"即买即得"的体验。

这种"预测式发货"模式不仅缩短了物流时间,提升了用户体验,还优化了库存管理,降低了库存成本。京东物流通过大数据的精准预测,开创了一种新的物流服务模式,值得其他企业学习和借鉴。

第一节 认识数据运营

数据正式被列为继土地、劳动力、资本和技术之后的第五大生产要素,其重要性不言而喻。在日常运营中,企业的各个环节、流程和部门持续产出多样化的数据。这些数据已经演变为企业在运筹帷幄、规划产品及制定品牌战略等全方位经营活动中至关重要的信息来源和决策支撑。数据运营通过汇集与整合企业各类数据,并将这些数据精准应用于各类业务活动中,从而助力企业在商海中稳健航行。

一、狭义的数据运营

狭义的数据运营往往被视为企业中的某个岗位。但不可否认的是,数据运营正在成为企业中举足轻重的岗位。与数据分析不同,数据运营对人员的编程能力的要求较低,但其更贴近一线业务。大部分数据运营人员通常与一线业务人员在同一个部门,以更好地辅助业务决策。

数据运营的核心工作紧密围绕数据展开,涵盖收集不同部门的数据需求、进行数据采集与分析、构建数据报表、监控数据变动、编制数据报告等一系列流程。更进一步,数据运营还需利用数据为经营决策提供支持,提出策略性建议。

二、广义的数据运营

广义的数据运营不仅被视为企业中的某个岗位,还被视为企业中的每个人员以及企业自身都需要具备的一种能力。

在企业中,无论身处哪个岗位,数据运营的能力都深刻影响着我们的日常工作。举例来说,我们可以利用数据来验证自身工作的价值,通过数据分析来发现并解决工作中遇到的问题,还可以借助数据优化工作流程、提升效率,进而推动业务的增长。对每个工作人员而言,掌握数据运营的技能无疑是"锦上添花",有时甚至是"雪中送炭",为其职业发展提供极大的助力。

三、数据运营闭环

不管是狭义上的数据运营岗位,还是广义上企业中每个人员以及企业自身需要具备的数据运营能力,都需要依靠科学的方法和系统的流程来实现数据运营。数据运营闭环(如图3-1所示)包括梳理数据、收集数据、分析数据和应用数据四个环节。

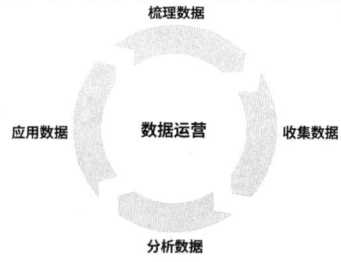

图3-1 数据运营闭环

第二节 梳理数据

指标又称"度量",是用于量化评估的标准。例如,衡量APP基础运营情况的指标包括活跃用户数、使用时长、打开次数等;衡量用户留存情况的指标包括次日留存率、留存用户数等。

我们可以将数据指标分为五大类:拉新指标、活跃指标、留存指标、转化指标和传播指标。

一、梳理数据指标

1. 拉新指标

任何产品都会经历用户转化链路,即从用户首次接触产品,到下载、注册成为正式用户的过程。那么,在这个转化链路中,我们应该关注哪些关键的拉新指标呢?

(1) 曝光量

曝光量也被称为"浏览量",它是指产品推广信息在各种渠道(如社交媒体、搜索引擎、应用商店等)中被用户浏览的次数。与曝光量紧密相关的是点击量,点击量与曝光量的比值被定义为点击率,这个比值是广告平台评估广告效果的重要指标。

(2) 下载量

这个指标会根据业务性质的不同而有所变化,它可能代表APP的安装次数,或是资料的下载数量等。它是衡量新产品吸引新用户效果的一个重要指标。

(3) 新增用户

需要注意的是,下载并不一定意味着获得了新用户。如果用户仅仅下载了产品但没有进行注册,那么他们并不能被视为有效用户。不同的产品对新增用户的定义可能有所不同,但大多数产品将完成注册流程的用户视为新增用户。

(4) 获取成本

获取新用户必然会产生一定的成本,这是许多运营新手容易忽视的一点。目前,常见的成本计算方式包括每千次展现成本(Cost Per Mille,CPM)、单次点击成本(Cost Per Click,CPC)以及单次行动成本(Cost Per Action,CPA)等。

2. 活跃指标

随着人口红利的逐渐减退,相较于单纯的下载量和用户总量,人们更加关注的是活跃用户的数量。

(1) 活跃用户数

日活跃用户数(Daily Active User,DAU)一般指在24小时内活跃的用户总量,类似地,还有周活跃用户数(Weekly Active User,WAU)、月活跃用户数(Monthly Active User,MAU)等指标。

（2）活跃率

活跃率是用于衡量用户活跃程度的指标，其核心定义是：活跃用户数占总体用户基数的比例。如果说活跃用户数展现了产品的市场规模，那么活跃率则揭示了产品的运营状况。

（3）访问时长

对于不同类型的产品，用户的访问时长也会有所不同。通常，社交类产品的访问时长会超过工具类产品，而内容类产品的访问时长又会超过金融理财类产品。

（4）启动次数

这一指标反映了用户对产品的使用频率。日均启动次数越多，说明用户对产品的依赖程度越高，从而也体现了用户的高活跃度。

（5）页面浏览量

页面浏览量（Page View，PV）是指页面的浏览次数，用户在 1 个网页的访问请求即为 1 PV，以此类推，访问 10 个网页则产生 10 PV。而独立访客数（Unique Visitor，UV）则是指在一定时间内访问网页的不同用户数。

3. 留存指标

如果说活跃指标衡量的是产品的市场体量和健康程度，那么留存指标衡量的则是产品是否具备可持续发展的能力。对于早期产品来说，尤其应该关注留存指标。

（1）用户留存率

用户留存率是衡量产品用户黏性的核心指标，指在某一统计周期内（如日、周、月），留存用户数占总用户数的比例。

（2）用户流失率

用户流失率是衡量用户流失情况的指标，指在某一统计周期内（如日、周、月），流失用户数占总用户数的比例。

用户流失率在一定程度上能够预示产品的发展态势。假设产品某阶段拥有 10 万用户，月用户流失率为 20%，那么按照这个速度，几个月后产品的用户数量将大幅减少，甚至可能流失殆尽。

4. 转化指标

对于运营工作而言，虽然拉新、提升活跃率和提升留存率都是重要的手段，但归根结底，衡量其业绩的关键还是在于能够带来实际价值的用户数量。

（1）GMV

GMV 是指在特定时间段内所有商品的成交总额，是衡量电商业务规模的重要指标。

（2）成交额

成交额是指用户实际支付的金额，它反映了用户购买商品或服务后的消费流水。

（3）销售收入

销售收入是指在成交额的基础上，减去因各种原因产生的退款金额后所得的净收入。

（4）付费用户数

付费用户数是指在产品中进行过交易行为的用户总数。与活跃用户类似，付费用户也可以细分为首次消费用户、持续购买的忠诚用户以及流失后回归的用户等。

（5）平均用户收入

平均用户收入可以通过总收入除以付费用户数来计算，是衡量每个付费用户对业务贡献程度的重要指标。

（6）复购率

复购率是指在单位时间内消费两次及以上的用户数占总购买用户数的比例。考虑到获取新付费用户的成本远高于维护现有客户的成本，复购率成为衡量用户忠诚度和业务持续性的关键指标。

5. 传播指标

现在大多产品都会内嵌分享功能，对于内容型平台或依赖传播实现增长的产品，病毒式增长的传播指标衡量至关重要。

（1）K因子

K因子是衡量用户传播能力和自传播潜力的核心指标，用于评估通过用户推荐或分享带来新用户的效率。当K因子大于1时，表示每个用户至少能带来1个新用户，用户数量会像滚雪球一样不断增长，最终实现自传播。

（2）传播周期

传播周期是指用户从传播信息到成功转化新用户所需要的时间。通常，传播周期越短，意味着用户裂变传播的效果越好。

二、明确北极星指标

在详细分析了各种数据指标后，我们仍需确定一个能够引领业务持续增长的核心指标，这就是所谓的北极星指标。

1. 北极星指标

北极星指标也被称作唯一重要指标，是衡量产品和业务成功与否的核心标准。这一指标深刻反映了产品所致力于解决的"用户需求与企业运营"之间的内在联系，并成为企业全体员工共同努力的焦点。

在业务实践中，设立北极星指标的目的是引导企业对特定目标进行集中关注。它使得每个成员都能根据这一指标来推动企业进步，从而明确成功的定义，而不必过分纠结于日常琐事或个别项目。

具体而言，北极星指标具备以下三个核心功能。

第一，使企业了解产品团队的工作方向，并确保其与企业的营收目标相契合。这有助于整合内部资源，提升团队协作效率。

第二，通过向其他部门传达产品团队的进展和成效，以获得更多支持，从而加速战略产品计划的实施，并减少因目标不一致而导致的沟通障碍。

第三，使产品团队对成果负责，推动其制定切实可行的产品行动策略，以达成北极星指标。

2. 选择北极星指标的三个标准

在繁杂的数据指标中确定北极星指标，可遵循以下三个标准。

(1) 所选指标应促进业务发展

在中国移动互联网初期，很多企业都以应用商店的下载量作为评价标准。然而，下载量可能只是一个表面的虚荣指标。对于许多移动应用来说，活跃用户数比下载量更具参考价值，因为活跃用户数反映了当前用户的实际使用情况，而下载量只能展示总体规模，无法准确反映当前状况。

北极星指标作为衡量业务发展进度的一致标准，能够帮助企业判断每个活动是否有助于推动业务的进步。如果一个项目、功能或计划无法改善北极星指标，那么其价值就值得怀疑，并可能因缺乏与业务发展的关联性而被淘汰。

(2) 所选指标应体现产品的核心价值

对于内容型产品，用户在内容社区的参与度，如内容消费和生产的数量，比注册用户数更为重要。因为内容消费和生产的数量能够直接反映产品是否为用户提供了核心价值，以及用户是否愿意在内容社区上投入更多时间。

例如，对于问答类社区来说，单纯关注用户注册数或活跃用户数并不能全面反映平台内容的丰富度和用户黏性。因此，将问题回答数作为关键指标更能准确体现产品的价值。

(3) 所选指标应具有可操作性

定量指标通常优于定性指标。在设定产品指标时，诸如"提升产品体验"这样的指标过于模糊，而"产品使用时长达到15分钟的用户数"则更为具体和可衡量。

从操作性的角度来看，我们可以将这个指标细化为以下四个维度。

①简明性：指标可以是一个具体的数字。

②即时性：业务部门能够实时查看数据的更新情况。

③可行动性：指标应是具体可执行的，或能够通过某些措施进行改善。

④可比较性：支持与历史数据进行纵向对比，以及与竞争对手进行横向对比。

由此可见，北极星指标与运营策略之间的匹配至关重要。通常情况下，先导性指标（预测未来趋势）比后验性指标（解释过去情况）更为有用。如果所选的北极星指标无法真实反映用户使用产品的价值，那么它可能只是一个虚荣指标。在这种情况下，企业所采取的运营策略可能会优化"错误的指标"，最终导致不理想的结果。

3. 北极星指标应用案例

北极星指标通常被精炼为一个具体的、可衡量的数字，但它并非一成不变，而是会随着产品生命周期的演进进行调整。以用户生命周期为视角，初创期产品往往更侧重于新增用户与注册用户的增长；而步入成熟期的产品则更倾向于关注活跃用户与转化用户的数量。

在不同行业和领域，北极星指标的选择存在显著差异。以订阅式收费的软件即服务（Software as a Service，SaaS）行业为例，考虑到存在已付费但停止使用的客户情况，采用"每周活跃用户"作为指标，而非"每月经常性收入"，能更有效地促使SaaS企业聚焦于用户参与度，这通常被视为营收增长的前置指标。以硅谷知名的独角兽数据分析企业Amplitude为例，其选定的北极星指标为"每周至少运行一次查询的用户数"。

对于互联网社交平台来说，活跃用户数的重要性不言而喻。以面向职场的社交平台 LinkedIn 为例，其北极星指标定为"活跃的优质用户"，并进一步从四个维度细化该指标的定义：首先是用户资料的完整度，每完成一项资料的填写即可获得相应积分；其次是好友数量，特别是职场好友数达到 30 人时，被视为活跃度提升的关键点；再次是可触达性，即猎头等是否能直接与用户取得联系；最后是用户的持续活跃度，即用户在一定时间段内登录和使用的频率。

企业内可能有各种各样的核心指标，但北极星指标只有一个，应该适当聚焦并做减法。当然，没有最好的指标，只有更适合的指标，北极星指标的确立也是一个逐渐优化的过程。

三、定义数据指标口径

在确定了北极星指标之后，接下来的关键任务是明确数据指标的定义和计算方式，即数据指标口径。以 GMV 为例，根据不同的计算标准，我们会得到不同的数据结果。例如，阿里巴巴定义的 GMV 涵盖了"所有已确认的订单"，这里的"已确认"不仅指销售额，还包括取消订单金额、拒收订单金额以及退货订单金额，这与常规理解有所不同；而京东对 GMV 的界定则是指京东线上自营业务和第三方平台所有产品和服务订单的总金额，无论商品是否完成销售、递送或被退回。

在数据处理过程中，若缺乏统一的管理工具来明确数据指标口径，就可能出现以下问题：在不同的数据报表中，相同定义的数据指标却使用了不同的名称；在同一数据报表中，名称相同的数据指标却有着不同的定义。这些问题无疑会给跨部门的协同工作和运营目标的实现带来困扰。如果在项目启动前未能明确数据指标口径，可能会导致数据不一致，进而造成测试和技术人员的重复工作，降低整体工作效率。

以活跃用户为例，这一指标通常反映了产品的用户规模和发展阶段，通过它可以迅速定位目标用户群，为后续的拉新和促销活动奠定基础。在衡量用户活跃度时，我们常采用 DAU、WAU 和 MAU 等指标，它们分别代表了每天、每周和每月访问产品的独立用户数。然而，活跃用户数的定义并非一成不变。受行业特点和业务需求的影响，许多企业会根据自身情况对活跃用户数进行不同的界定，例如：将每日登录的用户数（排除匿名用户）视为活跃用户数；将每日在线时长超过 5 分钟的用户数（排除低质量用户）视为活跃用户数；将每日访问页面数超过 5 个的用户数（排除低质量用户）视为活跃用户数。

因此，数据指标口径的定义应该尽量做到明确、清晰、易懂，并逐步建立起一套完整的数据指标口径字典，下发到各个协作部门，确保各部门对数据指标的认知达成一致，避免在运营过程中出现歧义。

四、构建指标体系

指标是量化衡量标准、衡量目标的单位或方法，我们通常将需要关注的数据称为指标。例如，用户数量、访问量、转化率等都被我们视为指标。在网站或 APP 上存在着无数种数据，当我们关注某类特定数据时，它就会具体化为特定指标。而指标体系则用于解读某个产品在特定场景或模块下的运营情况。在构建指标体系之前，首先要思考一个问题：我们需要通过哪些数据来实现什么目的？不同阶段所关注的数据是不同的，指标体系就是根据用户所处的不同阶段构建起来的。指标体系的构建如表 3-1 所示。

表 3-1 指标体系的构建

阶段	意义	相关指标
接触阶段	吸引用户的注意力	曝光量
		PV、UV
		点击率
着陆阶段	帮助用户进一步了解产品或服务	点击量
		平均停留时长
		图片点击次数
转化阶段	促进用户完成购买	目标行为点击量
		表单字段填写次数
		优惠券使用率
召回阶段	召回逐渐流失的用户	召回群发触达率
		触达点击率
		不同渠道的点击量

在构建指标体系时，应注意避免一开始就追求过于庞大和复杂的体系。过度关注大量数据可能会让人无所适从，不知从何入手。相反，指标体系的设计应从业务的核心指标出发，然后逐步扩展和完善。以电商平台或在线教育平台为例，其最核心的关注点是订单流程（或交易流程），因此应优先关注以下几个方面。

1. 以订单为分析主体

主要关注订单数量、购物车加入次数、购物车提交次数、加入购物车到提交订单转化率、提交订单到支付订单转化率、订单总金额、订单平均金额、不同地区的订单分布、订单金额分布以及订单时间分布。

2. 以用户为分析主体

主要关注用户总数、新增用户数、不同会员等级的用户数以及不同等级的新增用户数。

3. 以商品为分析主体

主要关注被支付商品总量、被支付商品类目以及被支付商品总金额。

这样，企业通过从核心指标出发并逐步扩展，可以构建一个既精简又有效的指标体系，从而更好地监控和优化业务流程。

一套出色的指标体系，不仅能够对运营过程中的正负反馈变化进行实时监控，还能快速准确地定位问题，甚至在某种程度上指导我们解决问题。然而，正如世界上没有两片完全相同的叶子，也不存在两套完全相同的指标体系。产品类型、产品发展阶段以及运营团队的思维方式等诸多因素的差异，都会导致所构建的指标体系有所不同。

这种差异性正体现了指标体系的灵活性和针对性，使其能够更好地适应各种特定的运营环境和需求。

第三节 收集数据

一、埋点采集数据

谈及收集数据，我们不可避免地要讨论采集数据，而采集数据又与"埋点"紧密相连。埋点是指在应用程序的特定环节中捕捉并记录用户行为信息的一种技术手段。这些信息随后会经过深入分析，重现用户的使用场景，从而为产品功能的优化和用户服务质量的验证提供有力的数据支持。

在移动互联网广泛应用的时代背景下，我们可以从不同角度对用户行为进行分类。常见的用户行为包括浏览不同的页面、点击各种按钮、手势滑动屏幕以及长按等动作。若从功能层面进行分类，则包括诸如身份验证行为、交易操作、将商品加入清单以及搜索查询等行为。

在采集这些多样化的用户行为数据时，埋点的设置也根据其在应用中的位置有所不同，可以区分为客户端埋点和服务端埋点等方式。而从实现手段的角度来看，埋点又可以细分为代码埋点、全埋点以及可视化埋点等多种方式。不同的埋点方式如图3-2所示。这些不同类型的埋点方式为数据的精准采集提供了多样化的选择。

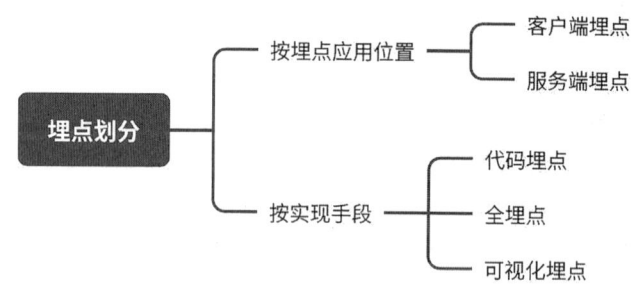

图 3-2 不同的埋点方式

在研发互联网产品时，一般不会特别去记录用户的身份信息和行为数据，同时产品内也不包含深度的数据分析工具。然而，为了深入探索用户特定行为背后的动因，我们需要详尽的用户数据来进行剖析。这时，专业的用户行为分析工具以及埋点技术就显得尤为重要。

对于任何数据分析平台而言，数据获取都是其工作的起点。特别是在互联网产品领域，捕捉和获取用户行为数据具有至关重要的意义。若缺乏精准且全面的用户身份与行为数据，那么在后续的数据分析中，我们就难以得出确凿的洞察结果，这会增加结果的不确定性。此外，如果没有这些数据作为支撑，营销活动的闭环管理将缺乏实证数据，从而难以实现精细化的运营管理。

1. 埋点原理

对于依赖用户行为数据的平台而言，用户界面上那些能够捕获用户信息的接触点构成了用户数据的直接来源。这些接触点的建立正是通过埋点技术实现的。一旦这些接触点捕获到用户的行为和身份信息，它们就会通过网络将这些数据传输到服务器，以便进行后续的数据处理。

（1）客户端埋点

客户端埋点是指在客户端的操作界面设置接触点。当用户进行某些操作时，这些接触点会记录下用户的行为。值得注意的是，这些记录的行为数据仅在客户端生成和存储，并不会被传输到服务器端。

（2）服务端埋点

服务端埋点是指在程序和数据库的交互层面设置接触点。这种埋点方式能够更精确地追踪数据的变动，并且可以降低由网络传输等因素导致的数据不确定性。

理想状态下，我们当然希望获得的数据既准确又全面，以便进行更深入的分析。然而，在实际的数据收集过程中，我们还需要考虑到数据获取的可行性和效率等问题。此外，数据分析工具的使用者可能来自企业内部的多个部门，包括工程师、产品运营人员、市场人员甚至其他业务人员。这些用户可能会在不同的时间节点，针对不同的产品模块，按照自己的需求向产品中嵌入特定的数据采集代码。传统埋点方式的常见工作流程如图3-3所示。

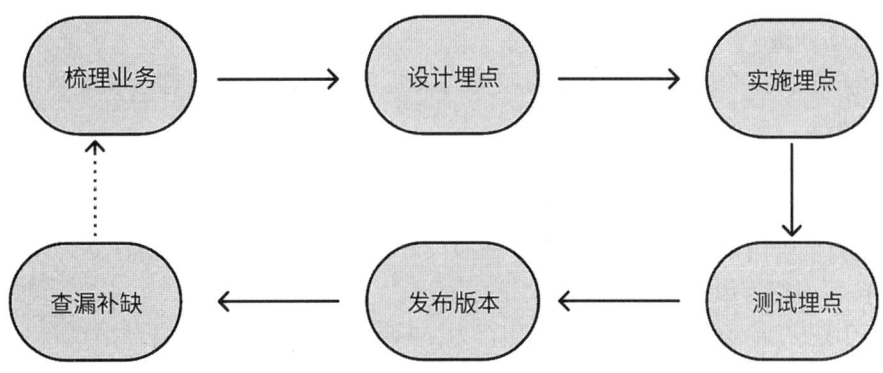

图3-3 传统埋点方式的常见工作流程

2. 传统埋点方式的不足

经过多次迭代，行为数据采集与埋点管理共同构成了工作流程的闭环。然而，这个闭环存在几个显著的缺陷。因此，在实际操作中，传统埋点方式暴露出诸多不足，例如：提升了人力成本，因为需要安排具备专业技术素养的人员专门负责；增加了沟通成本，因为前期需要多方协同合作；加大了纠错成本，因为一旦发现错误或遗漏，难以迅速进行事后补救；提高了管理成本，特别是跨版本后，废弃的埋点可能会造成代码冗余，进而影响系统性能。

在实际工作过程中，尽管一些企业强调数据获取的重要性，但并未真正将重心投入其中。对于行业从业者而言，数据获取与管理并非达到某种程度就足够，而是一个需要随着数据业务的发展而不断自我迭代、探索更优获取与管理方式的过程。

二、主流埋点方式

在认识到传统埋点方式的不足之后，下面将详细介绍目前市面上主流的三种埋点方式。

1. 代码埋点

代码埋点是帮助工程师了解用户如何使用产品的经典埋点方式。由工程师人工将埋点结合到代码逻辑中，理论上只要是客户端操作，无论多么复杂，都能被采集到。常见的应用场景包括页面停留时间、页面浏览深度、视频播放时长、用户鼠标轨迹、表单项停留及终止等。尤其是一些非点击的、不可视的行为，只能通过代码埋点来实现。

因此，如果我们需要对埋点有更加精准的控制力，那么代码埋点是最好的选择。当然，其弊端也很明显，前文提及的诸多困扰几乎都与代码埋点相关，如数据采集周期长、人力成本高以及不易撤销等。

2. 全埋点

全埋点也被称为"无埋点""无痕埋点"或"自动埋点"，代表了对全自动数据埋点方式的一种探索。从其命名来看，似乎提供了一个永久性的解决方案。那么，究竟什么是全埋点呢？要想深入理解全埋点，我们首先需要从客户端埋点说起。客户端埋点通常可以分为以下三个级别。

（1）访问级

当用户访问某个网站或启动移动应用时，几乎所有厂商都会自动收集和报告用户的访问数据。

（2）页面级

当用户浏览不同页面时，部分厂商选择不默认进行自动采集，而是将此作为一个可选功能提供给用户。

（3）页内行为级

关于用户在特定页面内的详细操作行为，只有极少数厂商支持自动采集和上报。

那些实现了后两种自动采集功能的厂商，通常会宣称自己采用了全埋点技术。然而，页内行为级的采集范围仍然值得进一步探讨。其中，最常见的差异在于自动采集可交互元素与自动采集所有元素。可交互元素包括链接、表单项（如按钮、输入框等）以及超文本标记语言的对象级元素等；不可交互元素则数量众多，绝大多数页面元素都属于此类。由于很多网页和移动应用中的界面都不是标准元素，所以很多看似可交互的元素实际上也是无法自动采集上报的。

那么，全埋点有哪些优点呢？

一方面，全埋点技术能够自动地、大量地采集数据，确保在未来使用数据时可以直接从数据库中查询，从而避免了因未进行埋点而无法获取所需数据的情况。这种方式深受数据分析师的喜爱，因此常有"能采集的数据就尽量采集，以备后续分析之需"的观点。另一方面，全埋点技术在效率和准确性上具有显著优势。传统埋点工作耗时费力且易出错，它需要业务方、工程师和测试团队之间的紧密协作。每当发布新功能或活动时，都需要设置新的埋点，这不仅费时，而且难以控制错误率。全埋点技术则通过程序自动完成数据采集，既高效又准确，大大降低了人为错误的发生风险。

然而，全埋点技术也存在一定的局限性。一是其所谓的"全"并非真正意义上的全面。用户操作包括鼠标、键盘和手指行为等多种类型，但全埋点通常只能采集到点击或按下的数据，这显然是不够全面的。二是全埋点以牺牲数据量为代价来实现其所谓的"全面性"。数据量的增加可能导致客户端崩溃的风险上升，尤其是在移动端，更多的数据量意味着更多的电量、流量和内存消耗。因此，在现阶段实现真正的"全面"采集仍面临诸多挑战。三是即使能够全面接收行为数据，但在具体分析时仍需要进行二次梳理和加工。由于机器在数据采集时无法按照我们的需求对事件进行有意义的命名，甚至无法保证数据采集事件的准确性，因此在前期埋点时节省的人力成本可能会在后期分析中重新投入。四是全埋点在处理用户身份信息和行为附带的属性信息方面存在不足。

因此，在选择是否使用全埋点方式时，需要结合实际需求进行权衡。如果更需要随机探索过去的点击行为趋势，那么全埋点可能是一个合适的选择；否则，还有其他更优的方案可供考虑。

3. 可视化埋点

代码埋点的弊端对于网站而言或许尚可容忍，然而对于移动应用来说，其效率显然极为低下。为了克服这一难题，部分厂商选择了全埋点方式，但同时也有众多厂商倾向于另一种直观且高效的埋点方式——可视化埋点。

可视化埋点，顾名思义，它允许用户通过设备直接连接到用户行为分析工具的数据管理界面。在此界面中，用户可以针对那些可交互且在交互后能产生明显效果的页面元素（如图片、按钮、链接等），直接在界面上执行操作以实现数据埋点。这种方式能够即时下发采集代码并使其生效，实现"所见即所得"的埋点效果。更重要的是，它省去了代码部署、测试验证以及版本发布的烦琐过程，并且埋点后能够迅速验证其准确性，从而极大地提升了工作效率。此外，该技术还使得埋点更新能够几乎实时地部署到所有客户端上。这些优点大大降低了获取分析数据的门槛，使得不懂编程的分析需求方和业务人员也能轻松获取所需数据，这无疑是埋点技术的一大进步。

可视化埋点的实现机制也相当简洁高效。当被监测的网站或移动应用被访问时，支持可视化埋点的软件开发工具包（Software Development Kit，SDK）[①] 会向服务器查询是否有新的埋点。一旦发现埋点更新，便会从服务器下载并立即生效。这样，当服务器接收到最新的埋点后，所有客户端在下次访问时都能得到更新。

然而，可视化埋点也存在一定的局限性。首先，它主要针对点击可见元素进行埋点，尤其是点击行为。但在复杂、不标准或动态变化的页面上，可视化埋点可能会失效，此时就需要依赖代码埋点。其次，对于点击操作所附带的业务属性信息，虽然可

---

① SDK 通常是一些软件工程师为特定的软件包、软件框架、硬件平台、操作系统等建立应用软件时的开发工具的集合。

以通过进一步选择属性所在的元素来获取,但国内目前只有少数厂商支持这一功能。最后,为了提高埋点的准确性,可视化埋点技术也开始整合更复杂的高级设置选项,如"同页面""同版本""同层级"和"同文本"等。但加入了这些复杂设置后的可视化埋点则违背了其原本提高效率的初衷。

表3-2所示为不同埋点方式的对比。通过对比这三类埋点方式的优缺点,并结合自身的业务需求,即可选择最适合的埋点方式。

表 3-2 不同埋点方式的对比

埋点方式	花费时间	数据量	精准程度	灵活性	人力成本	非页面埋点	回溯
代码埋点	长	小	准确	高	高	支持	不支持
全埋点	短	大	较准确	低	低	不支持	支持
可视化埋点	短	小	较准确	较高	低	不支持	不支持

若业务对精度要求极高,不容许任何错误,而对时间要求相对宽松,那么代码埋点将是最佳选择;若数据采集需求对精度的要求不是特别高,例如在处理10 000条数据时,能够容忍1%~2%的误差,并且需要回顾历史数据,那么全埋点方式将更为适用;若希望获取更多属性信息,但又不愿采用代码埋点的方式,且希望埋点能够立即生效,那么可视化埋点将成为理想的选择。

三、需求梳理

需求梳理是指对需要实现的数据采集目标进行整理,这里的"需求"是指专门针对数据分析业务中所需要实现目标的整理。这一环节在数据基础建设流程中占据核心地位,它不仅是设计数据采集方案的指引,也是验证数据建设最终成果的参考。缺乏充分需求梳理的数据采集方案往往缺乏明确的方向,且难以进行有效的验证。

需求梳理在数据基础建设中的重要性体现在以下三个方面。

首先,它为数据建设设定了明确的目标。在此过程中,我们需要思考数据建设服务的对象以及期望达成的具体目标。由于不同业务部门对数据分析的需求各有差异,因此建议先由各部门根据自身需求进行梳理,再提交给数据建设的设计者。这样做有助于设计出既满足各部门需求,又兼顾整体性的数据采集方案。

其次,需求梳理有助于分析需求的可行性。某些需求可能因当前工具或技术的限制而暂时无法实现。在需求阶段,经验丰富的设计者能够对此进行评估,并确保团队对可实现目标有共同的理解。

最后,需求梳理支持需求的优先级划分和排期计划。数据建设是一个随应用版本更新而不断发展的过程,不同阶段的产品需要进行不同层次的数据分析。因此,在整理需求后,我们可以对需求进行优先级评估,并制订相应的实现时间表。

在企业内部,需求梳理通常由专门的管理人员负责收集,并最终将各部门的相关需求以数据指标的形式进行展示。

1. 需求的 SMART 要素

在进行需求梳理之前,我们需要对需求进行要素的衡量,即衡量需求的 SMART

要素。

（1）具体（Specific）

这意味着每一个需求都必须是具体的，如希望查看用户的 DAU 或了解用户注册转化率等。然而，如果需求过于笼统，如建立一个指标体系或提升业务增长，这些需求就缺乏具体性，难以衡量。

（2）可衡量（Measurable）

需求如果无法衡量就没有意义，我们需要评估是否能在工具中以某种形式实现这些需求，例如通过配置概览、结构化查询语言（Structured Query Language，SQL）[①] 查询或其他方式来实现。

（3）可达成（Attainable）

在了解现有条件的基础上，我们需要判断需求是否能够达到预期目标。考虑到某些用户行为数据分析工具主要关注用户行为数据，需求也应基于用户行为分析。对于财务分析、库存分析等需求，我们需要评估是否可以将其转化为行为数据进行计算。

（4）务实（Realistic）

尽管需求可能无穷无尽，但资源却是有限的。因此，合理的需求应当既能满足当前的分析挖掘需要，又能兼顾未来一段时间的发展。试图一次性构建满足所有未来需求的数据采集系统是不切实际的。立足当下业务需求开展分析工作，不仅能有效控制成本，还能切实推动业务发展。

（5）时间限制（Time-bound）

时间是限制需求的重要因素。在项目时间紧迫、上线要求迅速的情况下，需求梳理时必须充分考虑需求实现时间的影响。

2. 需求梳理的基本思路

由于不同业务部门的工作内容差别较大，需求梳理时建议以业务部门在使用数据的过程中需要分析的场景为主。需求梳理一般可以分为两个步骤：描述希望实现分析的场景和对场景分析以指标形式进行细化。

首先应按部门梳理出各自的需求场景，再针对不同场景下提出的需求以对应指标的形式进行细化。例如，市场部在渠道推广分析时，需要关注哪些指标？这些指标又应该如何定义？我们会格外关注这一点，因为不同企业对同一个指标可能存在不同口径的定义。不同部门的需求梳理如表 3-3 所示。

表 3-3 不同部门的需求梳理

部门	需求场景	指标细化
市场部	查看不同渠道来源的用户流量大小和流量质量	新设备数、新注册用户数、跳出率（分渠道查看）
产品部	查看用户在注册过程中的体验是否流畅，是否能顺利完成注册	用户注册流程转化率，包括以下步骤：注册页面→发送验证码→提交注册信息→注册完成

---

① SQL 是一种特殊目的的编程语言，是一种数据库查询和程序设计语言，用于存取数据以及查询、更新和管理关系数据库系统。

(续表)

部门	需求场景	指标细化
运营部	了解用户购买过程的体验是否顺畅	购买转化漏斗：启动应用→浏览商品详情页→加入购物车→提交订单→支付订单
	了解不同类目的商品销量排行	分类目商品销量、商品销售额
	分析用户站内搜索关键词的排行，用户是否使用推荐词	关键词搜索次数、搜索结果比率、搜索推荐词使用率

需求梳理的展现形式应采用指标形式，以确保表达清晰，同时也便于后期验证需求的实现。确定不同指标及其相关维度之后，就可以明确所需采集的数据，之后埋点方案的设计就会水到渠成。

四、设计埋点方案

对于数据分析人员而言，其能够进行的数据分析的深度和广度，在根本上受限于数据采集人员在信息收集阶段所获取的信息量和信息的准确性。然而，在实际操作中，我们常会遇到数据不精确、无法进行有效计算等问题，这些问题的根源往往可以追溯到埋点数据的缺失或错误。因此，对数据质量进行严格控制是确保数据分析工作有效性和准确性的基础。

1. 设计埋点方案的前期准备

每一份埋点都类似于一个独立的产品，而埋点设计师的角色则与产品经理颇为相似。因此，在设计埋点方案时，我们不应直接着手设计，而应首先深入了解和分析用户的需求，这一流程与产品设计中的用户需求分析环节颇为相似。通过这种方法，我们可以确保埋点方案更加贴合用户的实际需求，从而提升数据收集和分析的准确性和有效性。具体的设计步骤如下。

（1）收集需求

埋点所采集的数据最终将服务于各个需要使用这些数据的部门。因此，在设计埋点方案之前，深入了解和探寻终端用户的需求是至关重要的。通常，对数据有需求的部门包括市场部门、产品部门、运营部门以及销售部门等。

（2）梳理需求

鉴于各部门所收集的需求可能存在形式上的差异，并且有可能出现内容上的重叠，因此我们需要对这些需求进行统一的归纳和整理。在整理过程中，应根据企业当前的资源状况以及埋点技术的实现成本，对各项需求进行优先级排序。为确保整理的规范性和效率，我们推荐采用数据指标的形式进行统一整理。

（3）解读需求

为了将指标转化为具体的埋点方案，我们必须深入理解每个指标是如何通过数据计算得出的。以 PV 和 UV 等指标为例，当我们能够清晰解读这些指标的计算方法后，便可着手设计埋点方案。这一过程确保了我们的埋点设计能够精准地反映业务需求，并为数据分析提供坚实的基础。

以上三个步骤完成后，便可以开始进行埋点方案的设计。

2. 埋点方案的组成

一份完整的埋点方案由事件、事件属性和用户属性三大部分组成。

（1）事件

用户行为由与用户相关的一系列事件组成。事件用于记录用户在使用网站、APP或者小程序的过程中触发的行为，包含五个基本要素，通常简称为4W1H。

①什么人（Who）。此要素用于标识行为的主体，我们通常采用产品业务系统中的用户ID进行识别。若业务系统中未记录用户信息，则会为用户分配一个匿名ID。

②什么时候（When）。此要素是指行为发生的具体时间，通常我们会精确到毫秒级进行记录，这部分数据的采集工作通常由SDK自动完成。

③在哪里（Where）。此要素用于记录行为发生的地点，如IP地址、国家、省份和城市等。在应用层面，我们还会收集一些与设备相关的信息，如操作系统类型、设备型号、设备制造商以及应用版本等。

④是什么（What）。此要素关注用户行为的具体内容。例如，如果用户行为是购买商品，那么我们需要记录的信息就包括购买的商品、价格以及款式等细节。

⑤怎样做（How）。此要素用于描述用户触发行为的具体方式。通常情况下，行为方式已经包含在行为名称中，如点击某个按钮。然而，有些行为可以通过多种方式触发，如一个操作既可以通过点击完成，也可以通过手势完成。在这种情况下，触发行为的具体方式就成为一种可以记录的信息。

（2）事件属性

事件属性可以为事件补充位置、方式、内容等相关信息。当用户产生特定行为时，会上报相应的属性值。例如，为"购买事件"定义了"支付方式"这一属性，那么根据用户的不同行为，可能会上报"微信支付""支付宝支付"等多种属性值。

以某电商平台为例，假设用户花费1万元购买了一台华为笔记本电脑，这一购买行为将触发一个名为"购买"的事件。同时，"购买"事件还可以与"品牌"和"价格"这两个属性相关联，其中，"华为"和"1万元"分别对应这两个属性的具体值。这样一来，我们就能更全面地了解用户购买行为的细节。

需要注意的是，不同的事件属性拥有不同的数据类型，在数据分析时对应不同的计算方式。因此，在上报数据时，需要注意采用合适的格式。

（3）用户属性

在数据运营流程中，我们不仅要关注事件属性，还要深入理解用户属性。为了更有效地实施精细化运营策略，我们必须引入更多维度的用户数据。例如，注册用户ID、用户等级以及姓名等，都是反映用户特征的重要属性。

在命名事件和属性时，规范性至关重要。为此，我们需要确立一套统一的命名标准，并确保企业全体员工对此有共同的理解。这样做能够显著提高企业的数据管理效率，同时增强数据运营的实际应用价值。

3. 埋点时机的选择

当用户产生一个行为时，往往有多个不同的埋点时机，如图3-4所示。在真实的应用场景中，客户端的大部分行为都需要向服务端发起请求。面对这类行为，有多种埋点时机可以选择。

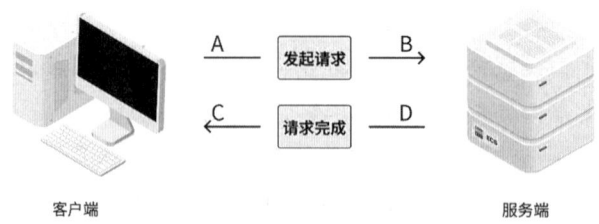

图 3-4　不同的埋点时机

以下是对不同埋点时机的详细分析。

（1）A 处埋点时机

①在用户触发行为时立即进行埋点，这种方式直观且易于理解。

②埋点数据经过公网传输时，存在一定的丢包风险，这可能导致数据不准确。

③业务请求有可能失败，例如用户点击加入购物车但服务器处理失败，而此时埋点已经完成，从而导致埋点数据与业务数据库不一致。

④连续多次点击可能会导致多次上报，例如用户在短时间内连续多次点击注册按钮，若前端未进行相应处理，则可能造成数据重复上报。

⑤在多端应用中，每种类型的客户端都需要埋入相应的数据采集代码。

⑥当出现埋点错误时，处理难度较大，通常需要更新应用版本才能解决。

（2）B 处埋点时机

①埋点数据在内网传输，丢包概率极低。

②业务请求尚未完成，仍有可能失败，导致埋点数据与业务数据库不一致。

③缺乏前端相关的属性信息，如操作系统、应用版本等。实际上，B 处埋点时机很少被采用。

（3）C 处埋点时机

①埋点数据在内网传输，丢包概率极低。

②业务请求已完成，因此埋点数据（如注册、订单等）能与业务数据库保持一致。

③缺少前端相关的属性信息，如操作系统、应用版本、公共属性等，但可以在发起请求时，将相应属性携带在请求中，由服务端解析后一起上报。虽然实现成本稍高，但数据更为可靠且便于修改。

④对于同一事件的埋点，只需要处理一次，降低了埋点成本。

⑤埋点不受客户端版本限制，可以随时修改并立即生效。

⑥错误解决成本较低，发现错误时只需要修改一处即可立即生效。

对于重要的、与业务分析相关的数据，如注册、订单、发帖、评论等行为，此种埋点方式能提供更为准确的数据。

（4）D 处埋点时机

①埋点后数据经过公网传输，存在丢包风险。

②在业务请求完成后进行埋点，对于注册等需要与业务端比对的数据，其准确性

通常优于在 A 处埋点的准确性。

③对于功能按钮，一般不会造成连续多次埋点的问题。

④多端埋点，需要在不同类型的客户端分别设置数据采集代码。

⑤当出现埋点错误时，处理难度较大，需要更新应用版本。

对于像搜索行为这样的埋点，在分析时需要考虑用户获取的搜索结果情况，因此在此处埋点较为合适。

综上所述，在选择埋点时机时，可以根据实际需求进行决策。对于一般的纯前端交互行为，如下拉框选择、按钮点击等，选择在 A 处进行埋点即可。对于业务行为，如评论、点赞、购买、提交订单、支付等，选择在 C 处埋点更为合适，其次可以选择在 D 处进行埋点。当前端和后端都可以获取数据时，在资源允许的情况下，建议优先选择在 C 处进行埋点。

五、进行数据打通

随着移动互联网的不断进步，现今许多人同时拥有并使用多台设备，在不同设备间的切换与互动已成为用户日常行为。事实上，不少企业正在构建多元化的产品矩阵，覆盖多种端口。然而，这些端口的数据往往是孤立的。那么，我们如何实现数据的整合与互通呢？

在探讨数据整合时，从运营的角度出发，我们期望能够全面掌握用户在各个平台的活动数据。通过深入分析用户行为，我们可以更准确地洞察用户的真实需求，从而为多种分析提供可能。例如，获得完整的用户旅程，比较多平台间的用户使用习惯以优化体验，以及在一个统一的系统中集中查看所有平台的数据，进而提升工作效率。

在当下，用户行为模式日趋多样化，单一用户可能跨越多个平台进行操作。准确识别用户身份变得愈加复杂，特别是在具有账号体系的产品中。用户可能在不同的场景下使用产品，如匿名访问、登录使用，甚至在同一设备上切换不同账号，或在多台设备上使用同一账号登录。因此，选择合适的用户标识有助于准确识别用户，提高分析的准确性。具体而言，跨平台识别有以下两种方法。

1. 确定性识别方法

确定性识别方法主要利用用户账号体系中的独特数据资源进行用户识别，这些数据可以包括系统为用户分配的 ID、用户的手机号或邮箱等，具体使用哪种数据取决于产品的特性和需求。简而言之，这种方法依赖于用户的唯一标识符。

2. 概率论匹配方法

概率论匹配方法基于设备相关的非直接数据进行用户匹配，如 Cookie[①]、上网时段、Wi-Fi 信息以及 IP 地址等。这种方法需要借助机器学习或其他复杂规则进行分析。但值得注意的是，这种方法对数据多样性和算法设计具有很高的依赖性，其准确性相较于确定性识别方法存在显著差距。因此，在实际应用中，并不推荐采用这种方法。

---

① Cookie 是某些网站为了辨别用户身份而储存在用户本地终端上的数据（通常经过加密），是由用户客户端计算机暂时或永久保存的信息。

第四节　分析数据

企业应利用庞大且多维度的数据来深入剖析企业和市场的运营状况，预测行业与市场的未来动向与趋势，从而适时调整企业的市场营销策略，以更有效地推动企业市场运作，并赢得市场竞争优势。若企业意图涉足新市场、拓展新业务或研发新产品，就必须通过数据分析来洞察未来市场形势，精准计算所需投入的资源及潜在收益。

一、数据可视化

埋点方案实施完毕及实现数据打通后，数据便可以通过可视化工具呈现。此外，我们还可以借助专业的商业智能（Business Intelligence，BI）分析工具来实现数据可视化。

随着大数据时代的来临，数据可视化作为一种展示庞大数据集的方式，已经变得至关重要。数据可视化的核心目标在于将复杂数据通过图形化手段进行呈现，以确保信息能够清晰、高效地传达。

1. 数据可视化的呈现形式

目前，大多数企业都会利用BI分析工具来进行数据可视化呈现，常见的展示形式如下。

（1）柱状图

柱状图（如图3-5所示）使用垂直或水平的柱子来显示不同类别之间的数值比较。其中一个轴代表需要对比的分类维度，另一个轴代表相应的数值。柱状图通常用于回答"每一个分类中有多少"的问题。

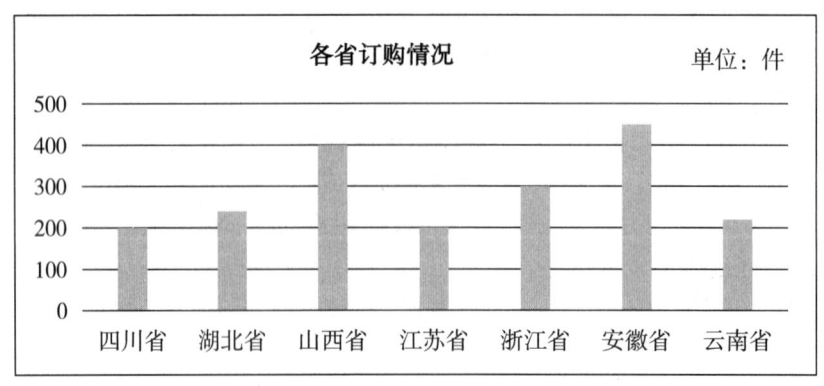

图 3-5　柱状图

（2）折线图

折线图（如图3-6所示）用于展示数据在一个连续的时间间隔或跨度上的变化趋

势，它的特点是能够反映事物随时间或有序变量而变化的趋势。例如，它可以用来分析某类商品或某几类相关的商品随时间变化的销售情况，从而进一步预测未来的销售趋势。

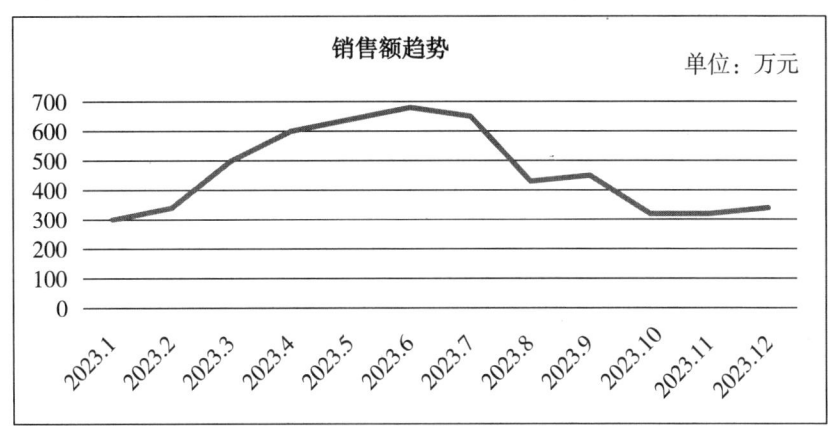

图 3-6　折线图

（3）饼状图

饼状图（如图 3-7 所示）是一种直观展示各类别占比的数据可视化工具，它通过不同维度来反映各类别的比例关系。在饼状图中，一个完整的圆形代表数据的总和，而各个扇形部分则代表不同类别所占的百分比，所有扇形部分的比例总和为 100%。

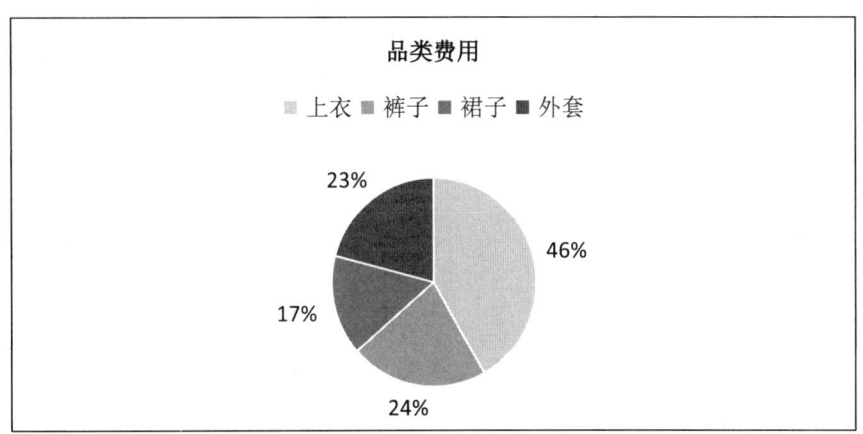

图 3-7　饼状图

随着业务需求的多样化和数据分析技术的不断进步，为了满足不同场景下的数据展示需求，多种新的可视化形式衍生出来。这些形式包括子弹图、堆积图、帕累托图、瀑布图、旭日图、矩形树图和漏斗图等，它们为数据分析提供了更为丰富和灵活的视觉呈现方式。

2. 数据可视化的设计原则

除了多样化的数据可视化展示方式,我们还需遵循一定的设计准则。

(1) 精确性

在数据可视化的过程中,必须确保数据的真实性,不得有任何歪曲、误导或遗漏,从而忠实反映数据信息的原始性和完整性。

(2) 高效性

在信息传递时,应确保内容有侧重点,避免冗余和过载,用最适量的数据墨水比[①]来表达对用户最有用的信息。

(3) 明晰性

视觉表现应清晰易读,有条理,旨在帮助用户在短时间内获取尽可能多的信息,从而迅速达成他们的目标。

(4) 审美性

在准确传达数据的基础上,设计时还应追求视觉上的美感,通过艺术性地运用视觉元素,为用户提供一种优雅而不过度装饰的视觉体验。

(5) 可扩展性

可视化设计需要兼容各种设备和屏幕尺寸,同时预测并满足用户对数据深度和复杂性的不同需求。

在遵循这些数据可视化设计原则的同时,我们还需要深入考虑图表的双重逻辑:作图逻辑与业务逻辑。作图逻辑主要体现在数据的相互关系上,这包括成分构成、时间序列关系、大小排序关系、频率分布以及相关性等。而业务逻辑则要求:首先,图表内容必须贴合业务实际,如图表展示的渠道或用户规模、业务重点排序或城市大小排序等;其次,图表的展现方式应符合受众的常规阅读习惯,例如,大多数人习惯从左到右阅读图表,因此在时间序列的展现上,不应将后续年份置于前一年份之前;最后,制作图表时还应巧妙地突出制作者希望传达的核心结论,以引导受众准确理解图表信息。

3. 数据可视化的应用

将企业的数据要素转化为可视化图表并整合展示,就形成了数据仪表盘(如图3-8所示)。通过数据仪表盘,我们可以进行直观的可视化分析。

这种可视化分析支持多维度的钻取、联动、跳转等多种操作,旨在深度挖掘数据的价值。这使得分析师和决策者能够从多元视角审视数据库内容,进而全面理解数据所蕴含的信息和意义。

(1) 钻取

通过降低维度或引入新的维度,我们可以更深入地审视数据。例如,调整维度的层次,以改变分析的细致程度。以地理位置为例,我们可以从宏观的地区数据深入到具体的省市数据来进行更为详细的分析。

[①] 数据墨水比是耶鲁大学教授爱德华·塔夫特提出的一个概念,其定义为图形中数据墨水量与图形总墨水量的比例。

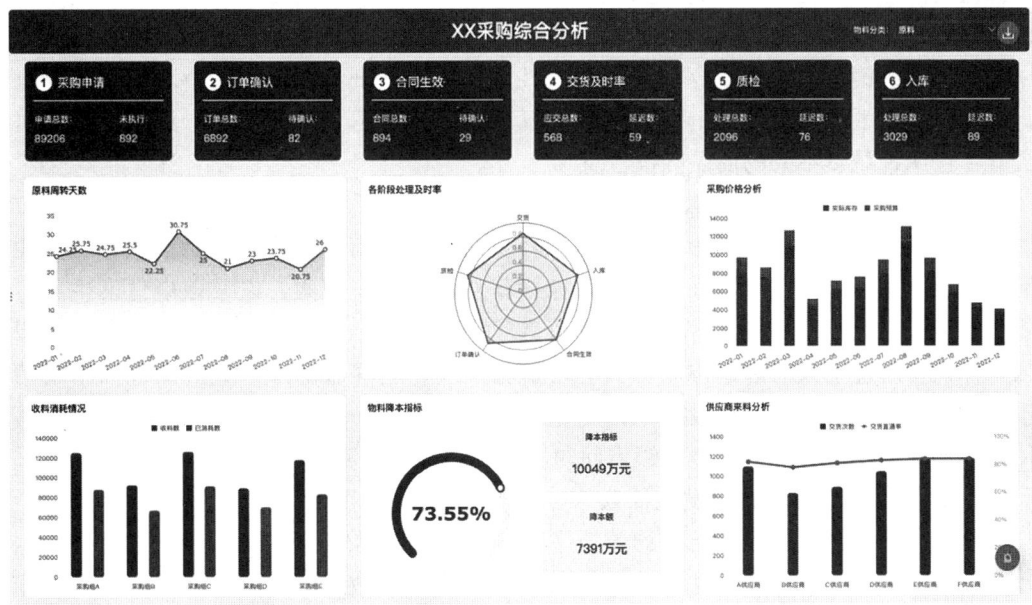

图 3-8 数据仪表盘

（2）联动

在可视化设计中，无须一次性展示所有信息，而是可以根据需求随时筛选并绘制感兴趣的数据。这时，联动功能就显得尤为重要，它能够实现不同图表间的动态关联展示。

（3）跳转

此功能不仅支持页面间的快速跳转，还能够通过传递参数实现跨页面的数据筛选，极大地提高了分析的灵活性和效率。

这些功能共同为企业各层级人员——从决策者到执行者——提供了实时、准确的信息传递渠道。这有助于管理者和业务人员及时发现运营问题，捕捉决策时机，同时通过实时的数据监控，不断提升经营分析的效率和精确度。

二、数据分析的类型

作为运营人员，数据分析的目的多种多样：有时是为了了解已经发生的事情，有时是为了探寻事件发生的根源，还有时是为了预测可能发生的情况。在进行深入的数据分析之前，我们必须先明确数据分析的五种基本类型。从描述性分析到规范性分析，数据分析的难度和工作量逐步上升，对机器的依赖程度也越来越高。

1. 描述性分析——发生了什么

描述性分析是任何数据分析过程的起点，旨在回答"发生了什么"的问题。它通过对各种来源的原始数据进行整理，将其转化为对业务有价值的信息。

2. 探索性分析——探索数据之间的关系

探索性分析的核心目的在于深入探索数据，其最为典型的应用场景便是数据挖掘。

借助探索性分析,我们能够洞察到原本看似无关的事物之间隐藏的数据关联。在数据挖掘领域,有一个广为人知的实例。沃尔玛超市通过深入的数据挖掘,意外发现了纸尿裤与啤酒的销售数据之间存在某种相关性。基于此发现,沃尔玛超市对货架布局进行了调整,将纸尿裤与啤酒的摆放位置相互靠近。令人惊讶的是,这一调整竟然同时提升了这两种截然不同的商品的销售量。

3. 诊断性分析——为什么会发生

诊断性分析在数据分析中占据着举足轻重的地位。借助诊断性分析,运营人员能够深入探究某一事件发生的根源,了解导致其发生的前置因素,以及该事件发生后可能引发的连锁反应。以某日客户电话投诉数量骤减为例,我们不禁要问:这背后的原因是什么?通过细致的数据诊断,我们可能会发现,新客服的加入或产品界面新增的投诉功能等因素可能是导致投诉电话数量减少的关键。一旦我们明确了事件发生的具体原因及其发生机制,就能迅速锁定问题所在,并提出切实可行的解决方案。

4. 预测性分析——将会发生什么

预测性分析是通过分析已有的数据来推测未来的趋势,旨在回答"未来将会发生什么"的问题。这种分析方法不仅涉及前文提及的三种数据分析类型,还需借助机器学习和 AI 等尖端数据科学技术。例如,我们可以根据某零售店过去五年的销售记录,预测出该店在未来一个月或一个季度内的总销售额,甚至能够估算出特定商品的销量。利用预测性分析,我们不仅能够洞察事物的发展动向和模式,探究事件发生的缘由;还能根据某一事件在特定领域的发展状况,做出合理且明智的预测。

5. 规范性分析——要采取什么行动

规范性分析是数据分析中最为高级的类型。它综合了前述所有的数据分析方法,并结合数据模型,来回答"应该采取何种行动"的问题。在进行规范性分析时,我们需要对多个场景进行深入分析,预测每个场景可能产生的结果,并基于这些预测结果确定最优的行动策略。AI 是规范性分析的一个前沿实例,它立足于大数据的基础之上。通过摄取并解析海量的数据,AI 能够自我学习如何有效利用这些数据信息,并据此做出明智的决策。

在实际的数据分析工作中,描述性分析、探索性分析和诊断性分析是常被采用的方法。而预测性分析和规范性分析,由于其复杂性和计算量较大,往往会交由机器进行自主学习和处理。

三、数据分析的方法

在数据分析的实际应用中,无论是产品迭代的优化分析,还是运营活动的深入剖析,似乎总是需要运用多种多样的数据分析方法。然而,尽管表面上看起来方法繁多,但归根结底,这些方法都可以归结为上述五种基本方法,或是这些方法的交叉与组合。这五种方法构成了数据分析的核心框架,为我们提供了全面而系统的分析视角。

1. 趋势分析

趋势分析(如图 3-9 所示)是最基础且最常用的数据分析方法。它通过对有关指标各期相对于基期的变化趋势进行分析,揭示该指标的变化趋势,从而直观地发现问题，使运营决策更加准确和及时。例如，对于品牌零售行业，GMV 是最核心的指标。我们可以根据日、周、月等时间维度描绘 GMV 的变化趋势，这样便可以直观地看到不同时间维度下 GMV 的变化情况。

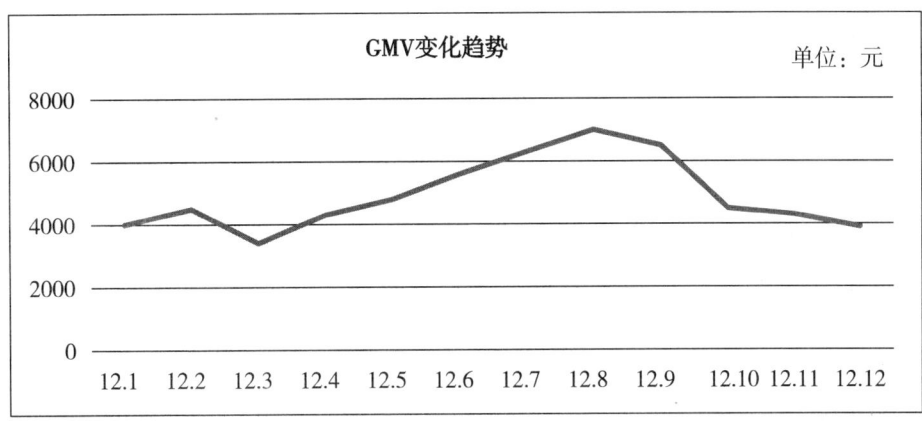

图 3-9　趋势分析

2. 细分分析

当趋势分析过于宏观时，细分分析（如图 3-10 所示）则成为精细化运营的必备工具。它通过按照不同的维度一步步地对数据进行拆分，不断接近问题发生的根源，使运营人员能够获取更加精细的数据信息。例如，当某品牌零售企业的 GMV 在某一天出现显著下滑时，我们可以采用细分分析的方法来进行深入探究。具体来说，我们可以按照全国各省级行政区的维度进行划分，详细考察各省级行政区的 GMV 变化情况。通过这种方式，我们能够准确地识别出是哪个省级行政区的 GMV 出现了下降。一旦定位到具体的省级行政区，我们还可以进一步细分到市级、区级，以便更加精确地了解问题所在。

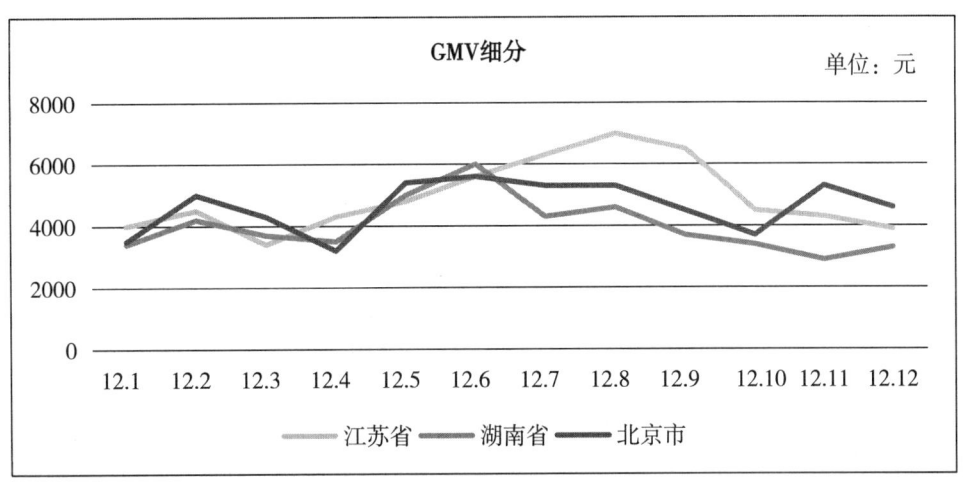

图 3-10　细分分析

3. 对比分析

对比分析（如图 3-11 所示）是指将两个或两个以上的数据进行比较，分析差异并揭示数据所代表事物的发展变化情况以及规律。其特点是可以非常直观地看出事物在某方面的变化或差距，并且可以准确、量化地表示出这种变化或差距的具体数值，为孤立的数据提供参考系。例如，同样以品牌零售企业的 GMV 为例，通过对比不同年份的 GMV 变化趋势，我们可以很直观地看到这家企业的年度增长情况，进而判断其是否值得投资。

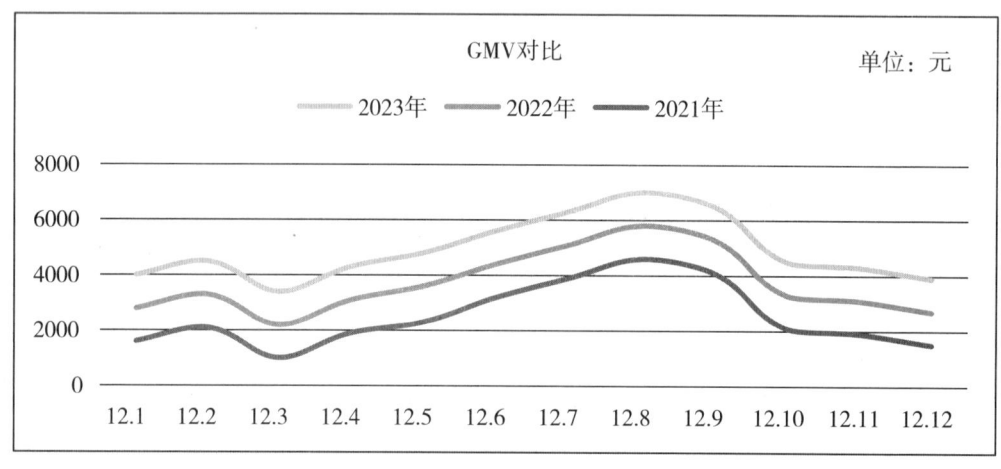

图 3-11　对比分析

4. 溯源分析

为了避免运营人员做过多无效分析，应追溯问题的根源，并进行深入剖析。举例来说，当一批新用户进入产品平台后，如果他们的购买转化率偏低，我们通常会从产品的流畅性、运营活动的力度或商品的吸引力等方面进行考量。然而，如果我们从源头上进行探究，很可能会发现这批用户其实并非我们的目标受众，而是由虚假流量构成的。这种追根溯源的分析方法能够帮助我们更准确地识别问题所在，从而提高运营效率。

5. 归因分析

归因分析是指通过一种或一组规则，将销售功劳或转化功劳分配给转化路径中的各个接触点。归因分析的实质在于衡量和评估用户触点对于整体转化目标实现的贡献程度，其评估的核心标准即为转化贡献度。然而，关于如何具体地进行这种衡量与评估，我们就需要借助归因分析来实现。有关归因分析的具体内容参见本书第八章第四节。

第五节　应用数据

一、驱动产品迭代优化

数据已成为驱动产品迭代优化的核心动力。线上产品的迭代优化可拆解为流量分发、内容建设和业务达成三大核心模块,每个模块均需以数据为支撑,实现精准决策与高效运营。

流量分发是用户接触产品的第一步,其关键在于精准匹配商品与用户需求。通过分析用户行为数据,如点击率、停留时长等,可以精准定位高价值流量入口,优化推荐算法,提升转化效率。例如,个性化推荐系统基于用户历史行为数据动态调整推荐内容,能显著增强用户黏性。

内容建设可分为两类:一类以转化为目标,需结合用户反馈数据优化内容呈现形式与支付流程,提高付费转化率;另一类以满足用户需求为核心,需关注互动数据,如点赞、转发、评论等,持续提升内容质量与多样性,增强用户参与感。数据驱动的内容策略能确保内容既吸引用户,又契合商业目标。

业务达成是产品价值的最终体现,但这一过程常面临挑战。用户可能因流程烦琐、推荐干扰等因素中途流失。通过分析转化漏斗数据,可识别关键流失节点,优化业务流程,降低跳出率。例如,在结算页添加高相关性推荐位,既能提升用户兴趣,又避免干扰主流程,从而平衡商业价值与用户体验。

数据驱动的优化策略强调"先定位薄弱环节,再优化路径指标"。对于数据量不足的功能模块,可通过流量倾斜积累数据,再进行针对性优化。例如,新推出的内容模块初期可分配更多流量,待数据积累充分后,再基于用户反馈与行为数据调整策略,提升业务达成率。

二、助力精细化运营

对于运营人员来说,与运营活动所要实现的明确目标相比,相应的运营策略要显得更加复杂多样。就用户触达而言,"在合适的时机向合适的人以合适的方式推送合适的内容"是我们的目标,如果用户点击消息后完成转化行为,那么这"四个合适"便得以实现。

然而,未成功转化的用户依然存在,这部分用户可能因未接收到消息、未点击、点击后未完成转化,甚至产生反感情绪直至卸载软件等情形而未能成功转化。对于这部分用户,我们当然不能置之不理,而是应根据其具体表现制订后续的触达方案,将产品价值以合适的方式呈现给他们,进而才能不断培养出更多的核心用户。

因此,我们需要管理用户生命周期的各个阶段,针对不同用户群体设计不同阶段的运营策略并自动执行。例如,针对新用户的激励策略、召回潜在流失用户的策略、刺激老用户复购的返利策略等,这些都是需要跨越很长时间周期的运营活动,与短期或一次性的促销、领券等运营活动有所不同。

要实现精细化运营,除了需要制定完备合理的策略规划外,准确、及时的策略执行以及同步的效果监测与分析也至关重要。企业运营人员还应进一步将已经验证有效的用户运营策略长期沉淀下来,在执行中结合环境变化与特点,对策略效果展开监测与分析,以便不断优化和改进,保持企业稳定的前进状态。

三、提升用户留存

企业私域用户涵盖了新用户、复购用户、流失用户等多种类型,其中,高留存用户所展现的某些共性特征构成了高留存量质转换点。通过识别这些共性特征,并引导其他用户形成这些特征,我们可以有效提升留存率。

值得注意的是,不同产品的高留存量质转换点存在差异,因此,我们必须运用数据分析手段来寻找这些节点。以某智能健康硬件厂商的用户次月留存数据为例,当用户完成10次数据同步后,留存率明显提升,实现了由量到质的飞跃。用户完成10次数据同步这一行为(同步数据)及其对应的数字(10次),正是促成这次量质转换的关键节点。

那么,如何寻找高留存量质转换点呢?我们总结了一套方法,这套方法也遵循了度量、分群和触达的理念。

首先,我们需要划分并确定留存的阶段周期(包括初期、中期、长期),根据行业标准确定留存指标和基准,对比实际数据与行业优秀数据,并以此明确留存工作的阶段重点和优先级。

其次,确定并跟踪用户群组。这通常按照时间(一般按月)、渠道以及不同频率次数等进行划分。我们的目标是尝试找出高留存用户群组的共同特征。

再次,针对各阶段的留存关键任务,制定相应的策略。在初期阶段,核心任务是寻找能够强化用户对产品价值认识的指标,这通常要求用户体验达到一定次数。在中期阶段,核心任务是让使用产品成为用户的一种习惯。在长期阶段,核心任务是确保产品继续为用户带来更大的价值,这可能需要升级现有功能或推出全新功能。

最后,针对未达到高留存量质转换点的用户,我们需要对其进行细分,为每个群组制订相应的触达方案,闭环追踪并评估这些方案的效果。

案例分析

蜜雪冰城通过数据驱动业务发展

蜜雪冰城是一家以冰淇淋和茶饮为主打的全国知名连锁饮品品牌,自1997年诞生至今,始终坚守高质平价的原则,推动品牌的持续成长。截至2023年5月,蜜雪冰城在全球的门店数量已突破20 000家。随着业务的迅猛扩张,蜜雪冰城对数字化基础设施及数据决策的需求日益凸显。传统的管理方式在规模不断扩大的背景下逐渐暴露出不足,如内部信息传递的滞后、手工统计的低效,以及难以迅速识别区域和门店的运营异常等。

同时,业务的持续扩张也对数据处理能力提出了更高的要求。传统的轻量级数据仓库已无法满足需求,它存在跨库多表取数效率低下、缺乏统一的数据建模标准、运维复杂以及数据复用性和可扩展性差等问题。因此,建立一个响应迅速、可视化的BI数据分析平台及统一的企业级数据仓库显得尤为重要。

为应对这些数字化挑战,蜜雪冰城采纳了一套全面的数据仓库与BI数据分析平台解决方案。该方案不仅在公司内部搭建了企业级数据仓库和可视化的BI数据分析平台,还构建了完善的数据管理体系,以实现数据的整合与集中存储。此外,通过引入先进的分层建模技术，蜜雪冰城能够更精确地管理数据，并利用恰当的决策分析模型和智能分析系统，提升自身的数据分析能力，为各级决策提供坚实的数据支撑。

这一解决方案为蜜雪冰城带来了多方面的益处。

首先，一站式BI数据分析平台实现了多个业务系统的数据整合，消除了数据孤岛，降低了沟通成本和系统集成复杂度，进而提升了整体运营效率，并为企业提供了清晰、权限分明的数据视角。

其次，营运部门建立了从总部到门店的全方位数据运营体系。该体系支持时间和区域维度的灵活切换，能够一键生成包括区域订货排名、门店销售排名、时段销售情况、商品销售情况，以及新品上市表现等在内的20余种营运业务场景分析报告。这有助于业务部门实时洞察潜在问题和机会，推动企业的整体业绩持续增长。

最后，通过多个业务部门的协同努力，蜜雪冰城建立了一套全流程的指标体系，满足了不同层级管理人员和一线业务人员的数据分析需求。这打造了一个"监控—分析—诊断—改善"的闭环管理流程，使各级组织能够高效决策、快速响应。

借助这一数字化解决方案，蜜雪冰城成功地从依赖经验的管理模式转型为数据驱动的运营模式，数据已成为推动其业务发展的核心力量。

 思考题

1. 广义的数据运营与狭义的数据运营有何不同？请简述数据运营在企业中的重要性。
2. 在选择北极星指标时，需要考虑哪些标准？请给出一个应用北极星指标的案例。
3. 传统埋点方式存在哪些不足？全埋点技术有哪些优点和局限性？
4. 在进行数据可视化呈现时，应遵循哪些设计原则？数据可视化在数据分析中有哪些应用？

第二篇

实施篇

第四章 识别数字化用户

学习目标

1. 了解数字消费者行为特征。
2. 了解数字消费者的购买决策过程。
3. 了解用户画像的定义和构建。
4. 掌握消费者行为分析模型。

案例引入

洽洽食品：用户画像赋能数字化创新营销新高度

在数字化创新营销的征途中，洽洽食品作为备受瞩目的国货零食品牌，展现出了非凡的实力与独到的策略。该品牌致力于搭建全渠道统一的会员运营平台，成功地将平台电商、实体门店、APP、小程序等多个自营渠道的用户数据融为一体，形成了丰富的数字资产库。

依托庞大的用户数据基础，洽洽食品对消费者进行了深入的"画像"分析，全方位地涵盖了消费者的年龄层次、职业背景、家庭状况、健康状况、产品偏好以及促销偏好等多个维度。这种跨渠道的数据融合技术，使得用户画像更加精准细腻，为品牌提供个性化服务奠定了坚实的基础。

随着短视频与直播的蓬勃兴起，洽洽食品在抖音平台上也展开了一套精细化的营销策略。借助巨量云图，品牌对旗下的核心产品——每日坚果的目标用户进行了详尽的画像分析，明确锁定了"健康追求者""上班族"和"年轻家庭"这三大核心消费群体。同时，洽洽食品还精心构建了官方账号、垂直领域账号以及员工个人账号的三级账号矩阵，每个账号都针对不同的细分人群进行精准定位，实现了内容的个性化触达。

在内容策略层面，洽洽食品同样注重场景化内容的打造，通过携手KOL精准触达目标人群，有效激活了"粉丝"的潜在价值。这种数据驱动、场景化内容与精细化服务相结合的营销策略，极大地提升了用户的购物体验，增强了品牌的忠诚度和市场份额。近年来，洽洽食品在业务规模与用户互动转化方面均取得了显著的突破，充分彰显了其数字化创新营销战略的卓越成效，也为国货零食品牌的数字化转型树立了新的标杆。

第一节　数字消费者行为特征

一、数字消费者行为的概述

在《中华人民共和国消费者权益保护法》的框架下,消费者被明确界定为出于生活消费目的而购买、使用商品或接受服务的单位或个人。从狭义上讲,消费者主要指个人与家庭,他们购买和使用各类消费品或服务。而广义的消费者则涵盖了所有购买、使用产品或服务的个人与组织。

消费者行为是一个复杂的过程,它不仅涉及获取、使用和处置消费物品或服务的行动,还包括这些行动之前的决策过程,以及与之相关的收入获取等多个方面。在消费者行为中,购买决策与实际行动紧密相连,共同塑造了消费者行为的完整图景。这一行为是动态的,涉及感知、认知、行为与环境因素的相互作用,同时也涉及交易过程。研究消费者行为旨在深入了解不同消费者的心理与行为特征,分析影响这些特征的各种因素,进而揭示消费者行为的演变规律。

数字消费者即在网络环境中进行生活消费的单位或个人,其行为特点与传统消费者有所不同。数字消费者行为特指在网络上为了获取、使用和处置消费物品或服务而采取的行动,以及相关的决策过程。这一群体展现出独有的特征和发展趋势,是数字时代消费研究的重要对象。

二、数字消费者行为与传统消费者行为的区别

在科技赋能和消费升级的驱动下,依托互联网、云计算、AI 等新技术的深化应用,我国的数字经济蓬勃发展。与传统消费者行为相比,数字消费者行为在以下几个方面展现出显著的不同。

1. 消费环境

在探讨消费者行为时,首先需要考虑的是他们所处的空间环境。传统消费者主要活动在物理空间中,通过面对面的方式进行线下交易。然而,数字消费者则置身于一个截然不同的网络虚拟空间,他们的消费行为完全在线上展开,依赖于接入互联网的智能终端,如智能手机和电脑等。

其次,从信息环境的角度来分析,传统消费者在获取商品或服务信息时往往较为被动,手段单一,选择范围有限,且售后服务体验可能受到一定限制。相反,数字消费者则处于一个信息丰富的环境,他们拥有多样化的信息获取渠道,能够广泛选择商品或服务,并享受到更为丰富的售后服务体验,这些特点极大地满足了消费者的心理需求。

2. 广告载体及其效应

沿街商铺针对传统消费者的广告载体,起初以直接销售、摇鼓和吆喝等原始形式存在,随后逐渐发展到海报、报纸、杂志等纸质媒体,以及广播、扬声器、电子广告

牌、电视等电子媒体。这些传统媒体大多采用广播式的信息传递方式，未区分受众，导致效率较低，消费者需要经过广告展示的空间才能接触到广告，且从广告到购买点的转化路径较长，流失率高。

相比之下，数字消费者不仅依赖传统媒体，还广泛利用互联网产品内的广告位、网站广告、APP开机页面、文章底部宣传位等多种广告形式，以及新媒体广告，如微信公众号、微博、抖音、今日头条等平台上的软文广告。这些新媒体广告形式使得广告内容更加丰富多样，触达消费者的方式也更为精准。

借助数字化技术，如云平台、大数据、机器学习等，广告推送变得更加个性化，能够根据消费者的需求进行精准推送，实现"千人千面"的效果，从而极大地提高了广告传播效率。同时，数字消费的转化路径也大幅缩短，消费者一旦点击广告，即可直接进入产品页面进行购买，极大地提升了消费者的体验和购买的便利性。

3. 决策模式

市场营销的核心在于识别并把握消费者接受品牌影响的关键时刻，即消费触点。在传统消费者行为理论中，消费触点常被形象地比喻为"漏斗"。这一模型描绘出消费者从众多潜在品牌（漏斗顶端）出发，经过各种营销手段的引导，逐步缩减选择范围，直至最终选定一个品牌（漏斗底端）的过程。然而，在数字时代，随着产品种类和数字渠道的爆炸式增长，传统的"漏斗"模型已难以全面捕捉消费者的所有触点及关键购买因素。

购买后的体验对于消费者后续的产品决策具有决定性作用，它直接影响着消费者对品牌的情感联系。在数字时代，消费者往往能够迅速跳过考虑和评估的阶段，直接进入相互关注与信任建立的循环之中，这体现了消费者决策过程的高效与直接。数字消费者的购买行为往往带有一定的非理性成分，这是因为他们在各种媒体平台上能够轻易检索到大量信息，这些信息往往能够迅速影响他们的购买决策。同时，在互联网时代的数字社区中，KOL因其广泛的社会影响力和知名度而备受关注，他们对商品消费、购物体验的个人观点往往能够对普通数字消费者产生显著影响，从而进一步塑造他们的购买行为和品牌偏好。

4. 购买行为

传统消费者的购买行为通常经历较短的时间历程，其影响范围相对有限。在消费行为分析中，主要受到两方面的影响：从众效应和推断线索。从众效应与口碑紧密相关，它能降低消费者的决策成本和疲劳，减少对能力、阅历、经验的要求；而推断线索则主要基于产品包装、服务环境等方面，对消费者在这些方面的判断提出更高要求。因此，口碑传播在传统消费决策中占据重要地位，但传统口碑传播多依赖于口口相传，其范围有限。

相比之下，数字消费者的购买行为影响时间跨度长，且影响广泛。购买和评价信息可以在线保存，被商家评估并展示给潜在消费者。这些信息为后来的消费者提供了关于商家产品和服务的长期参考，有助于他们理解并做出购买决策。因此，数字消费者在购买决策过程中，更易受到在线评价、社交媒体讨论等数字口碑的影响。

三、数字消费者行为特征

在数字经济蓬勃发展的当下,大数据技术的应用使得我们能够精确地描绘和分析不同消费者的需求与偏好。通过分析大数据图谱,我们能够深入理解不同场景、收入、年龄、地域等维度下消费者群体的独特消费特征与习惯。数字产品和服务的创新不仅颠覆了传统生产服务模式下的消费环境与方式,更激发了消费者对于数字化多元需求的追求,从而引发了消费者行为的新一轮变革。数字消费者行为特征主要体现在以下几个方面。

1. 消费者行为更加个性化、定制化以及多元化

在互联网、数字技术和 AI 技术的推动下,个性化、定制化以及多元化的消费模式已成为消费者行为的重要趋势,且这一趋势愈发明显,不可逆转。随着消费品市场的日益繁荣和消费者个性化需求的增长,消费者在全球范围内拥有更多选择权,开始自主制定消费准则,推动市场营销焦点转向满足个性化需求。在商品供给端,消费者积极参与产品的设计和生产过程,确保产品或服务满足其个性化需求,并通过数字技术实现产品的个性化定制。消费者行为的新特征为数字经济的发展提供了更多的细分市场和新兴消费者群体。特别是消费内容的多元化,为不同消费者群体创造了多样化的商业模式和商业机会,进一步推动了市场的繁荣与发展。

2. 消费者的参与性更强

随着技术革新,AR、VR、数字孪生等新型体验正在重塑消费者的决策过程,推动消费模式从单一的商品消费向多元化服务体验消费转变。消费者不仅关注商品品质,更追求购物过程中的愉悦体验。全方位的服务感知为消费者带来全新的购物体验,良性互动进一步激发其购物需求。同时,消费渠道也在发生深刻变革。线上购物凭借便捷性快速崛起,而线下消费则通过传统实体店的升级,实现线上线下融合的综合体验。消费者对"逛街"式体验、社交、娱乐、餐饮等多元化需求的增长,进一步推动了线下消费的发展。

3. 消费者购买的便利性提升

相较于传统消费模式,数字消费以其无与伦比的便捷性脱颖而出,打破了时空的界限。消费者能够迅速浏览海量商品信息,甚至选购当地难觅的特色商品。数字支付方式的普及极大地提升了交易效率,有效规避了现金交易的风险。更值得一提的是,网购商品的价格往往更为亲民,促使更多企业实施线上线下双轨销售策略。借助互联网对市场信息的实时反馈,企业能够灵活调整商品营销策略,进而显著提升经济效益和核心竞争力,实现市场资源的优化配置。

4. 消费者购买的即时性和灵活性增强

数字消费者日益追求全渠道购物的便捷与灵活,更倾向于在特定场景下即兴购物。例如,在观看视频主播时可能被其穿着的服装或配戴的饰品所吸引,或在社交聊天中听闻新的美容产品而心生购买冲动。此类购物的关键在于消费者能即时获得心仪商品。研究表明,快速配送服务,如 1 小时内送达,不仅能提升销量,还能显著提升消费者满意度。由此,各大品牌可以通过提升配送速度,有效增强消费者冲动购物的转化率。

5. 消费行为的交互性增强，社群消费需求提升

在数字经济浪潮下，社会网络和社交媒体催生了广泛的虚拟消费者社群，其中互动、分享、众筹、共创成为推动社群发展的核心动力。社群营销作为一种通过数字社区影响消费者购买行为的销售模式，借助线上社交媒体等平台与消费者建立联系，并通过 KOL 和社群活动影响消费者的购买决策。各类社交平台和 APP 的涌现，不仅促进了社交购物的便捷性，更通过微信公众号和小程序等场景实现了碎片化时间的利用，构建了强大的社交引力。社群传播成为推广新奇商品、吸引消费者关注、建立品牌忠诚度并驱动购买行为的重要工具。

在数字经济时代，商业价值与用户数量息息相关。企业通过累积的用户资源（即数据资产），能够低成本地扩展多样化关联业务与服务，创造更大的价值空间并捕获更多利润。随着消费者与生产者互动的日益频繁，消费者在数据生态中同时扮演着生产与消费的双重角色。这种高度交互性，结合创新技术，将消费和生产的数据相融合，推动了消费者行为的拓展和生产者价值创造空间的扩大，实现了供需之间的良性循环和升级。

第二节　数字消费者购买决策过程

消费者购买决策是一个复杂且系统的过程，它涵盖了从需求识别到购后评价的各个环节。在多种购买方案面前，消费者会基于个人动机，通过分析和评估，选择最合适的方案以满足特定需求。

一、数字消费者购买决策的特点

1. 消费者购买决策具有独立性

诸如个人衣物、日常用品等众多购买决策，通常是消费者独立完成的，且随着消费能力的提升，这种独立性愈发显著。

2. 消费者购买决策具有复杂性

尽管这是消费者日常的活动，但影响其决策的因素众多，既包括个人的性格、偏好、习惯和经济状况，也涉及所处的社会环境、文化背景和经济环境。这些因素交织在一起，共同影响消费者的决策内容、方式和结果。

3. 消费者购买决策具有情境性

时间、地点、环境等因素的变化会导致消费者购买决策的差异。即使是针对同一种商品，不同消费者或同一消费者在不同情境下，都可能做出不同的购买决策。

二、数字购买决策过程

数字购买决策过程通常包含需求唤醒、信息搜索、比较评估、确认订单、授权支付、收取商品以及评价分享等阶段。这些阶段体现了数字时代消费者购买决策的新特点和新变化。

1. 需求唤醒

消费者的购买过程始于一个具体的问题或需求，这些需求可能源于内部刺激或外部刺激。内部刺激，如饥饿或干渴等生理需求，当其积累到一定程度时，便转化为强烈的购买驱动力；而外部刺激，如广告、社交媒体上的讨论或与朋友的互动，同样能够激发消费者的购买欲望。在数字时代，消费者购买决策的起点同样始于需求的诱发或唤醒，这一过程与传统的购买模式在本质上是一致的。

（1）数字媒体激发

数字媒体与网络广告凭借独特的感官和情感吸引力，能够有效激发消费者的需求。这些平台运用先进的数字多媒体技术，通过图文结合、音画同步、3D动画、实时录像等丰富形式，以及详尽的产品文字描述、视频说明和声音导购信息，为消费者营造了一个全方位、多感官的购物体验。例如，得物APP通过用户分享的图片，智能识别并标注出用户穿着的衣物或饰品，为消费者提供一键购买的便捷服务。

体验式营销与消费者的感受结合，成为吸引消费者的关键。网页中融入的文字、图像、动画、音乐等元素，不仅提升了消费者体验，还加深了消费者对产品的印象和兴趣。各大电商平台，如淘宝的"每日首发"、大众点评的"免费试"、拼多多的"限时秒杀"等，正是利用消费者的碎片化时间，巧妙设计营销策略，成功唤醒消费者的购物需求。

（2）智能推荐

商家通过深度挖掘消费者此前的信息浏览、交易记录、个人喜好及地域等数据，利用大数据技术进行智能推荐，实现了个性化的产品展示。这一过程确保了每位消费者在面对推荐页面时，都能感受到量身定制的购物体验。智能推荐唤醒消费者需求的方法主要包括背景筛选和事件触发两种。

背景筛选依托大数据技术，精准锁定并分析目标消费者，为营销策略提供有力支持。基于营销策划者的特定条件，对数据库中的消费者数据进行筛选，确保推荐内容高度相关。以微软与唯品会的合作为例，智能化云平台通过产品选择、仓库划分、预调配等手段，结合大数据构建详尽的用户画像，进而实施精准营销。唯品会后台深入分析用户浏览网页的时长、深度、频次等数据，捕捉用户的收藏内容和浏览商品类别，同时评估用户的交易方式、金额、频次等消费行为，形成多维度的用户标签体系。这些标签包括基本标签、消费标签、行为标签和客户标签等，共同构建出每个用户的虚拟标签形象。基于这些标签，平台能够向用户推送高度个性化的产品推荐，实现精准营销，极大地提升了购物体验与转化率。

事件触发在数字消费领域展现出高度的灵活性与适应性。当消费者的生活状态或消费行为发生变化时，数据分析系统能够迅速捕捉这些变化，并有针对性地调整服务策略。例如，携程、美团、飞猪等软件不仅提供基本的票务服务，还能根据用户的订票信息智能推荐酒店、交通、餐饮和旅游等团购优惠，为消费者打造一站式服务体验。商家通过深入解析消费者的兴趣、需求、个性及知识背景，精心构建个性化信息平台。这样的平台不仅提升了服务的精准性和智能性，还使得消费者能够更轻松、更精确地获取所需信息。

(3) 场景激发

在移动购物日益盛行的背景下，数字消费行为的场景激发显得尤为重要。在特定场景下，数字消费者的潜在需求得以激活。以迅雷下载软件为例，消费者在打开应用时，迅雷小站的推送便映入眼帘，会员可以享受丰富的办公资料与工具，这一场景巧妙地触发了消费者的潜在需求。

随着短视频直播的蓬勃发展，观看与购买之间的界限逐渐模糊，形成了边看边买的全新购物体验。然而，要实现场景的有效激发，关键在于场景中的人物和内容需要具备高度的吸引力和感染力。以美食分享直播为例，专业的探店达人通过生动的描述和真实的体验，成功激发了消费者对特定店铺的兴趣，进一步推动了消费行为的发生。

(4) 社交激发

数字消费者需求的产生常常受到在线评论、数字社群成员建议以及朋友即时推荐等网络社交因素的影响。社交电商的崛起，如微信朋友圈广告、抖音网红直播销售、社群团购、小红书内容推广、拼多多病毒式营销等，均展示了社交因素在消费决策中的显著作用。数字媒体社交的兴起促使消费者购买决策路径发生转变，呈现出冲动性消费的特征。相较于传统路径，社交驱动下的数字消费者购买过程更具即时性、偶然性和非计划性。

2. 信息搜索

当消费者对特定产品产生兴趣时，他们往往会寻求更多相关信息。若需求强烈且所需产品触手可及，消费者很可能立即购买。否则，他们会将需求暂时搁置，并主动进行相关信息检索。例如，有购车意向的消费者可能会更加关注汽车广告、朋友的经验分享以及与汽车相关的话题，还可能通过互联网搜索、社交互动等方式收集信息。数字消费者的网络信息搜寻行为，即他们为满足购买需求而进行的网络检索、浏览和选择，已成为信息获取的主要方式。

在传统市场环境中，高搜索成本限制了消费者的搜索行为。然而，随着数字媒体的发展，网络提供了海量的标准化信息。互联网和移动终端为消费者提供了新的平台和工具，使其能够更便捷、迅速、高效、低成本地获取信息。一旦消费者意识到某种消费需求，他们会立即上网查找合适的产品信息。与传统方式相比，数字消费者的信息搜寻行为对其消费决策具有更大影响。网络提供了各种信息，解决了买卖双方信息不对称的问题，使消费者能够基于充分和及时的产品信息做出明智的购物决策。此外，网上商店的信用评级和消费者评价也促使商家建立诚信机制，营造诚信的商业环境。

消费者可获取的信息来源丰富多样，包括厂商的门户网站、网络商店、网络广告、其他消费者的评论或评价、评级信息、网络通信工具中的讨论、综合或专业网站上的产品新闻报道和行业调查报告等。面对庞大的数据量，消费者可以利用网页、软件、论坛、新闻等多类别的搜索引擎进行信息搜寻。下面介绍几种常用的搜索工具。

(1) 网页搜索

作为目前广泛应用的搜索工具，网页搜索的特点在于信息捕获的高效性、信息挖掘的深入性，以及检索内容的多样化和广泛性。整个搜索流程包含三个核心环节：首先，利用抓取工具在互联网上遍历并抓取网页内容，存入原始数据库；其次，对原始数据库中的信息进行提取、组织和索引，构建高效检索的索引库；最后，基于用户输入的关键词，系统迅速检索相关文档，对结果进行排序，并呈现给用户。

搜索方式的选择对于提升搜索性能至关重要，网页搜索提供了多样化的搜索策略。其中，全文搜索引擎通过爬虫技术全面抓取网络文章并建立索引，适用于广泛的信息检索；元搜索引擎则整合多个搜索引擎的结果，为用户提供更加全面和准确的搜索结果；垂直搜索引擎专注于某一特定行业或领域的数据检索，提供更为专业和精准的搜索服务；而目录搜索引擎则基于人工分类和整理的数据，为用户提供有序的搜索体验。通过灵活选择和应用这些搜索方式，用户能够更高效、准确地获取所需信息。

（2）图像搜索

在AI技术的众多应用中，图像视觉技术无疑占据了举足轻重的地位，从安防监控到人脸识别，其应用广泛且深入。图像检索技术作为实际应用中的关键组成部分，涵盖了检索与识别两大环节，现已成为众多搜索引擎的核心功能之一，如百度搜索、谷歌搜索和淘宝的"手淘拍立淘"等，均支持图像检索以高效获取信息。

与传统的文字搜索相比，图像搜索凭借其直观性和便捷性，在陌生信息的检索方面展现出显著优势。用户仅需拍照即可实现信息的快速检索，极大提升了搜索效率。图像检索技术主要分为基于文本的图像检索和基于内容的图像检索两大类。前者通过文本描述和关键词标签来检索图片，而后者则依赖于图像的纹理、颜色、梯度等特征来计算相似度，实现图像检索。尽管基于内容的图像检索在搜索精度上可能稍逊于基于文本的图像检索，且易受图像质量影响，但其直观性和易用性为用户带来了"所见即所得"的便捷体验，从而拓展了其应用场景的广泛性。

（3）语音搜索

语音搜索是一种新兴的信息检索方式，它允许用户通过向手机或电脑发出语音指令来搜索信息。这一技术的实现依赖于设备上传语音信息，并通过服务器进行语音识别，进而根据识别结果搜索相关信息。过去，语音识别技术主要局限于孤立的字词识别，但在AI技术（特别是自然语言处理技术）的推动下，语音搜索已经能够处理连续的语音输入，极大地提高了识别准确率和搜索效率。

语音搜索为用户带来了更加便捷和自然的搜索体验。用户只需用语音表达搜索意图，如"明天天气如何"或"糖醋排骨的做法"，即可迅速获得所需信息。这种搜索方式省去了烦琐的打字过程，使搜索过程更加流畅和高效。因此，语音搜索作为一种新的搜索模式，已经迅速获得用户的青睐。

3. 比较评估

在消费者决策过程中，为确保购买动机、购买能力与个人兴趣相契合，比较评估环节至关重要。当消费者面对众多备选品牌时，如何抉择便成为市场营销关注的焦点。评估购买方案的过程因个体和具体购买情境的不同而有所差异，消费者可能在某些情境下深思熟虑，而在其他情境下则可能凭直觉或冲动迅速做出选择。

一般而言，消费者在进行比较评估时，会综合考虑产品的价格、可靠性、功能、样式、性能和售后服务等多个因素，且各因素的权重因人而异。对于数字消费者而言，他们依赖各种渠道汇集的商品资料,特别是商家提供的文字描述和图片信息,进行细致的分析与评估,以选择最满意的商品。因此,商家需精准把握产品信息描述的"度",避免夸大或虚假宣传,以维护消费者的信任。

在网络环境中,数字消费者可以便捷地获取其他消费者的评价信息,从而减少对营销人员传递信息的依赖。网络空间提供了独特的信息评价和比较优势,使得评价和比较对象的范围得以拓展。同时,大数据技术能够保存消费者的排列和筛选评价标准,并自动更新比较评估结果,为商家提供精准的商品推荐依据。

商家在这一阶段应多利用数字营销手段协助消费者做出购买决策。网站作为数字营销的重要工具,能够以较低的成本提供大量内容,为消费者寻找最佳产品提供便利。商家通过优化网站设计,提供易于查找和理解的相关信息,有效地说服消费者进行购买。此外,数字渠道使消费者能够提前进行商品信息的比较和决策,从而加速了购买决策过程。商家在这一阶段扮演着重要角色,因为新的消费者更倾向于从熟悉的、声誉良好的商家处购买。因此,商家需要积极维护自身形象,提升网站性能和用户体验,以吸引更多消费者。

4. 确认订单

在评估与选择阶段,消费者会对不同品牌进行排序,并形成明确的购买意图。通常情况下,消费者倾向于购买他们最为偏好的品牌。然而,这一决策过程并非一蹴而就,而是受到两大主要因素的影响:一是他人的态度,二是不可预测的环境因素。消费者可能会基于预期收入、预计价格以及期望的产品利益等因素来规划购买行为,但突发状况有时可能改变原有的购买意图。这意味着偏好和购买意图并非总是能够直接转化为实际的购买行动。

对于数字消费者而言,在完成商品的比较评估后,他们便进入了订单确认阶段,这是购买决策的最终环节。与传统购物模式相比,数字消费者在购物过程中展现出更高的理性度。这主要源于他们在互联网上寻找商品时拥有充足的时间和便利来分析商品的价格、质量、外观和性能,从而能够冷静地做出选择。此外,数字消费者通过数字化设备浏览商品信息,较少受到实物及其他消费者购买行为的影响,降低了冲动性购买行为的发生概率。与此同时,网上购物的决策过程相较于传统购物模式更为迅速。

为了克服数字购物中无法直接接触实体商品的局限性,同时享受价格优势,一些数字消费者采取了"线下体验+线上购物"的策略,特别是在购买服装鞋帽等需要实际体验的商品时。为了满足这一需求,商家纷纷设立体验店,实现线上购物与线下体验的无缝对接。

5. 授权支付

数字购买行为的显著便利在于其改变了传统的现金交易模式,引入了多样化的在线支付手段。当前,第三方电子支付如支付宝、微信支付等,凭借其高安全性和便捷性,已成为主流支付方式。这种支付模式不仅有效降低了资金安全风险,还增强了交易双方的信任。

在数字支付领域,数字人民币作为中国人民银行发行的数字形式的法定货币,具有独特的地位。它以广义账户体系为基础,支持银行账户的松耦合功能,与纸钞和硬币等价，并具备价值特征和法偿性。尤为重要的是，数字人民币支持可控匿名，为用户提供了更高的隐私保护。

在电商平台上使用数字人民币支付时，用户可以通过在母钱包下开通子钱包的方式，将支付信息打包加密处理。这样一来，电商平台无法直接获取用户的银行卡敏感信息，只能看到用户关联电商平台的手机号。作为以国家信用为支撑的法定货币，数字人民币具备一般电子支付工具所无法比拟的优势和特点。它的推出将塑造我国数字支付的新格局，并为我国货币政策和财政政策的精准施策提供新的可能。

6. 收取商品

在数字化购物环境中，与传统购物显著不同的是，消费者通常在付款后需要经历一定的物流配送周期，方能收到所购产品。然而，这一过程中的不便并未阻止数字消费者通过网络实时追踪商品的物流状态。为了提升消费者体验，网上卖家应致力于缩短配送时间，并确保产品完好无损，以消除消费者的不安全感。

在提升购物体验方面，知名服装品牌 Lululemon 堪称行业典范。该品牌摒弃了传统的标准胶带密封箱包装，转而采用定制的印刷箱，其设计灵感源自行李箱把手，旨在强化品牌特色。箱内物品的精心布局不仅确保了商品在开箱时能被充分展示，更让消费者深刻感受到品牌的用心与匠心。此外，为了进一步营造个性化的体验，品牌还为每个订单附上了一张由设计师亲笔撰写的卡片，解释产品选择背后的故事，这一举措无疑为消费者带来了独特的情感体验。

对于生鲜冷链物流商品而言，确保产品质量在运输存储过程中不受损尤为关键。为此，利用射频识别等先进技术跟踪物流信息，实时监控产品的保质期，成为保障产品质量的必要手段。通过这些措施，品牌能够确保消费者在购买生鲜冷链物流商品时，享受到高品质的产品和服务。

7. 评价分享

（1）购后评价

数字消费者在试用和体验网购产品后，往往会基于自身感受给予评价。这些评价涵盖了网站、服务、物流以及商品本身等多个方面，它们共同构成了影响数字消费者整体购物体验的重要因素。在传统市场中，由于传播媒介的局限性，消费者口碑宣传的效果往往受到制约，其传播范围和影响力相对有限。

然而，在数字时代，互联网极大地提升了信息传播的速度和广度。数字消费者拥有众多机会和平台，通过文字、图片、视频等多种形式分享自己的购物体验、观点和建议。这不仅为数字消费者提供了在购买后表达感受的便捷渠道，更极大地扩展了口碑传播的影响力。

这些评价不仅影响消费者的亲朋好友，还能通过商品评价区、社区论坛、社交媒体、博客等多元化渠道，触达更多原本素不相识的消费者。这种跨地域、跨人群的口碑传播，为商家带来了前所未有的舆论监督力量。同时，这些评价也成为其他数字消费者进行购买决策时的重要参考依据，对商家的品牌形象和销售业绩产生深远影响。

（2）购后分享

在数字时代，消费者积极分享购物经验成为一种显著趋势，消费信息的共享成为网络消费行为的核心特征。以小红书为例，该平台通过用户的购后分享行为，成功塑造了"种草"文化。与此同时，随着抖音、快手等短视频平台的兴起，视频分享也逐渐成为数字消费者表达购后感受的重要渠道。

随着网络技术的飞速发展和移动互联网技术的普及，点评类网站如美团、知乎、大众点评等已成为消费者表达购物感受的重要平台。商家可以利用先进的爬虫技术，收集店铺产品的月度数据，并通过回归分析等方法，深入探究在线评论对产品销量的影响，这包括评价数量、长度、差评数量以及可视化评论等因素的直接和交互作用。

那么，哪些因素决定了购买者的满意度呢？这主要取决于消费者预期与产品实际表现之间的对比。当产品未达到预期时，消费者会感到失望；当产品符合预期时，消费者会感到满意；若产品超过预期，消费者则会感到愉悦。然而，值得注意的是，认知失调和购后冲突是购买行为中常见的心理现象。消费者在购买后，虽然对所选品牌的优点感到满意，但也可能为未选品牌的优点而感到遗憾。

第三节　用户画像和企业画像

一、用户画像

1. 用户画像的定义

"用户画像"的概念最早由交互设计之父艾伦·库珀提出，其核心在于构建基于真实数据的虚拟用户代表。在数字经济快速发展的背景下，用户画像被广泛应用于数字消费者行为分析中，以解决用户定位不精准、个性化服务不足等问题。用户画像不仅是对用户特征的勾画，更是联系用户诉求与产品设计的重要桥梁。

用户画像与用户角色、用户属性虽相似，但各有侧重。用户角色侧重于业务系统中不同用户的职责划分；用户画像侧重于对同类用户进行多维度的特征描述，如消费习惯、偏好等；而用户属性则更侧重于描述用户的基本属性，如性别、年龄等。

用户画像的构建过程涉及对用户社会属性、消费习惯等多维度数据的收集与分析，旨在抽象出用户的信息全貌。这一过程为企业提供了定向广告投放与个性化推荐的基础，同时也为数据驱动运营提供了有力支撑。

在大数据时代，消费者的网络消费行为被详细记录，形成了包含浏览、交易、客服等全过程的用户数据。这些数据与移动支付、地理位置等信息相结合，形成了精确的用户画像。

用户画像所需的数据分为静态和动态两类。静态数据包括人口属性和商业属性，如年龄、性别、消费等级等；动态数据则主要指用户在网络渠道上的行为数据，如浏览记录、购买行为等。用户画像数据的具体内容如表4-1所示。

表 4-1 用户画像数据的具体内容

用户画像数据	具体内容
身份特征	基于用户自带属性，如性别、地区、学历、城市维度、婚育情况等
行为特征	基于用户本身行为，如活跃时长、APP 启动时段、功能使用等
消费特征	基于购物类型、消费水平，如消费金额、下单频度、消费周期等
心理特征	基于促销敏感度、购物忠诚度，如优惠券使用频度、购买品牌分布等
兴趣爱好	基于兴趣偏好、颜色偏好，如购买商品品类、颜色、品牌等
渠道属性	基于用户来源，如百度、社群、地推、各种平台信息流广告等

用户画像是用于概括现实世界中用户特征的抽象数学模型，它不仅描述了用户的基本特征，还体现了用户与产品、服务之间的复杂关系。通过数据挖掘和分析，用户画像能够为企业提供更精准的市场信息和决策支持。

2. 用户画像的构建

用户画像的构建包括四个步骤：明确目标、采集和分析用户信息、建立用户画像模型、数据可视化。

（1）明确目标

在构建用户画像之前，首要任务是明确其服务目标，这包括分析业务方的需求、未来的产品发展规划以及预期的用户画像效果。通常，用户画像的主要服务对象为运营人员和数据分析人员。

针对运营人员，用户画像侧重于揭示用户的个人行为偏好，以支持商品或内容的个性化推荐，从而提高点击转化率。而数据分析人员则更关注用户的行为特征，旨在预防用户流失，并根据消费偏好制定精准的营销策略。

不同企业和行业在提取用户信息时有所区别。例如，媒体和阅读类网站更关注用户浏览内容的兴趣点，如体育、娱乐、美食等；社交网站侧重于用户的社交网络，识别关键用户群体和 KOL；电商网站关注用户的网购兴趣和消费能力；而金融领域则涉及风险画像，包括征信、违约风险等。

此外，用户画像的构建还需要考虑环境属性，如时间、地点、天气和节假日等。对于特定的网站或 APP 而言，某些用户维度的重要性会被进一步细化，以确保为用户提供更为精准的个性化服务。

总体而言，用户画像的特征维度需要与企业目标紧密贴合，以确保其能够满足业务需求并提供有效的决策支持。

（2）采集和分析用户信息

在构建用户画像的过程中，数据采集旨在全面还原用户的特征，因此，数据源于用户的各个维度。数据挖掘作为一种高效且精准的方法，在获取用户数据方面发挥着重要作用。

不同用户或同一用户在不同时间对同一事物可能展现出不同的兴趣。这些兴趣可能是长期稳定的，也可能是短暂变化的，它们共同构成了用户的核心兴趣标签，对互联网广告、个性化推荐、精准营销及用户行为预测具有重要意义。

用户行为挖掘因其多样性和复杂性而显得尤为关键。各行业和产品对用户画像的需求各异，因此关注的特征也有所不同，这些特征涵盖了基本属性、社会属性、偏好和行为等多个方面。通过用户行为分析，我们能够更准确地识别用户偏好，推荐相关内容，制定运营策略，进而提升用户转化率和留存率，降低流失率。

以电商和社交网络为例，电商中用户的行为包括点击、购买、收藏等，而社交网络中用户的行为则涉及点赞、回复、评论等多种交互。这些行为受到多种因素的影响，如 AISAS 模型所揭示的注意、兴趣、搜索、行动和分享等。在社交网络中，转发行为尤为关键，它不仅是信息传播的重要方式，还反映了用户的兴趣和话题偏好。

当数据资源有限时，我们需要将定性方法与定量方法相结合。定量方法虽然成本较高但准确性高；而定性方法则成本较低，通过小组座谈、深度访谈等方式就可以了解用户的真实需求。此外，静态数据和动态数据共同构成了用户数据的两大类别。静态数据相对稳定，如人口属性、商业属性等；而动态数据则随着用户行为的变化而更新，如访问场景、媒体和路径等。

用户行为挖掘作为构建用户画像的核心环节，涉及数据预处理、属性挖掘、标签设计和权重计算等多个步骤。这一过程确保了用户画像的准确性和全面性，为企业提供了宝贵的用户信息。

（3）建立用户画像模型

①标签体系。

标签作为描述业务实体特性的数据形态，旨在精准刻画并反映业务实体的多维度特征。在现实生活中，业务实体的相关数据种类繁多、结构繁杂，例如，用户实体就涉及了用户基本属性、网站访问记录、购买行为、设备信息、社交互动等多维度数据。在这些数据中，用户基本属性和购买行为属于结构化数据范畴，而网站访问记录和评论数据则表现为半结构化形式，它们分散于多个表格或文件，存储于数据仓库和大数据平台等分析型系统中。

使用这些数据的过程颇具挑战性，要求相关人员具备较高的技术背景，这些数据主要用于深度分析和数据挖掘。当需要将数据应用于实际业务场景时，则应考虑应用系统的特定需求，如运行效率、系统稳定性及用户操作的便捷性等。因此，不应直接将复杂的数据结构直接迁移至应用系统中，而应借助更简洁的数据形式，如标签。为全面、精准地描述用户特征，人们常采用标签集合的形式构建用户画像，即构建用户画像的标签体系，如图 4-1 所示。这一体系能够有效整合并展示用户的多元属性，为业务决策提供有力支持。

用户画像的标签可以分为三种类型：统计类标签、规则类标签、机器学习挖掘类标签。

统计类标签作为最基础和常见的标签类型，源于对用户基础信息与行为日志的聚合统计。这类标签涵盖了用户的基础属性，如性别、年龄、住址等个人信息，以及教育程度、婚姻状况、兴趣爱好等情况。同时，也包含了可直接统计的用户行为数据，如近七日的活跃时长、天数和次数等。这些统计类标签构成了用户画像的基石，为全

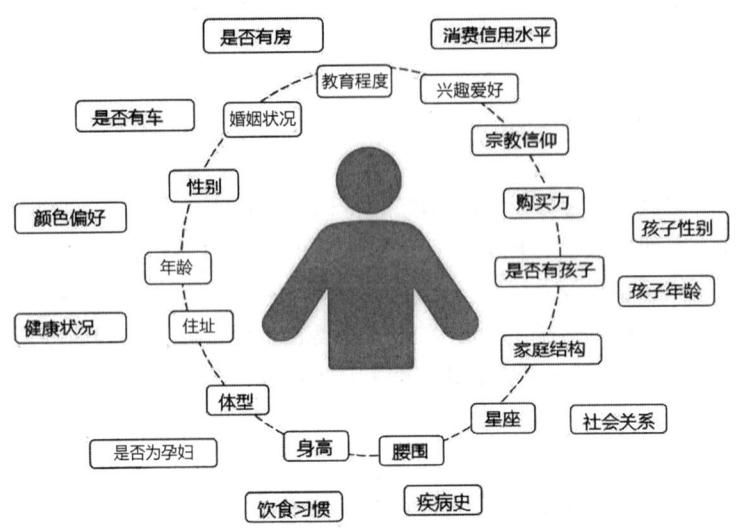

图 4-1 用户画像的标签体系

面了解用户特征提供了基础信息。

规则类标签是基于用户行为和预设规则生成的。例如，在定义"消费活跃"用户时，我们可能会设定"近 30 天交易次数≥2"的规则。在构建用户画像的过程中，由于运营人员理解数据业务背景，而数据人员熟知数据结构和特性，因此规则类标签的制订往往需要双方协商，确保标签既符合业务逻辑，又能准确反映用户行为。

机器学习挖掘类标签是通过机器学习算法生成的，用于预测用户的某些属性或行为。这类标签的应用场景广泛，如根据用户行为习惯预测其性别，或根据用户消费习惯预测其对某商品的偏好等。然而，由于需要复杂的算法和数据处理，机器学习挖掘类标签的开发周期较长，成本也相对较高。

一个完善的用户画像体系，其标签类型是根据业务需求动态扩展的，没有固定的模板。这些标签既与产品的内部数据关联，也涉及外部数据；既包括线上数据，也涵盖线下数据。在构建用户画像时，统计类标签所代表的基础属性是不可或缺的，而机器学习挖掘类标签则更多地用于预测和洞察，虽然开发成本较高，但其在提升用户理解和精准营销方面的价值不可忽视。

用户标签体系分为以下几个层级。

A. 原始输入层，是指用户的历史数据信息，如会员信息、消费行为信息、网站行为信息等。

B. 事实层，是指对用户信息的准确描述，其最重要的特点是，信息可以从用户身上得到确切验证，如用户的人口属性、会员信息购买品类、浏览次数等。

C. 模型预测层，是指通过统计建模，采用数据挖掘、机器学习算法，对事实层的数据进行分析利用，从而得到能够深刻描述用户的信息。

D. 营销模型预测层，是指利用模型预测层的结果，针对不同用户群体或有相同需求的用户，通过打标签的方式建立营销模型，从而分析用户的价值、活跃度、忠诚度以及影响力等可用于营销管理的数据。

E. 业务层，即数据展现层，是业务逻辑的直接呈现，如表现出某个用户属于高消费人群、旅游族等。

②标签计算。

用户画像的构建实际上是通过算法模型对标签进行计算，从而明确消费者的分类特征。这一过程基于事件的概念，而事件通常由时间、地点、人物三个要素构成。从用户行为来看，每一次行为本质上都可以视为一次随机事件，具体可细化为：哪位用户在何时何地进行了何种操作。

首先，用户识别是关键，旨在区分和精确定位不同用户。其次，时间因素包含时间戳和时长，前者标识行为的具体时间点，后者则记录用户在特定页面的停留时间。接着，地点即用户接触点，包含网址和内容两个层次。网址用于定位互联网页面或产品页面，而内容则是这些页面上的具体信息，如商品详情、网站描述等。

行为类型涵盖了浏览、购物、搜索、评论等多种用户活动。综合这些要素，用户画像的数据模型可以表述为：用户标识+时间因素+用户接触点+行为类型。这样一来，用户的标签会根据其何时何地进行了何种操作而被相应地标注。

值得注意的是，用户标签的权重可能随时间推移而降低。因此，可以引入时间作为衰减因子，同时，行为和网址也决定了权重的大小，而内容则决定了具体的标签。

由此，这一逻辑可转化为数学公式：标签权重 = 衰减因子×行为权重×网址权重。标签计算为用户画像的构建提供了清晰的框架和具体的计算方法。

③标签验证。

在构建用户画像模型后，标签验证的环节至关重要。首先，需要确保用户画像模型的设计与最初设定的目标紧密贴合，确保模型能够适应特定的业务场景和行业特点。其次，在定义用户画像的颗粒度时，需要权衡细致与泛化之间的平衡。就像市场细分一样，并非越细越好，过度细化的标签可能导致覆盖的用户群减少，反而削弱其表征能力，从而不利于深入理解用户。此外，用户的特征维度具有动态性，它们随着时间和场景的变化而演变。因此，企业需要持续更新用户画像模型，及时调整策略，以适应这些变化，确保用户画像始终具备高度的时效性和准确性。

（4）数据可视化

借助数据可视化技术，用户画像的分析结果得以直观呈现，使得不同标签之间的数据对比和趋势变化一目了然。这种可视化监控对于产品运营决策具有重大意义。为了更有效地辅助决策，我们需要借助专业的数据可视化工具，将群体或个人用户的画像模型转化为清晰易懂的可视化形式。

在可视化表现上，我们可以灵活选择多种图表类型。例如，对于类属关系数据，饼状图、堆叠横条图、矩形树图等是常用的选择；时序数据可以通过条形图、折线图、散点图等进行展示；而空间数据则适宜用位置图、统计图等方式呈现。数据可视化不仅提升了用户画像的可读性和可理解性，还为产品运营提供了有力的数据支持，帮助决策者更准确地把握市场动态和用户需求。

二、企业画像

1. 企业画像的定义

企业画像与前文所述的用户画像（通常指个人用户画像）存在显著差异。个人用户画像侧重于用户的社会属性、日常习惯及消费行为等个体特征，以形成标签化的用户模型。而企业画像则侧重于描述企业的基本面貌，如经营状态、消费决策及产品需求等多维度商业信息，旨在全面揭示企业状态，为潜在合作提供切入点。

企业画像是通过整合企业的运营、风险、新闻舆情等多维度数据，抽象出标签化的企业模型，并以图表形式全面展示企业概况。企业画像的属性涵盖企业自身特性和基于客户关系的特征。作为大数据综合服务平台，企业画像服务于智慧城市、金融监管、企业情报评估等领域，通过构建庞大的企业知识图谱，深度分析企业、高管、法人、产品及产业链间的复杂网络关系。它能为政府提供产业分析、宏观经济分析和招商引资建议，支持金融机构和监管机构监控企业风险，同时也为企业提供舆情监测和精准营销等服务。

企业画像能够反映企业间的复杂关系，如投资、担保、质押和诉讼等，这些关系在不同情境下对企业的影响力和关注度有所不同。例如，在分析企业投资偏好时，更侧重于考察其投资与股权关系，而非诉讼等方面。

此外，企业画像与个人用户画像之间存在双向影响。企业可以利用用户数据为用户构建画像，而用户也可以基于企业数据为企业构建画像。因此，企业画像实际上是对企业信息的标签化处理，即基于真实数据构建标签模型体系，对企业的具体行为属性进行分类，最终形成多元化的企业标签体系。例如，税务部门通过大数据技术整合税务系统和企业第三方数据，为企业画像提供经营、诚信、风险和贡献等多维度信息，并以可视化形式呈现。

2. 企业画像的构建

企业画像的构建过程大致可分为四个阶段。

（1）明确企业画像的目标

企业画像以真实数据为依托，通过对企业数据的系统分类与整理，为包括企业自身、政府、金融机构（如银行、券商）、专业服务提供机构（如会计师事务所、律师事务所）、投资方等在内的多元用户群体，提供全面且深入的企业信息。这一过程不仅涉及企业间关联关系的挖掘与发现，以促进潜在合作；还包含对企业规模、信誉及风险水平的评估，为企业征信和风险管理提供科学依据。同时，在企业品牌建设、市场推广及营销策略制定中，企业画像亦发挥着不可或缺的数据支撑作用。此外，企业画像也为用户提供了宝贵的数据参考，以辅助其做出更明智的决策。

（2）企业大数据采集

在构建企业画像时，考虑到大数据与行业信息资源的交织性，我们可以采取一体化策略，同步采集行业信息资源与企业大数据。这一采集过程需确保内容的全面性，涵盖技术、市场、产品、政策、监管等多方面的行业信息，以及企业的基本信息、知识产权、业务数据、客户反馈和最新动态等。在资源类型上，应广泛收集学术论文、标准、专利、报告、专著、报纸以及网络信息资源等，同时兼容视频、音频、图像、文本和数据等多种形态。

鉴于行业信息资源具有分散性，我们需要从行业网站、学术数据库、政府网站、企业网站、行业组织、舆情机构及行业大数据企业等多个源头搜集信息。然而，这些多渠道获取的数据和信息可能存在重复和异构现象，因此，采集后的数据必须经过规范化处理和整合，以提高其可用性。

特别值得关注的是，行业大数据企业已积累了丰富且经过初步处理的企业数据和行业信息。这些规范化的信息不仅有助于提升资源采集的覆盖率，还能降低数据预处理的难度。因此，在实践中应充分利用这一资源渠道。

（3）基于多源数据的企业画像

企业画像的构建过程是在画像要素体系框架的指引下，运用多种技术手段从基础数据中提炼企业特性的过程。由于企业画像要素体系框架的复杂性，所需的基础数据同样呈现多元化形态，涵盖企业基本信息、产品或服务信息、知识产权、历史数据、企业结构、运营现状、风险分析、人力结构、关键供应链信息、业务数据预测、消费者信息、客户反馈，以及行业内其他企业的相关信息等。

首先，明确基础数据与企业画像要素之间的对应关系至关重要。例如，企业成立资本、注册信息、股东构成、规模、性质及所属行业等，均源自企业基本信息；知识产权涵盖专利、著作权、网站运营和商标等；历史数据反映企业的过往经营情况；而企业结构则包含员工信息、股权分布及组织架构等；运营现状是企业画像的核心，涵盖融资、产品开发、市场运营、产品反馈及用户关系管理等方面；运营风险关注企业可能面临的市场风险，如行政处罚、税收问题、市场风险及行业竞争等；而客户反馈则有助于识别企业的主要竞争对手和产品。

其次，选择适当的技术手段进行数据处理，如信息抽取、统计分析、基于规则的提取、主题提取、相似度计算、机器学习和评论挖掘等，以提取关键企业特征并进行标签化。这一过程旨在构建全面、准确的企业画像，为决策提供支持。

再次，在构建企业画像的标签体系时，针对具有显著采购需求、合作关系稳定和结算周期较短的用户，可赋予其"优质合作伙伴"的标签。此标签体系的建立遵循以下三个核心步骤。

①事实标签的生成。先对原始数据进行全面的清洗工作，包括去除重复、无效和异常的数据，并通过统计分析来整合并提取关键特征。这一过程不仅是对数据的净化，而且是对数据的深入理解，为后续模型标签的构建奠定坚实基础。

②模型标签的构建。模型标签是由一个或多个事实标签组合而成的，它们共同描绘了企业用户的某一特定方面。例如，"企业用户价值等级"这一模型标签，就是基于采购总量、采购总额、结算周期等多个事实标签的综合评估得出的。在设定模型标签的颗粒度时，需要权衡其精确性与实用性。过粗的颗粒度可能导致特征模糊，而过细的颗粒度则可能增加产品定位和运营推广的复杂性。因此，我们需要结合定量聚类分析和产品经验来优化模型标签的颗粒度。

③预测标签的生成。预测标签是基于已有事实数据和模型标签对企业用户未来行

为偏好的预测。它不仅能够反映企业用户的规律性，还能为企业的决策提供有力支持。预测标签的实现方式多样，既可以是简单的数据统计，也可以是复杂的预测数学模型，具体取决于企业的需求和资源状况。

最后，根据调查获取的相关性原则，我们可以对企业画像的标签进行维度分解，并通过以下五种类型的标签来描绘企业画像的特征。

①企业基础属性标签。这类标签涵盖企业的经营证件类型、经营范围、经营资质的有效期、法人证件及名称、登记机关以及企业员工规模等关键信息，为企业的基本信息提供了全面的描述。

②企业信用评估标签。这类标签聚焦于企业的财务透明度、纳税记录、发票购销、实际交易数据等，能够反映企业的信誉状况，为消费者、投资者及企业利益相关者在决策时提供重要参考。

③企业交易行为标签。通过分析企业内部交易数据、产品销售地区以及目标用户群体，这类标签能够描绘企业的交易特征。这不仅有助于企业制定更为精准的营销策略，还能帮助政府更好地监控行业动态，实现市场的有效调控，进而促进产业结构的优化和招商引资策略的调整。

④企业内外关系标签。基于企业间的合作链、高管及股东信息，这类标签能够构建企业的外部合作网络和内部组织结构图谱，为洞察企业的内部管理和外部合作趋势提供有力工具。

⑤企业声誉管理标签。这类标签主要利用社交媒体舆论、企业招聘网站评论以及员工内部评价等信息，对企业的管理和服务质量进行评估，并助力企业树立积极的企业形象，为企业的可持续发展奠定坚实基础。

企业标签体系的构建应充分考虑企业特色，既在横向上拓展企业维度，也在纵向上深化属性颗粒度。值得注意的是，标签体系并非静态不变，而是具有开放性和动态性。这种变化性源于多个方面：第一，企业用户需求受市场环境影响而不断演变，为满足这些需求，产品需持续调整与完善；第二，供应商的产品所面向的企业用户各具特色，考虑原始数据的差异性，标签体系的灵活应用显得尤为重要；第三，标签颗粒度的选择亦需权衡，过粗的颗粒度可能导致特征模糊，而过细的颗粒度则可能使标签体系变得复杂且缺乏通用性。因此，在构建和优化企业标签体系时，需要综合考虑这些动态因素，以实现更好的应用效果。

(4) 画像模型的可视化

借助先进的大数据可视化技术，如数字大屏、商业智能工具等，我们能够以直观的方式展示企业的全面形象。利用数据采集、特征提取、信息关联等高级技术，结合机器学习和深度学习模型，以及自然语言处理中的文本分析技术，我们能够构建出详尽的企业全维度动态画像。通过应用知识图谱和机器学习技术，我们能够利用其灵活的扩展性和强大的关系检索能力，从海量数据中识别和推断出企业信息间的深层联系。同时，通过产业链知识图谱、事理图谱和企业关系图谱的融合，我们能够进一步挖掘和关联数据，从而获取更多隐藏的信息联系，使企业画像更为精确和完善。这有助于我们实现对企业全流程的深入洞察、关键监控、异常提醒以及风险预警。

与传统的静态可视化工具相比，新兴的动态数据可视化技术在大数据量的动态展示方面展现出显著优势，尤其适用于时间维度和多品类维度的展示，充分凸显了动态可视化的强大功能。此外，引入组件加载动态效果，能够使整个大屏界面更加生动，同时结合监控刷新功能，确保信息的实时性。这种全维度、高精度的企业画像不仅有助于我们更清晰地理解企业的整体轮廓和发展轨迹，还能够详细描述企业间的各种关系，并在企业评估、产业分析等多个领域发挥至关重要的作用。

第四节　消费者行为分析模型

众多品牌与商家都渴望通过庞大的数据资源来深入洞察消费者，从而为消费者提供卓越的商品与体验。然而，在此过程中，他们会遭遇到诸如数据整合、数据深度分析以及数据解读等多重难题。为了克服这些挑战，商家必须运用恰当的分析模型，以便有效地整合来自各个渠道的数据信息。通过这种方式，商家能够全方位地掌握消费者的行为特征，深入理解其行为模式，并得出精准的洞察结果，进而为消费者提供更加优质的服务。

在电商领域，消费者的购买过程涉及多个环节，如商品曝光、点击浏览、进店浏览、首页访问、商品搜索、加入购物车、收藏、下单以及支付等。为了深入理解这些行为，我们可以采用消费者行为分析模型，该模型综合运用数据分析与理论推导，并结合数据可视化手段，以揭示消费者行为的潜在规律。常见的消费者行为分析模型如表4-2所示。

表 4-2　常见的消费者行为分析模型

模型分类	概述
行为路径分析模型	致力于探寻消费者的主要行为路径，识别存在的问题，并据此优化消费者的行为路径
漏斗分析模型	着眼于消费者从初始行为到最终转化的整个流程，分析各环节之间的转换效率
留存分析模型	通过分析消费者从初次接触到持续留存的时间变化，确定需要加强运营的时机
生命周期价值分析模型	关注消费者接触后的单用户转化金额随时间的变化趋势，旨在量化不同消费者群体的价值

一、行为路径分析模型

1. 行为路径分析模型的概念

行为路径是指消费者在执行各类行为时，因发生时间顺序不同而形成的连续性行为链。以电商为例，消费者从登录APP到完成支付，通常会经历浏览、搜索、加入购物车、提交订单、支付订单等过程。通过对所有消费者每一步真实流向的计算与累加，可以生成一个整体的消费者行为路径图。消费者真实的购物过程往往是一个反复且动态的过程，例如，在提交订单后，消费者可能会返回继续搜索其他商品，也可能会取消订单。

行为路径分析模型的应用价值在于：了解消费者行为模式，识别消费者最常走或最优的行为路径；验证消费者路径的合理性，识别流失的关键节点；发现异常路径，探究消费者的原始行为动机；对比分析不同来源、不同特征的消费者的行为差异；识别典型行为路径中的消费者群体类型。

2. 行为路径分析模型的价值

行为路径的分析结果通常以桑基图①的形式呈现，以目标事件为起点或终点，观察后续或前置路径，从而详细分析某个节点事件的流向。总体而言，科学的行为路径分析能够带来以下价值。

（1）可视化展示，全面了解消费者整体行为路径

通过行为路径分析，可以将一个事件的上下游关系进行可视化展示。消费者能够查看当前节点事件的相关信息，包括事件名称、分组属性值、后续事件统计、流失情况、后续事件列表等。运营人员可以通过消费者整体行为路径，发现不同行为之间的关系，挖掘行为规律，并找到潜在的瓶颈节点。

（2）定位影响转化的主次因素，有针对性地优化和改进产品设计

行为路径分析对产品设计的优化和改进具有重要意义。通过了解消费者从登录到购买的整体行为路径，包括主路径和次路径，结合各个环节的转化率，可以发现消费者的行为规律和偏好。这有助于监测和定位行为路径中存在的问题，判断影响转化的主要因素和次要因素，并发现异常或高价值的典型路径。

（3）发现不同的消费者群体，实现精细化运营

通过行为路径分析，可以对以购买行为为路径终点的消费者进行分类。例如，冲动型消费者的行为路径缺乏目的性，浏览行为占比较高，容易受到促销活动的吸引而下单；理性型消费者的行为路径极具目的性，搜索行为占比较高，不易受促销优惠影响；比较型消费者的行为路径中存在反复比较的现象，在多商家同类产品间浏览占比较高；贪婪型消费者的行为路径中更偏好领取优惠券和赠品，且愿意为了优惠而成交。

3. 行为路径分析模型的说明

在桑基图中，我们可以根据行为的起始点、终止点以及行为的种类进行筛选，从而详细观察某一特定时间段内行为的流动情况。借助此图，我们能够轻松识别出异常节点和优质节点，为商业决策提供有力的辅助。为了构建这样的模型，我们需要输入相关信息。行为路径分析模型的输入内容如表4-3所示。

---

① 桑基图是一种特殊类型的流程图，图中分支的宽度代表数据流量的大小。桑基图主要应用于能源、材料成分、金融等领域的可视化分析。

表 4-3　行为路径分析模型的输入内容

模型输入	说明	举例
行为的种类与范围	表示行为发生的地点与种类。如需要分析消费者在某品牌电商平台的行为路径，则行为地点为该品牌电商平台，行为种类为在该品牌电商平台上的所有互动行为	曝光、浏览、收藏、加入购物车、下单、支付
行为的时间范围	表示行为发生的时间范围	"618"活动期间，如2024.06.01—2024.06.18
行为的人群细分	表示消费者所属的群体，不同群体的行为路径存在差异	品牌的所有新增用户
行为路径的长度	表示行为路径的最大长度，较长的行为路径会导致桑基图的可视化困难	路径长度小于10

二、漏斗分析模型

1. 漏斗分析模型的概念

漏斗分析是一种流程式数据分析方法，它能够科学地反映消费者的行为状态，以及从起点到终点各阶段的转化率。漏斗分析模型已经广泛应用于流量监控、产品目标转化等日常数据运营与数据分析的工作中。例如，在一款产品服务平台中，直播用户从激活 APP 到产生花费，通常需要经历激活 APP、注册账号、进入直播间、产生互动行为、产生花费五个阶段。漏斗分析模型能够清晰地展示出这些阶段之间的转化率。通过比较各环节的相关数据，我们可以直观地发现问题所在，进而找到优化的方向。

2. 漏斗分析模型的价值

对于业务流程相对规范、周期较长、环节较多的流程分析，漏斗分析模型能够直观地发现并说明问题所在。值得强调的是，漏斗分析模型的价值远不止于简单呈现转化率。科学的漏斗分析模型能够实现以下价值。

（1）优化转化路径并控制流失率

企业可以监控消费者在各个层级的转化情况，从而聚焦消费者选购全流程中最有效的转化路径，同时找到可以优化的短板，提升消费者的体验。降低流失率是运营人员的重要目标，通过漏斗分析模型，运营人员可以快速定位流失环节，并持续进行针对性分析，找到可优化的节点，从而提升留存率。

（2）多维度切分并呈现消费者转化情况

科学的漏斗分析能够展示转化率趋势曲线，帮助企业精准捕捉消费者的行为变化。这提高了转化分析的精度和效率，对选购流程中的异常定位以及策略调整效果的验证具有科学指导意义。

（3）从差异化角度窥视优化思路

漏斗对比分析是漏斗分析的重要一环。通过比较不同属性的消费者群体在各环节的转化率，以及各流程各步骤转化率的差异，运营人员可以了解转化率最高的消费者群体，分析漏斗的合理性，并针对转化率异常的环节进行调整，从而获取优化思路。

3. 漏斗分析模型的说明

如表 4-4 所示，漏斗分析模型的输入内容主要包含两个方面：漏斗时间和漏斗顺序。

表 4-4 漏斗分析模型的输入内容

模型输入	说明	举例
漏斗时间	表示漏斗查看的时间范围与时间间隔。 时间范围是指漏斗追踪的时间区间，时间间隔是指漏斗流转的最长时间内的间隔。 不同业务的时间设定不同。例如，周期较短的秒杀活动，可以将时间间隔设置为"小时"；周期较长的大促预热活动，可以将时间间隔设置为"周"	时间范围定义："618"活动期间，如 2024.06.01—2024.06.18。 时间间隔定义：周
漏斗顺序	漏斗分析的基本单位为节点（即行为）。 漏斗分析需要定义一个包含多个节点的序列，节点的顺序决定了它们在时间上发生的次序。 如果随着时间的推移，一名消费者依次在这些节点中出现，则会被计入相应节点的 UV 指标中。 节点是指一个行为，或多个行为的并集，或多个行为的交集；节点顺序是指所指定的节点以指定的流转顺序查看漏斗分析	节点定义：定义四个节点，分别是曝光、浏览、收藏或加入购物车、支付。其中收藏或加入购物车合并为一个节点。 节点顺序定义：曝光→浏览→收藏或加入购物车→成交

三、留存分析模型

1. 留存分析模型的概念

留存分析模型主要聚焦于展示不同细分消费者群体在被触及后，随时间推移而持续留存的比例。该模型常用于以下分析场景：第一，考察通过各种渠道接触到的消费者群体，在未来某一段时间内，每日实现转化的消费者数量及其具体比例；第二，分析不同渠道每天转化率的动态变化情况，以此来辨别各渠道之间的差异，并据此调整和优化市场营销策略。

2. 留存分析模型的价值

留存分析模型具备灵活的条件配置功能，能够根据具体需求筛选初始行为或后续行为的细分维度，并针对消费者属性筛选合适的分析对象。科学的留存分析模型具有以下价值。

（1）留存率是衡量产品价值的关键指标

留存率实际上反映的是一个转化的过程，即由初期的不稳定用户逐渐转化为活跃用户、稳定用户乃至忠诚用户的过程。通过观察留存率的变化，运营人员能够清晰地了解不同时期消费者的变化情况，从而判断产品对消费者的吸引力。

（2）从宏观角度把握消费者的生命周期长度，并定位产品可优化的环节

通过留存分析，我们可以观察新功能上线后对不同消费者群体带来的留存影响，还可以判断产品的新功能或某项活动是否提升了消费者的留存率。同时，结合版本更新、市场推广等诸多因素，我们可以砍掉使用频率较低的功能，实现快速迭代验证，

并据此制定相应的优化策略。

3. 留存分析模型的说明

如表4-5所示，留存分析模型的输入内容主要包括三个方面：初始行为、后续行为和留存参数。

表4-5 留存分析模型的输入内容

模型输入	说明	举例
初始行为	表示留存初始包含了哪些行为	曾有曝光或点击行为
后续行为	表示留存后续包含了哪些行为	曾有加入购物车、收藏或支付行为
留存参数	留存周期是指用户留存的时间维度，可根据分析需求选择日、周或月等不同维度查看留存情况。留存类型包括两种，即按照流失查看留存情况和按照保留查看留存情况	留存周期：日 留存类型：按照保留查看留存情况

在留存分析中，首先需要明确计算留存的起始点，即触发留存计算的用户初始行为。初始行为用于界定用户进入留存观察范围的第一个动作。例如，在电商APP中，将用户首次打开APP（曝光）或点击商品详情页（点击）等动作定义为初始行为。当用户完成这些预设的初始行为后，即可将其纳入留存分析体系，并观察其在特定时间周期内的后续表现。

确定初始行为后，需进一步定义期望用户完成的后续行为。仍以电商APP为例，我们希望用户在完成初始行为后，能进一步产生将商品加入购物车、收藏或支付等行为。若用户在初始行为后的观察期内完成了这些定义的后续行为，则表明其留存表现良好。这些后续行为正是留存分析中需要重点监测的核心动作。

四、生命周期价值分析模型

1. 生命周期价值分析模型的概念

生命周期价值（Life Time Value，LTV）是指消费者在使用产品过程中贡献的价值总和。运营人员可以根据消费者在生命周期中的表现，衡量不同消费者对业务的价值大小。通过对比不同渠道来源的消费者的LTV，可以判断哪种渠道带来了更高价值的消费者。因此，LTV也可以作为评估渠道质量的一种有效方式。

2. LTV分析模型的价值

（1）为资源分配提供指引

企业可以根据消费者LTV的高低，合理分配营销资源和服务投入，优先覆盖高价值消费者群体，从而提升整体资源利用效率。

（2）有助于用户细分管理

基于LTV分析结果，企业可以将消费者划分为不同价值层级，并制定差异化运营策略。例如，为高LTV消费者提供专属权益和个性化服务，对低LTV消费者实施精准激活和留存干预。

（3）为业务战略调整提供数据支撑

通过分析不同阶段、不同渠道的消费者 LTV 变化，企业能够及时洞察市场趋势和业务问题，进而调整产品策略、拓展新业务领域，持续强化市场竞争力。

3. LTV 分析模型的说明

LTV 分析模型根据消费者与产品首次互动后，在一段时间内产生的累计人均收入来衡量消费者的价值。这里的首次互动可以是首次网站浏览、首次应用安装，也可以是电商平台的首次广告触达等。以衡量广告渠道触达消费者的终身价值为例，LTV 分析模型的输入内容如表4-6所示。

表4-6　LTV 分析模型的输入内容

模型输入	说明	举例
用户价值指标	定义用户价值的指标	人均累计成交金额
时间范围	统计参与计算的时间区间，流量获取的时间范围	180天
时间间隔	计算消费者在该渠道首次广告触达后的成交价值，并按照时间间隔进行累计	周
维度与细分	下钻到不同维度，或按照不同细分查看 LTV 数据	维度：广告渠道 细分：新用户

案例分析

霸王茶姬：一杯智能化的茶饮新体验

霸王茶姬作为茶饮界的新兴势力，正致力于打造一个"年轻化、智能化、全球化"的中式新茶饮品牌。与喜茶相似，霸王茶姬同样将数字化视为品牌革新的核心动力。

1. 构建茶饮界的"智能会员网络"，深度挖掘用户价值

霸王茶姬在会员系统的建设上取得了显著成效。据统计，截至2024年年底，霸王茶姬的会员数量已突破1.7亿。这一庞大的会员基础为霸王茶姬提供了丰富的用户数据资源，涵盖基本人口统计学特征、联系方式、社交平台信息、地理位置、设备详情以及消费行为和偏好等。

通过对这些数据的深度整合与分析，霸王茶姬成功构建了详尽的用户画像，为品牌的数字化驱动经营模式提供了有力支持。从供应链管理到产品研发，再到市场营销和售后服务，霸王茶姬利用大数据实现了全链路的智能化运营，有效提升了业务效率和用户满意度。

2. 数据引领，精准满足细分市场需求

霸王茶姬深知会员体系数据化运营的价值。通过深入分析用户数据，霸王茶姬能够精准预测用户喜好，为产品研发提供灵感。例如，针对年轻用户对健康饮品的追求，霸王茶姬推出了低糖、低脂的茶饮系列，这一举措使得其市场份额在健康茶饮领域显著提升，受到了市场的热烈欢迎。

3. 创新联名策略，拓宽品牌边界

在营销方面，霸王茶姬同样表现出色。品牌凭借独特的联名营销策略，成功整合多方资源，触及了更广泛的用户群体。从与时尚品牌的跨界合作，到与热门知识产权（Intellectual Property，IP）联名推出的限定款茶饮，霸王茶姬不断尝试新的营销方式，吸引了大量用户的关注。其中，一次与热门电影的联名活动，更是在短期内实现了销售额的显著增长。

霸王茶姬的成功同样得益于其数据驱动和直接触达用户的新型营销模式。在新消费品牌中，霸王茶姬在大数据运营及会员管理方面展现出了强大的实力。

思考题

1. 与传统消费者行为相比，数字消费者行为有哪些主要变化？
2. 在构建用户画像的过程中，需要收集和分析哪些类型的数据？
3. 请简述漏斗分析模型在数据运营中的应用和价值。
4. 什么是行为路径分析模型？它对于理解消费者行为有何重要意义？

第五章 推广数字化广告

学习目标

1. 认识数字化广告的定义和类型。
2. 掌握数字化广告投放的流程和定向方法。
3. 熟悉数字化广告的程序化购买和程序化创意。

案例引入

极氪汽车的数字化信息传播策略

极氪作为新兴新能源汽车品牌的代表,不仅在汽车品质和技术上追求极致,更在传播方式上进行了大胆创新。通过利用数字化手段,极氪实现了品牌与消费者的深度互动,为众多新兴品牌树立了典范。

面对竞争激烈的汽车市场,极氪敏锐地洞察到年轻消费群体对个性化、智能化及高品质生活方式的追求。基于此,极氪制定了一系列数据驱动的数字化信息传播策略。在社交平台上,极氪通过精准的内容投放和数据分析,不断优化消费者的体验,提升品牌认知度。他们深入了解消费者的兴趣和偏好,针对性地推出符合消费者口味的内容,从而吸引并留住了一大批忠实"粉丝"。

同时,在电商平台上,极氪也充分利用大数据分析,对消费者行为进行深入挖掘。他们通过分析消费者的购买历史、浏览行为等数据,更精准地满足市场需求,推出符合消费者期望的汽车产品和促销活动。据统计,极氪的电商平台用户转化率高达20%,远高于行业平均水平。这种以数据为基础的决策方式,使得极氪能够在不断变化的市场环境中保持竞争力。

值得一提的是,极氪将智能互联技术深度整合至汽车设计中,通过车载系统收集消费者反馈数据,持续优化产品体验。每款车型在上市前均经过大规模的消费者测试,确保功能设计精准匹配实际需求。这一模式不仅有效提升了品牌忠诚度,更为产品迭代提供了可靠的数据支持。

除了产品和技术的创新,极氪还非常注重与消费者的线上互动。他们通过社交媒体挑战赛、用户生成内容等方式,成功增强了品牌的社群效应和消费者的参与感。这些策略不仅加深了消费者对品牌的忠诚度,还使得极氪能够在短时间内迅速扩大市场份额,成为新能源汽车市场的一股强劲力量。

第一节　数据驱动的数字化推广

一、传播数字化信息的实施方式

1. 传播数字化信息的概述

在数字化时代背景下，市场传播已成为企业与消费者之间互动的关键环节。在市场传播过程中，存在两个核心的沟通参与者：发送者和接收者。发送者，即企业，负责将精心策划的信息传递出去；而接收者，即目标顾客，是信息的最终接收者和解释者。

在这一沟通过程中，信息和载体扮演了至关重要的角色。信息是沟通的核心内容，它承载着企业的品牌理念、产品特性和市场诉求。而载体作为信息传递的媒介，其选择直接决定了信息传播的效率和准确性。在数字化时代，互联网、社交媒体和移动应用等成为主流的信息传播载体。

市场传播还涉及四个关键的沟通职能：编码、译码、反应和反馈。编码是指企业将原始信息转化为可被目标顾客理解和接受的形式的过程，这一过程需要充分考虑顾客的认知特点和信息解译习惯。译码则是指顾客对接收到的信息进行解读和理解的过程。顾客的反应是检验市场传播效果的重要标准，它直接反映了信息传播的成功与否。反馈机制则帮助企业了解顾客对信息的实际反应，从而调整和优化后续的传播策略。同时，企业还需要警惕传播过程中的各种干扰因素，确保信息能够准确、高效地传达给目标顾客。

2. 传播数字化信息的实施方式

企业在进行市场传播时，必须首先明确其目标顾客群体。不同的顾客群体对信息的接受和解读方式可能存在显著差异，因此，企业需要深入了解目标顾客的特点和需求，以确保信息得以准确传达并被顾客所接受。同时，企业还需要引导顾客做出积极的反应，这通常需要通过精心策划的营销活动来实现。

其次，企业在编码信息时，应充分考虑目标顾客的解译习惯和文化背景，以确保信息能够被顾客正确理解。选择合适的媒介载体也是至关重要的，它不仅能够提高信息传播的效率，还能够增强顾客对信息的接受度和认同感。

最后，通过反馈机制，企业可以及时了解顾客对信息的实际反应，并根据反馈结果调整和优化后续的传播策略。这种持续改进和优化的过程能够帮助企业更好地满足顾客需求，提升品牌形象，并最终实现市场传播的目标。

二、数字化信息抵达消费者的方式

在数字化时代，信息传播的速度之快令人惊讶。企业通过数字化渠道发出的信息，消费者几乎能同时获知。传统的信息传播遵循"传—播"的形式，即企业通过传递、传输的过程，让消费者收到信息，企业对这一传播过程拥有很强的控制力；然而，数字化信息的传播则遵循"播—传"的形式，消费者获得信息后会主动将信息再进行传播，短时间内信息便有可能传遍全网，而很多时候，企业对这一传播过程却难以掌控。

按照不同场景，可以将数字化信息抵达消费者的方式分为四种类型。

1. 企业主动推送型

企业主动通过某种方式向目标消费者直接推送信息，与之建立联系。代表性的工具是精准广告。

2. 消费者主动搜索型

消费者在明确自己的需求后，在网络上输入关键词进行搜索。同时，企业通过优化、完善相应的工具或内容以影响消费者的决策。代表性的工具是搜索引擎。

3. 线上线下连接型

消费者有大量基于地理位置的消费行为，企业可以通过移动营销的手段，如对用户的地理位置进行定位，或通过二维码等方式，将消费者的线上与线下体验进行连接。代表性的工具有基于位置的服务（Location Based Service，LBS）、二维码等。

4. 社交内容型

消费者有在网络上消费内容和进行社交的需要，企业可以在各大社交平台通过内容和消费者建立连接，传递产品或品牌信息。代表性的工具有微信、微博等。

第二节　数字化广告

一、数字化广告的产生背景

数字化广告的产生主要由两个关键因素推动：一是网络媒体的迅速发展，二是大数据技术的日趋成熟。

第一，随着网络媒体的快速发展，数字化广告得以建立在坚实的数据基础之上。网络媒体作为依托互联网进行信息传播的重要载体，相较于电视、报刊、广播等传统媒体，在资源的丰富性和互动性方面展现出了显著的优势。

网络媒体的资源丰富性主要体现在庞大的网站数量和移动应用开发量上。据统计，截至2023年12月31日，全球网站数量已超过11.3亿个，同时有超过100万个开发商在网站上发布了移动应用，内容广泛覆盖各个行业。这种丰富的资源降低了网络媒体发布信息的边际成本，使得信息能够迅速被复制和传播，从而催生了更多的全民热门商品。此外，网络媒体拥有传统媒体无法企及的互动性。与传统媒体的单向传播不同，网络媒体实现了双向互动，即媒体向用户展示内容，而用户可以做出相应的反馈，如点赞、收藏和转发等。

第二，大数据技术的日益完善为数字化广告的蓬勃发展提供了坚实的技术支撑。具体而言，MapReduce[①]、NoSQL[②]等技术被广泛应用于海量数据的存取操作，数据挖掘技术用于深入探索信息间的潜在联系，而用户画像技术则能够将用户数据进行精细化

---

① MapReduce 是一种编程模型，用于大规模数据集的并行运算。

② NoSQL 泛指非关系型的数据库。

标签处理。这些技术之间协同工作，共同构建了一套高效自动化的广告投放机制，使得企业在投放广告时能够精准锁定目标受众，从而推动了数字化广告的诞生与持续发展。

二、数字化广告的定义

数字化广告是指基于互联网，运用大数据、信息检索、受众定向等技术，对消费者数据进行深度分析，根据消费者个性推送高相关性商业内容的交互方式。2022年，中国数字化广告市场规模持续增长，达到约6600亿元，占广告业总收入的70%以上，成为广告业的支柱。因此，数字化广告在市场推广中占据重要地位。

在了解数字化广告之前，需明确广告活动的三个核心角色：广告主、媒体和受众。广告主是广告内容的出资者，也是广告传播的起点。广告主可能是企业或其广告代理，因此也被称为需求方。媒体负责展示广告、提供广告位，因此也被称为供给方。其中，新媒体包括网站、APP等。受众是接收广告信息的用户，也是广告传播的终点。例如，奶粉品牌作为广告主，提供推广目标和产品信息，并承担广告费用；展示广告的网站或APP是媒体；观看广告的消费者即为受众。

由此可见，广告主与媒体在广告活动中扮演着积极主动的核心角色，而受众虽然被动卷入，但其反馈对广告效果和质量具有直接且至关重要的影响。数字化广告正是基于这样的信息传播流程，致力于持续提升传播的效率和精确度，确保广告能在恰当的时间、地点和位置，通过适宜的媒体，精准触达目标受众。

三、数字化广告的类型

根据广告的展现形式，数字化广告可以分为展示广告、搜索广告、视频广告、信息流广告四种，下面将具体进行介绍。

1. 展示广告

展示广告作为互联网广告的早期形式，已被广泛应用。媒体在其网站页面中预留广告位，需求方可以通过需求方平台或广告交易平台进行购买。展示广告通常包含文案、图案及落地页链接等元素，一般出现在网站的顶部、两侧或内容区域中央。这种广告形式不仅经济高效，而且效果可量化评估。

企业可以根据不同网站所吸引的用户群体，进行精准的展示广告投放。例如，篮球运动用品公司可以选择在体育频道的新闻门户网站投放广告，以更有效地触达体育爱好者并促成购买。这要求企业深入了解各媒体网站的特点及其用户群体，从而将广告投放到目标用户最可能访问的网站。

展示广告有多种表现形式，各具特色，如横幅广告、开屏广告、对联广告和插屏广告等。广告主可以根据需求灵活选择适合的形式。

（1）横幅广告

横幅广告也称旗帜广告，通常出现在网站或应用的顶部、底部、不同栏目或频道之间。这种广告形式因其形态类似于线下活动中常见的横幅而得名，以矩形的形态横跨在网页之上。当用户点击这些横幅时，他们通常会被引导至广告主的网页。横幅广告的内容展现方式多样，包括静态图像、动态图像以及轮播图像等。

(2) 开屏广告

开屏广告是移动互联网时代的一种新兴广告形式,当用户打开 APP 时,它会立即全屏展现,持续 3~5 秒后自动消失,随后用户即可进入 APP 的主界面。开屏广告的主要优势在于其巨大的流量吸引力和全屏展示的特点,能够对所有使用 APP 的用户进行强制曝光,因此非常适合那些需要大面积触达用户、提升品牌知名度的广告主。然而,这种广泛的覆盖面也相应地带来了较高的广告费用。

值得注意的是,开屏广告的使用方式至关重要。企业在设计广告时,应在内容、数量、位置和形式等方面确保合法合规、合情合理。尤其是广告的"关闭功能",必须规范合法,避免出现虚假的关闭按钮,以免对用户隐私和体验造成负面影响,进而损害 APP 和平台的长期发展。从长远来看,为了留住用户并维护品牌声誉,企业应积极利用技术手段,为用户创造一个更安全、更健康、更清洁的使用环境。

(3) 对联广告

对联广告是指利用网站页面左右两侧的竖式广告位进行设计的广告形式。这种广告通常采用悬浮式设计,能够随着用户浏览页面而移动,确保广告得到持续展示,同时又不妨碍用户正常浏览页面内容。与横幅广告相比,对联广告的曝光时间更长,但也可能对网页内容的整体布局产生一定影响。

(4) 插屏广告

插屏广告通常在 APP(如游戏或视频 APP)中的特定时刻,如暂停、过关、页面跳转或退出时,以半屏或全屏的形式出现。用户可以点击关闭这些广告。与开屏广告类似,插屏广告也具有较强的强制曝光性和广泛的触达能力。然而,为了避免引起用户的反感,应谨慎控制此类广告的展示频率。插屏广告的主要表现形式包括静态图像和动态图像等。

2. 搜索广告

搜索广告也称搜索引擎广告,是指广告主根据自身产品或服务的内容和特性,选定相应的关键词,创作广告文案并自行设定投放价格的一种广告形式。当用户通过搜索引擎输入的关键词与广告主选定的关键词相匹配时,相应的广告便会被展示。一旦用户点击该广告,广告主将按照之前设定的关键词价格进行付费。搜索广告对于广告素材的要求并不严苛,多数搜索广告采用文字链接的形式,即将文字与超链接结合,融入常规的搜索结果中并优先展示,用户只需点击便可访问企业的相关网站。此外,有些搜索广告还采用图片与超链接结合的方式,使得广告在搜索结果中的位置更为显眼。鉴于搜索广告具有明确引导用户点击的目的,因此它更适合作为效果广告进行投放。

通过搜索广告,企业可以依据关键词实现高度精准的广告投放。与展示广告不同,搜索广告并非主动寻找目标受众,而是被动等待用户搜索,通过关键词匹配来展示广告。例如,篮球运动用品企业在投放搜索广告时,可以设定如"篮球""姚明""NBA"等篮球相关词汇为关键词。当用户在搜索引擎上明确搜索这些关键词时,广告便能精确触达篮球爱好者这一特定受众群体。这种方式的本质在于它是基于用户的主动搜索行为,而非广告主的主动推送。

3. 视频广告

视频广告是将传统电视广告迁移至互联网环境中的一种广告形式,主要出现在视频、内容分享类网站的正文内容片头、片尾或插片播放时段。广告主有多种视频广告形式可供选择，包括贴片广告、暂停广告以及角标广告等。贴片广告在视频（如电影、剧集）内容播放前、播放中或播放后进行展示，暂停广告在用户观看视频过程中点击暂停时出现，而角标广告则位于视频播放窗口的角落持续播放。由于视频广告具有显著的生动性和故事性，非常适合企业进行品牌传播和广告投放。

企业可以根据广告所依附的视频内容特点来实现精准投放，通过视频类型来区分受众，确保产品广告能够触达正确的用户群体。例如，销售剃须刀的企业可以选择在男性观众占比较高的军事节目视频中投放广告，而销售美妆产品的企业则可以将广告投放在女性观众占比较高的娱乐节目中，以实现产品的精准触达。

然而，在向用户精准推荐视频广告时，必须遵守相关法规，不得向未成年人推送可能引发不安全行为、违反社会公德、诱导不良嗜好或影响身心健康的广告信息。特别是，不得利用算法推荐服务诱导未成年人沉迷网络游戏。目前，像抖音、快手等大型短视频平台在识别到儿童用户时，会推送与教育、文化相关的短视频和广告内容。

4. 信息流广告

信息流广告是一种将广告内容与非商业化内容相结合的一种广告形式。其展现方式、风格和设计与所在网站或应用的其他内容高度统一，使得广告能够自然地融入用户的浏览体验中。信息流广告的核心理念是"内容即广告"，旨在让用户在阅读内容时，难以明确区分哪些是广告，哪些是原始内容。这种广告形式在社交媒体、新闻、生活服务和电商购物等各类应用中均得到了广泛应用。因其高度的融入性和隐蔽性，信息流广告也常被称为"最不像广告的广告"。

信息流广告可以通过以下五种模式实现对每位用户的精准投放。

（1）社交网络关系模式

以微信朋友圈广告为例，它利用对用户微信社交及支付数据的深度分析，精准把握用户行为和喜好，从而进行个性化广告投放。

（2）阅读兴趣偏好模式

以今日头条为例，它依据用户的阅读兴趣和偏好，精准洞察用户需求，并推送相应的信息流广告，有效满足各行业广告主的营销需求。

（3）社交与兴趣的混合模式

以新浪微博为例，它通过收集和分析用户的社交行为数据，如用户状态、话题参与度、互动情况和社交网络等，实时捕捉和挖掘用户的社交关系和兴趣点，以此为基础推送信息流广告。

（4）用户搜索推荐模式

以百度为例，它采用"搜索加推荐"的双引擎模式，结合 AI、知识图谱和大数据算法等先进技术，极大地提升了广告与内容的匹配度和精准定向能力。

（5）地理位置导流模式

以大众点评为例，它结合地理位置信息，利用 LBS 进行广告推送，使商家能够根据门店的地理位置向周边人群投放广告，有效吸引潜在的用户。

综上所述，这四种数字化广告模式各具特色，其表现形式及特点如表 5-1 所示。值得注意的是，不同广告形式并非完全独立存在，而是呈现出相互融合的发展趋势。企业在投放广告时，通过综合运用多种方式并精准定位，往往能够获得更佳的投放效果。

表 5-1 数字化广告的表现形式及特点

表现形式	展示广告	搜索广告	视频广告	信息流广告
精准投放能力	较低	较高	中等	高
精准投放粒度	网站	关键词	视频内容	用户社交关系/兴趣/地理位置
适合投放目的	效果广告/品牌广告	效果广告	品牌广告	效果广告/品牌广告

第三节 数字化广告的投放

一、数字化广告投放的流程

数字化广告投放的流程（如图 5-1 所示）包括投放前、投放中和投放后三个阶段，以及根据投放效果进行实时调整的优化过程。

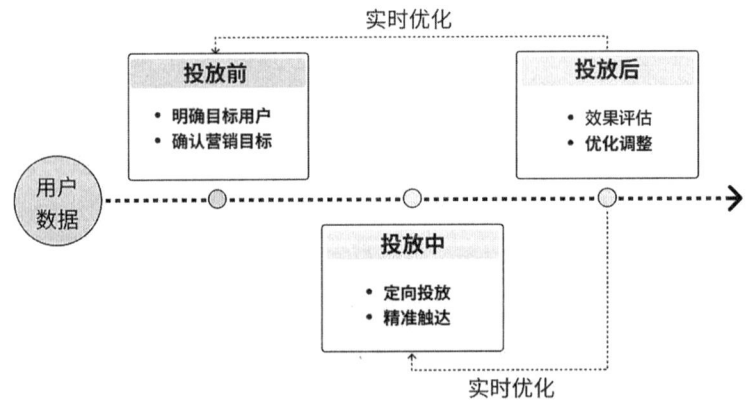

图 5-1 数字化广告投放的流程

1. 投放前

在投放广告之前，企业首先要考虑的是确定广告的受众群体，即产品或服务的目标用户。明确目标用户是实现精准投放的关键，只有针对特定用户群体提供广告信息，才能达到最佳效果。关于用户画像的构建方法，已在第四章中详细阐述，这里不再赘述。通过构建用户画像，我们能够清晰地描绘出目标用户的特征，进而确定广告投放的具体对象。

以美的豆浆机为例，该品牌在投放广告前，先利用消费者数据分析了目标受众，得出了具体的人群特征标签，如"上班族""30～40 岁""已婚""关注亲子健康""女性"等。基于这些标签，美的豆浆机对这类特定群体进行了精准的广告投放，从而有效提升了广告效果。

除了明确目标用户外,确认营销目标同样至关重要。如果企业的广告投放目的是塑造品牌形象、提升用户认知度,那么在策略上应侧重于将广告内容传达给尽可能多的潜在受众,此时,广告触达量成为衡量效果的关键指标。

如果企业的广告投放目的是提升收益、推动销售,那么重点应放在引导用户完成转化上,如促进用户下单购买产品或下载应用等,此时需要密切关注产品订单数量和应用下载量等关键指标。

2. 投放中

相较于传统的广告投放在确定目标用户方面的局限性,数字营销时代为我们提供了更为精准的工具。利用大数据技术和互联网平台数据,我们可以全面记录并动态追踪用户信息。通过综合多平台数据,运用多维度数据分析和挖掘算法,我们能够深入剖析用户状态。这不仅涵盖了用户的基本人口统计学特征,如性别、年龄、地域和职业等,还能根据用户的网络行为数据,如搜索记录、电商平台的收藏和购买历史,以及社交平台的信息分享,来洞察他们的近期需求和偏好。更重要的是,我们可以基于用户的兴趣、消费习惯和社交关系,深入挖掘他们的个性化偏好。

广告的核心受众是信息的接收者。数字化广告之所以精准,是因为它对受众进行了精细筛选和精准匹配,确保广告仅触达具有潜在需求的目标用户。在此过程中,定向技术发挥着至关重要的作用,它是筛选和匹配受众的关键依据,也是实现精准广告投放的核心技术。

然而,在追踪和利用用户信息时,平台必须严格保护用户隐私和数据安全,必须遵守法律法规,合法合规地收集和使用用户数据,确保在获得用户同意的条件下实现精准投放。

3. 投放后

在广告投放的一个完整周期内,效果评估是与投放环节同样重要的一环,它标志着整个投放流程的闭环。广告投放的效果评估通常涵盖曝光量、点击量、访问量、转化量(或成交量)以及最终收益等指标,这些指标能够全面反映广告从展示到促使用户采取行动的全过程。其中,评估广告效益最直接的方式就是考察其带来的收益,这通常通过计算 ROI 来衡量。较高的 ROI 意味着每单位广告投入能带来更多的净利润,从而表明广告效果更佳。

数字化广告之所以精准,是因为它不仅依赖于大数据检索、定向技术以及数据挖掘等手段来实现广告与用户的精准匹配,而且在投放过程中进行了实时调整和优化。在广告投放期间,我们需要密切关注各项效果指标的数据变动,以此来判断当前投放状态是否符合预期。一旦发现数据与预期目标存在偏差,就应立即进行问题分析,准确找出原因并迅速调整策略。

同时,通过对转化用户数据的深入分析,如果发现某些用户群体虽然不符合广告主初始设定的用户画像,但表现出较高的转化率,那么我们就应根据这些用户的特点来丰富和完善用户画像,从而扩大广告的受众覆盖面。这一系列的调整和优化过程将持续进行,直至找到最适合广告主产品或品牌的投放策略和受众群体。

二、数字化广告投放的定向方法

数字化广告之所以能够做到精准投放,是因为它能够在恰当的时间,通过合适的渠道,将广告精准地推送给目标受众。定向技术是实现精准投放的关键要素。在数字化广告的投放过程中,我们需要根据具体需求,对受众、时间和渠道等多个维度进行精细定向。接下来将详细介绍数字化广告投放中常用的几种定向技术。

1. 受众定向技术

在投放过程中,我们需要综合广告主的需求、产品特性以及数据条件等因素来选择合适的定向方法。

(1) 人口统计学特征定向

人口统计学特征定向是一种应用广泛的定向方法,它主要依据个体的年龄、性别、教育背景和收入水平等因素进行精准投放。由于这些因素相对稳定,因此该方法在实践中被广泛采用。例如,一家美容机构想要针对大学生推出优惠活动,那么它可以将目标受众设定为"20~26岁""在校大学生"以及"女性",在这个范围内进行定向广告投放,从而有效地触达符合条件的目标群体。然而,这种定向方法的应用也受到一定条件的限制。如果用户没有在相关软件或平台上进行实名认证或完善个人信息,我们就难以准确判断其人口统计学特征。在这种情况下,我们只能通过分析用户的其他行为数据来进行近似的推断。

(2) 行为定向

行为定向技术基于用户在互联网上的历史操作记录,通过系统深入的分析,精准捕捉用户的兴趣和需求,然后针对可能对推荐广告商品感兴趣或有需求的特定用户群体进行广告投放。例如,抖音就是根据用户过去观看视频的行为数据来分发广告内容。具体来说,如果一个用户在观看旅游相关的短视频时停留时间较长,并且有点赞、评论、收藏或分享等互动行为,系统就会记录这些行为,并将该用户视为旅游产品广告的潜在目标受众。当有关旅游产品的广告需要投放时,系统会针对这类用户进行精准定向投放。

(3) 地域定向

地域定向技术通过识别用户当前的地理位置,实现广告的精准投放。对于具有地域性业务特点的广告主,如餐饮、住宿、美容等依赖线下门店消费的行业,地域定向成为其广告投放的关键策略。例如,某位用户的注册信息表明其居住在北京,但由于工作需要经常在外地出差,如果广告系统不考虑用户实际所在的地域,而是持续向其推送北京本地的广告信息,那么这种广告投放的转化率将会非常低。这不仅浪费了宝贵的流量资源,而且无法为用户提供真正有价值的信息服务。因此,地域定向在提高广告投放效率和用户体验方面具有重要意义。

(4) 上下文定向

上下文定向依据网页或应用的具体内容来展示相关广告,通常通过提取网页的关键词或主题来实现。例如,当用户在网上搜索或浏览与汽车有关的信息时,系统可以推送与用户当前关注的汽车品牌、价格区间和车型等相匹配的广告。此外,除了分析内容的关键词和主题,还需要考虑内容的情感倾向。如果用户正在查看某品牌的负面信息，此时投放该品牌的广告可能会产生反效果。由此可见，借助上下文定向，即便不了解用户的个人背景和行为习惯，也能根据他们当前浏览的页面内容来推测其兴趣，从而实现广告的精准投放。因此，这种方法在广告投放中得到了广泛应用。

（5）精确位置定向

在计算广告领域，LBS 主要与广告的精准投放相结合。目前，移动位置广告已成为移动广告领域的一大热点，深受线下广告主和移动广告网络的青睐。移动位置广告主要可以分为以下四种类型。

①位置感知广告。广告主利用实时的动态位置信息，根据用户与目标地点的距离来推送特定或动态的信息。

②地理通栏广告。广告主根据用户与目标地点的距离来精准投放广告，例如向距离线下实体店 1 千米以内的用户推送广告。

③位置受众数据定向广告。广告主利用匿名的第三方线下数据，定位在特定地理范围内活动的用户，这些数据涵盖了用户的线下购物记录、人口统计学特征以及心理偏好等信息。

④场所定位广告。广告主根据用户的位置和时间信息对受众进行细分，并据此投放广告。得益于 LBS 的个性化和精准化特点，广告主能够更有效地购买到最适合的用户数据，而用户也能接收到更加贴合自身需求的广告信息。

（6）相似用户定向

随着计算广告的快速发展，广告的精确度不断提升，广告主愈发期望能够有针对性地向特定受众推送广告。要找到与广告主品牌定位相契合的目标受众群体，主要可以采用两类方法：一是基于数据管理平台的第三方数据，通过标签或位置服务等手段进行选取，但这种方法依赖于业务人员的经验，且人群规模不易控制；二是利用广告主直接获取的数据或结合第三方数据，通过 Look-alike 算法找到相似人群，这依赖于大数据和机器学习算法的支持。

Look-alike 算法基于广告主提供的用户 ID 或设备 ID，能够挖掘并找到更多具有相似特征的人群。广告主可以通过广告提交页面提交具体需求，后台系统会据此圈定潜在用户。若种子人群特征较为复杂，则需要先通过聚类算法进行细分，再输入 Look-alike 算法进行匹配。此外，媒体流量对算法效果有很大影响，因此需要选取匹配的目标媒体和合适的出价。在精准营销活动开始后，还可利用反馈数据不断优化算法模型。Look-alike 算法高效、精准、可规模化，"技术+数据"的组合成为广告主数字营销的重要助力。

（7）重定向

重定向技术专门针对那些之前访问过特定网页或应用的用户。这种方法因其高度的精准性和显著的效果而被广泛认可。例如，某用户想在淘宝上为朋友挑选生日礼物，在浏览了某款项链后并未购买便退出了应用。此时，系统会捕捉并记录这一行为，将该用户标记为对这款项链有购买意向的潜在客户。当用户再次打开淘宝、其他购物平台，甚至是微博等社交应用时，系统会针对性地推送这款项链的广告，旨在重新吸引用户的注意，并促使其做出购买决定。这正是"重定向"中"重"字的含义所在。值得注意的是，重定向技术通常需要获取用户的唯一标识符（如访客 ID）来实现精准推送,因此其覆盖的用户范围相对较小。

2. 其他定向技术

受众定向技术能够确保广告精准触及目标受众,即"对的人"。为了进一步优化投放效果,我们还需要深入分析和判断投放时间以及投放渠道,以找到"对的时间"和"对的渠道"。通过综合考虑这些因素,我们可以构建出更加全面和精细的投放策略,从而实现更为精准的广告投放。

(1) 广告投放时间的选择

在广告投放策略中,持续全天的投放并不一定能实现最佳效果,同时,仅仅局限于早晨、中午或晚上的"黄金时段"也并非明智之举。为了实现广告的精准投放,我们应结合产品特性和目标受众的具体信息,如职业特点、上网时间以及情绪状态等,选择最合适的投放时机。这样的方式可以提升广告内容的接受度,从而达到更理想的广告投放效果。

(2) 广告投放渠道的选择

在广告投放过程中,存在多种媒体平台和广告位置可供选择。相同的广告内容,若通过不同的渠道投放,其效果也会有所差异。为了实现渠道的精准选择,行业内常采用广告雷达技术。该技术综合考虑了媒体类型、频道、屏幕位置、广告位面积和形式等多个维度,设计出相应的算法进行分析,通过这种方式可以自动匹配到合适的投放渠道,从而实现广告的精准投放,提升广告效果。

三、数字化广告的投放价值

1. 广告主层面

在传统广告投放模式下,广告主对受众的详细特征、行为模式和心理倾向了解有限,因此常采用"广撒网"式投放策略。这不仅耗费巨额资金和大量时间,而且效果难以准确衡量。然而,数字化广告投放利用大数据技术深入剖析用户信息,使得受众群体从模糊变得清晰。通过构建精细的用户画像,我们能够细分受众,并精准地将广告推送给目标受众,从而大幅减少无效曝光,节约成本。

此外,数字化广告投放不仅能够迅速锁定目标用户,还能够洞察受众需求与心理,推送个性化的广告内容,有效提升投放的准确度和效率。同时,实时的数据跟踪和动态的策略调整机制确保了广告投放的最佳效果,助力企业达成营销目标。

2. 媒体层面

在媒体视角中,流量的价值问题尤为重要。在传统广告模式下,广告主往往竞相争夺"黄金广告位"和"黄金时间"的优质流量,而忽视了对尾部流量的利用。然而,数字化广告投放为媒体提供了一种新的流量管理方式,不仅能够对头部优质流量进行精细化运营,还能够充分挖掘尾部流量的潜在价值,实现剩余流量的有效变现。对不同流量位置进行差异化定价可以进一步提升流量的整体价值和收益。

此外,数字化广告投放还为媒体提供了更加多元化的广告方案,不仅提高了广告投放的效率,还能够更好地满足广告主的需求,从而获得他们的满意和认可,为未来创造更多价值奠定基础。

3. 用户层面

相较于传统广告那种"千人一面"的展示方式使用户感到单调乏味，数字化广告则采取了更为个性化的策略。数字化广告通过"一人一面"或"千人千面"的定制形式，向用户推送他们真正感兴趣的内容，从而有效减少了用户的反感和抵触，显著提升了用户体验。数字化广告还巧妙地利用大数据技术，迅速且精准地捕捉用户偏好的微妙变化，并根据这些变化进行实时的优化和调整。例如，当系统后台检测到用户对原本感兴趣的商品浏览时间有所减少，甚至出现屏蔽行为时，它会迅速判断用户的偏好已经转变，并立即调整广告投放策略，减少或停止相关内容的推送，以及时纠正可能出现的偏差。

数字化广告不仅能够满足用户已经表现出的明确购买需求，还能够通过大数据技术深入挖掘用户的潜在兴趣和尚未明确表达的需求，进而进行个性化的商品推荐，为用户带来意想不到的惊喜，进一步提升他们的使用体验。例如，抖音的"兴趣电商"模式就是一个典型的案例，它通过精准洞察用户的潜在兴趣和需求，不仅满足了用户对美好生活的追求，更在无形中提升了他们的生活品质，深深吸引了目标用户。

第四节　数字化广告的实现

在互联网时代背景下，数字化广告的实现依赖于自动化系统。该系统主要包含两大核心部分：一是负责实现广告交易过程自动化的程序化购买，二是负责实现自动化内容生产的程序化创意。这两个部分共同协作，为数字化广告的高效投放和个性化内容生产提供了有力支持。

一、程序化购买

1. 程序化购买的概述

（1）程序化购买的内涵

程序化购买是指广告主通过数字平台，以受众匹配为基础，利用程序自动化进行广告购买，并及时反馈投放成效的方式。在传统媒体环境中，广告主常通过广告代理公司进行媒介资源的采购。但在此模式下，媒体占据主导地位，导致媒体间关联性不高、广告主议价能力受限及交易效率低下。为实现广告的精准投放，需要确保充足的媒体资源、公平的交易规则与高效的交易过程，而程序化购买正是推动精准广告实施的关键环节。

程序化购买具有以下四个特点：第一，程序化购买通过在线平台完成，而非线下交易；第二，程序化购买通过购买受众的方式进行广告投放，而非按照购买广告位的传统方式进行；第三，程序化购买全程自动化，广告的购买、投放、效果分析全环节都是由程序在毫秒级别自动完成的；第四，程序化广告可以获取实时数据，广告主可以据此管理广告投放，从而开展更有效的精准营销活动。由于能够实现广告精准投放和广告效果的可控化，程序化购买已经成为在线广告行业的主流方式。

(2) 程序化购买的产生背景

在线广告的实现模式经历了三个时期：合约广告时期、竞价广告时期和程序化广告时期。

①合约广告时期。

合约广告是指通过合约形式，在特定时间段内，将网站的某个广告位独家分配给特定广告主使用。根据供需双方的具体需求，媒体会制定相应的广告创意和投放策略。这种广告模式实际上沿用了传统媒体的广告销售方式，类似于报纸或杂志预留广告版面供企业投放广告。在网络媒体上，广告位置也是通过与广告主提前约定投放时间和位置来进行销售的。随着合约广告的发展，受众定向的理念逐渐被融入其中。例如，当一家企业同时需要推广剃须刀和化妆品时，可以根据用户在网站上留下的性别信息，将剃须刀广告精准地推送给男性受众，而将化妆品广告推送给女性受众。这种按照人口统计学特征中的性别进行定向投放的方式，是定向广告的一种基础形式。

虽然合约广告能够促成广告主与媒体之间的交易，但其局限性也不容忽视。首先，合约广告的价格缺乏灵活性。由于在投放前就限定了固定的时间和数量，媒体和广告主无法根据实际投放效果进行实时调整，从而难以实现更精准的受众定向。其次，媒体资源未得到有效利用。广告主通常更偏爱大型媒体上的广告位，导致小流量媒体或大型媒体的小流量广告位难以通过合约方式售出，进而产生大量剩余流量。合约广告无法解决这一问题，造成了流量的浪费。

②竞价广告时期。

竞价广告的兴起有效地解决了合约广告所面临的两大难题。首先，竞价广告遵循"价高者得"的原则，通过"拍卖"方式决定广告的曝光机会，确保出价最高的广告主能够赢得展示权并支付相应费用。这一模式使得每个广告位的价格能够紧密贴合流量价值，从而赋予了广告投放价格更大的灵活性。其次，在竞价广告的发展过程中，一些创新型企业将多个小型媒体的流量进行集中打包销售，成功地为那些难以通过合约方式售出的剩余流量开辟了新的变现途径。

搜索广告是竞价模式在广告领域的早期应用范例。当用户在搜索框输入特定词汇时，网页会呈现与该词汇相关的广告内容。在多个广告竞相展示的情况下，采用竞价机制来决定广告展示的顺序，被视为一种公正的方法。以"运动鞋"为例，若 A 品牌愿为每次广告曝光支付 0.5 元，而 B 品牌出价 1 元，那么 B 品牌的广告将优先展示，从而获得更佳的曝光机会。

③程序化广告时期。

随着行业的不断进步，广告主对流量的选择提出了更高的要求，他们期望竞价机制能够深入到每一次广告曝光中。因此，广告竞价模式进一步演变为实时竞价模式。该模式能在极短的时间（通常在 50～100 毫秒）内完成广告竞价，从而将竞价广告的"拍卖"过程细化至每次广告展示之前。实时竞价模式的出现使得广告的程序化购买成为行业关注的焦点。

为了支持广告的自动化和精准投放，智能广告系统应运而生，推动广告投放进入了程序化广告的新时代。在程序化广告时期，得益于程序化购买机制的支持，广告的精准投放得以最大化实现。不同时期精准广告投放的特征对比如表 5-2 所示。

表 5-2　不同时期精准广告投放的特征对比

时期	交易模式	人为介入程度	交易速度	定向能力
合约广告时期	一对一协商	较高	较慢	较弱
竞价广告时期	价高者得（竞价）	中等	中等	中等
程序化广告时期	价高者得（竞价）	较低	极快	较强

2. 程序化购买的机制

程序化购买的机制主要是广告主根据预设的广告资源和投放策略（例如目标定位、预算分配、排期规划等），自动且合理地为不同广告分配每个广告位的每次曝光机会，以满足多个广告主针对不同用户群体的独特需求。这一机制的顺畅运作依赖于程序化购买中各参与方的紧密协作。在之前的章节中，我们阐述了数字化广告遵循"广告主—媒体—受众"的基础信息传播流程。然而，在程序化广告时期，这一基础流程中融入了诸多新角色，这不仅优化了广告投放的便捷性，还大幅提升了信息传播的精准度。

程序化购买的流程如图 5-2 所示。一般而言，广告信息起始于广告主，随后经过需求方平台（Demand-Side Platform，DSP）、广告交易（Ad Exchange，ADX）平台以及供应方平台（Supply-Side Platform，SSP）的连续处理，最终精确地传达到最适合的媒体及其对应的广告位，从而有效触及目标受众。此外，在这一过程中，数据管理平台（Data Management Platform，DMP）发挥着至关重要的作用，为受众定向提供强有力的数据支持。

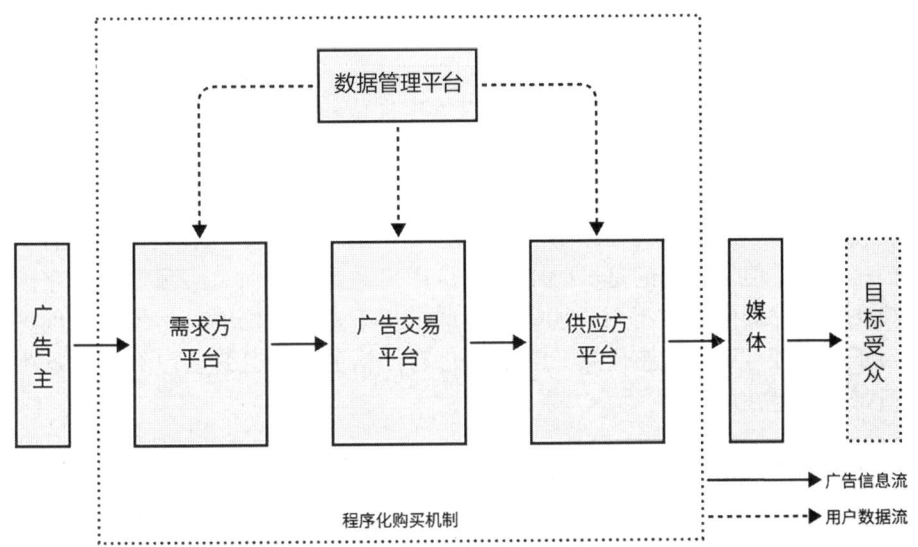

图 5-2　程序化购买的流程

(1) ADX 平台

在合约广告时期，广告主若希望将广告信息传递给更多受众，需要与大量媒体逐一进行谈判，这不仅效率低下，而且广告效果也往往不尽如人意。同时，从媒体的角度来看，这种形式常常导致大量流量的浪费。为了解决这一问题，ADX 平台应运而生。这类平台就像一个"菜市场"，各家媒体可以将自己的广告位，即"菜品"，登记在 ADX 平台上。有投放广告需求的广告主或代理商则可以在这个平台上自主选择并购买所需的"菜品"。

(2) DSP

ADX 平台兴起后，广告主面临了一个新的挑战：如何在这个庞大的平台中高效地筛选出既优质又低价的流量资源。传统的方式是广告主逐一搜寻并购买合适的广告位，但这显然耗时耗力。DSP 的出现为广告主提供了便捷的解决方案。DSP 在广告主与 ADX 平台之间架起了一座高效的桥梁，创新地将广告位的概念转化为目标受众的概念。DSP 的核心职能是从 ADX 平台中精选出能够精准触达不同目标受众的广告位。利用受众定向原理，DSP 进一步将这些目标受众以人群标签的形式呈现出来，供广告主根据需求轻松选择。若沿用之前的"菜市场"比喻，DSP 就如同一位贴心的厨师，根据广告主的"菜单"需求，预先采购好所需的"原材料"，广告主只需明确传达他们的需求"菜品"即可。

(3) SSP

SSP 与 DSP 在功能上有所相似，但它们的服务对象不同。DSP 主要为广告主提供协助，而 SSP 则侧重于为媒体提供便利化服务。具体来说，SSP 通过协助媒体进行流量的合理分配以及资源的恰当定价，让媒体能够更清晰、高效地管理其广告位的库存。此外，SSP 还依据广告质量、用户实际体验以及广告收入等因素，对广告主进行细致的筛选，旨在防止低质量的广告对媒体内容造成不良影响。

(4) DMP

DMP 在广告业务中扮演着关键角色，它为广告位的需求方和供应方提供了全面的数据管理支持。DMP 通过先进的数据收集技术，从多元化渠道汇聚人群数据，进而构建精细的用户画像。根据定向原理，这些不同的目标受众群体被巧妙地转化为具体的人群标签，这些标签随后被提供给 ADX 平台、DSP 和 SSP 等，从而显著提升各平台的受众定向精准度。值得一提的是，DMP 在进行用户数据收集时，必须严格遵守国家的相关法律法规，并确保在获得用户明确同意的前提下进行。同时，为了充分保护用户隐私，对于身份证号码等敏感信息，DMP 会进行严格的脱敏处理，以有效防范用户数据泄露所带来的潜在风险。

二、程序化创意

1. 广告创意

数字化广告若想有效触达人群并促进转化，就需要吸引人的广告素材，这种广告素材是广告物料的一种，在各类付费渠道中通常被称为"广告创意"。

简而言之，广告创意就是在进行竞价投放时所设计的展示样式，可能是搜索引擎营销（Search Engine Marketing，SEM）[①] 投放时在搜索结果中的展现，也可能是信息流广告中的图文或视频内容。在广告投放日益智能化的当下，"广告创意"是机器无法完全取代人类的独特之处。从投放到展现，广告创意的质量直接影响着用户的点击行为。

我们可以简单地将广告创意拆解为四个主要组成部分：创意标题、创意描述、访问地址以及图片或视频设计。

（1）创意标题

创意标题对应的是搜索结果中的标题部分。在撰写创意标题时，应遵循 SEM 的标题规范，以提升搜索结果的阅读体验。广告创意是触点管理的重要一环，应向用户传递品牌的核心价值，因此，在创意上需要多花心思。建议将关键词用下划线进行分隔，虽然有人尝试过使用半角逗号进行分隔，但中文在此模式下会显得拥挤，所以下划线是最佳的选择。

①关键词通配符。在创意标题中，可以使用 1～2 次关键词通配符。当用户搜索购买产品的关键词时，通配符中的关键词会被标红，从而吸引用户的注意。需要注意的是，在使用通配符后，通配符内的关键词会被用户的搜索词替换，这样能提高相关性，增加被点击的概率。但创意标题上最好不要放置超过两个关键词通配符，一个为最佳。如果通配符使用过多，会造成视觉上的堆砌，产生负面效果。

②地域通配符。在创意标题中，还可以使用地域通配符。它会根据用户当前的地区替换掉地域通配符中的内容，使用户更有代入感。地域通配符只能出现一次，系统会智能地调整其位置，使语句更加通顺。

（2）创意描述

创意描述对应的是搜索结果中的描述部分。在创意描述中，同样可以加入通配符。如果标题中已经加入了一个关键词通配符，那么在创意描述中可以再加入 2～3 个通配符，以形成整体的关键词视觉效果。我们需要掌握的是关键词密度，既不能过少，也不能过多而使用户感到反感。一般来说，关键词密度应保持在 10%～20%，也就是说，在一个完整的标题加描述中，应有 3～4 个标红的关键词，这样在视觉上会比较舒适。

（3）访问地址

若要对 SEM 渠道进行精细化运营，访问地址的设置至关重要，因为这是为数不多的可自行配置的部分。通过访问地址，我们可以利用 UTM[②] 参数对统一资源定位符（Uniform Resource Locator，URL）[③] 进行精细化管理。

①移动访问地址。推广后台设定移动访问地址，旨在优化移动端流量的着陆页，这既是为了提升用户体验，也是为了帮助广告主获得更佳的推广效果。因此，电脑端和移动端的优化同等重要。如果采用厚此薄彼的设计策略，最终的转化结果可能会不尽如人意。

---

① SEM 即基于搜索引擎平台的网络营销，它利用人们对搜索引擎的依赖和使用习惯，在人们检索信息时将信息传递给目标用户。

② UTM 是一种用于追踪在线营销活动的参数代码。通过添加 UTM 参数，可以追踪来源、广告媒介、广告内容等关键信息，从而帮助分析营销活动的效果。

③ URL 是互联网上用于标识资源位置的一种方式，它允许用户通过浏览器访问特定的网页或其他网络资源。

②可配置的 UTL。通过 UTM 参数设置，我们可以为 UTL 中的每个参数赋予特定的意义，从而进行渠道效果分析和转化情况追踪。这样，我们就能了解每个单元和计划的转化情况，进而进行不同计划、单元的效能分析。同时，我们还可以根据不同的计划为用户刻画标签。例如，当用户通过价格单元进入网页时，我们可以根据 UTL 参数为该用户打上"关注价格"的标签，并据此进行追踪。

（4）图片或视频设计

创意的配图部分不容忽视，许多推广人员在此环节往往一带而过，或直接使用系统配图，这实则会影响展现效果。系统配图的一个显著问题在于其通用性导致图片展示不够精致，仿佛是从任意网页中随意截取的。这样的图片将伴随创意上线，最终呈现在用户眼前，进而影响用户对品牌的印象。因此，如果条件允许，建议尽量使用自行制作的配图。在设计用于投放的图片时，需要注意以下几点。

①了解用户属性。创意配图不仅要兼顾设计与创意，更重要的是了解渠道用户的属性，在设计过程中融入目标人群痛点问题的解决方案、产品优势等元素。此外，可以选择添加限时优惠、免费体验等福利信息，以吸引用户关注，提高转化率。

②创意与设计融合。在制作高质量的投放用图时，可以参考"七维度设计法"，即展现真实性、体现实力、突出产品卖点、凸显价格优势、引发共鸣、明确流量入口、精简文字。

③品牌管控。在对外输出视觉内容时，尤其需要注重品牌视觉的统一性，因为统一的视觉设计会深刻影响用户对品牌的第一印象及好感度。对于移动端配图，应单独进行设置，使广告创意完整地传递品牌信息。对于不同的广告单元，也应单独设置创意，并在创意的每一个细节上都倾注心思，这样才能积累起良好的第一印象。

除了 SEM 之外，信息流广告也是重要且有效的付费推广渠道。在信息流广告的创意设计中，除了与内容适配的图片外，视频也是一个重要的元素。在一些特定行业中，信息流广告往往以视频形式呈现。因此，有效地将文字、图片和视频相结合，精准抓住用户的痛点尤为重要。

2. 程序化创意

（1）程序化创意的内涵

在广告行业中，创意是指广告进行投放的最小单位，一般以"图片/视频+文字+链接"的形式呈现。程序化创意是一种由数据和算法驱动的技术，它通过对广告内容进行自动生成和创意优化，整合了互联网创意产业的上下游资源。在程序化购买中，程序化创意是支持创意丰富性的重要技术。它能够为将要推荐的商品预先准备好不同的内容素材，如不同的标题、正文、图片、视频等，再对素材进行排列组合，将每一种组合精准投放给具有不同特征的用户。

（2）程序化创意的作用

程序化创意能够发挥三方面的作用：第一，它能够降低产生和管理广告创意的人力成本；第二，它能够提高广告内容的丰富性，进而优化用户体验，改善广告投放效果；第三，它能够探索素材组合的有效性，为未来的广告投放提供数据支持和最佳实践指导。

案例分析

小米汽车的精准营销实践

作为全球知名的新兴汽车品牌,小米汽车积极采用数据驱动的数字化推广策略,旨在进一步提升市场渗透力和销售转化率。

为了实现精准营销,小米汽车与国内领先的社交媒体及内容平台建立了深度合作关系。这些平台利用先进的数据分析技术,对潜在购车用户进行了深度画像分析,通过全面、细致地分析用户的浏览习惯、搜索记录、互动行为等多维度数据,为小米汽车定制了详尽的潜在用户兴趣标签。这些标签不仅涵盖了年龄、性别、地域、职业、家庭结构等基础属性,还深入到了用户对汽车性能、智能驾驶技术、环保理念以及生活方式的偏好等多个层面,为小米汽车提供了精准、全面的用户信息。

基于精准的用户画像,小米汽车精心设计了一系列个性化的广告素材和创意内容。官方数据显示,小米汽车通过社交媒体和线上平台投放的广告,其点击率与传统广告相比提升了30%以上。这些广告不仅突出了小米汽车的核心优势,如高性能、智能驾驶体验、环保节能等,还巧妙融入了科技生活、智能出行等符合目标人群价值观的元素。例如,小米汽车强调其"人车合一,我心澎湃"的品牌口号,以及全系长续航、小米全栈自研智能驾驶技术等亮点,成功吸引了大量年轻用户的关注。

据小米汽车官方发布的信息,自小米SU7上市以来,品牌曝光量在短时间内迅速攀升,到店试驾预约量激增。特别是在小米汽车发布会期间,相关话题在社交媒体上持续占据热门位置,多个话题登上热搜榜前列。小米SU7开放预订后仅27分钟,大定订单量就突破了5万台,上市24小时内更是达到88 898台,展现了其强大的市场号召力。

此外,小米汽车还通过数据分析不断优化推广策略,提升用户体验。例如,根据用户反馈和市场需求,小米汽车及时调整了生产计划和市场策略,确保产品供应的稳定性和市场需求的满足。同时,小米汽车还加强了与供应商的合作,确保关键零部件的稳定供应,为产品的持续交付提供了有力保障。

同时,小米汽车还将加大在智能驾驶、智能座舱等领域的研发投入,保持技术领先优势,为用户提供更加智能、便捷的出行体验。通过持续创新和优化,小米汽车有望在新能源汽车市场中占据更加重要的地位,推动整个行业的可持续发展。

思考题

1. 相较于传统广告,数字化广告有哪些显著优势?
2. 信息流广告是如何实现精准投放的?
3. 在数字化广告投放中,如何根据效果数据进行策略调整?
4. 简述企业如何利用用户画像技术进行数字化广告的精准投放。

第六章 转化数字化用户

学习目标

1. 了解产品数字化的定义及产品创新的形式。
2. 掌握产品动态定价的方法及需要注意的问题。
3. 掌握全渠道营销的整合策略。
4. 熟悉内容营销对用户转化的影响。

案例引入

王小卤的大数据运营:深耕内容精准推广

王小卤是一家创立于2016年的卤味零食公司,在抖音电商的助力下迅速崛起。自2021年起,其品牌自播销售额显著增长,并在抖音电商食品饮料类目中崭露头角。大数据技术在王小卤的运营过程中起到了关键作用。

1. 短视频内容与初步积累

在抖音电商体系建立之前,王小卤便通过投放优质短视频内容在抖音平台上进行品牌宣传。通过深入分析用户数据,王小卤精准定位了目标用户群体,针对女性用户占比高达80%的特点,结合平台深流量池和内容推送逻辑,实现了产品的快速曝光。利用短视频、直播和信息流广告等形式,王小卤完成了品牌从无到有的原始用户积累。

2. 抖音电商体系的深入布局

随着抖音电商体系的正式建立,王小卤迅速把握机遇,自2021年3月起入驻抖音电商,开设品牌店铺直播,并持续加大投入。短短一个月内,其日销售量从0件跃升至10万件,单场直播的商品交易总额近120万元。

2023年,王小卤在抖音电商的表现更为亮眼。通过优化抖音店铺运营策略,王小卤成功将视频内容与商品详情页直接关联,引导用户直接购买。这种基于兴趣偏好的个性化产品信息推送策略,极大地提升了用户的购买转化率。据统计,王小卤在抖音平台的月销售额持续保持千万级别,且转化率稳步提升。

3. 大数据驱动的用户运营

王小卤在用户运营方面充分运用大数据技术。通过精准的用户画像和个性化的产品推荐,王小卤成功吸引了大量用户的关注。同时,通过深耕短视频、直播和信息流广告等内容形式,以及依托抖音电商体系加强品牌自播,王小卤在内容和购买之间建立了紧密的闭环连接，极大地提升了用户从内容观看到购买的转化率。

第一节 产品数字化

产品管理在企业市场营销策略中占据着举足轻重的地位。产品管理的效果直接关联到其他市场营销组合元素的管理效果，因此，它在很大程度上决定了企业市场营销活动的成败。换言之，产品管理不仅是市场营销组合的一个关键组成部分，而且其水平将深刻影响企业的整体市场营销成果。

一、产品整体

产品是指能够满足市场上人们某种需求或欲望的任何事物，不仅局限于具体的物品。服务、场所、组织，甚至是思想和创意，只要它们能够满足人们的需求，都可以被视为产品。根据现代市场营销理论，产品整体的概念包括核心产品、有形产品以及附加产品这三个层次。

1. 核心产品

核心产品代表了消费者在购买产品时真正追求的价值和利益，它是产品整体概念中的基石和核心。消费者购买产品，并非仅仅为了拥有产品本身，而是寻求能够满足其特定需求的效用或利益。

2. 有形产品

有形产品也被称为形式产品，是核心产品得以实现的具体形态，它以实体或服务的形式向市场呈现。若有形产品是具体物品，其市场表现通常涉及产品的质量、外观特征、设计样式、品牌名称及包装等方面。产品的基本功能需要通过特定的形式来实现。市场营销人员应首先关注消费者在购买产品时追求的利益，以便更全面地满足他们的需求，并据此探索如何有效地实现这些利益，进而进行产品设计。

3. 附加产品

附加产品涵盖了消费者在购买有形产品时所能获得的所有额外服务和利益，如信贷服务、免费配送和安装，以及售后服务等。附加产品的概念源于对市场需求的深入理解。由于消费者购买产品的目的是满足特定的需求，因此他们期望获得与满足这些需求相关的所有服务和利益。

产品整体的概念以消费者的基本利益为中心，指导着整个市场营销管理活动，并构成了企业实施市场营销策略的基础。只有将产品整体概念的三个层次进行优化组合，才能确立产品的市场地位。营销人员应将向消费者提供的各种服务视为产品实体的有机组成部分。对于营销人员而言，如果产品能够以消费者易于察觉的方式展现消费者在购物选择时所关心的因素，那么产品就能获得更好的印象，从而确立有利的市场地位。为了在激烈的市场竞争中脱颖而出，企业必须努力打造自身产品的独特优势。产品的差异性是企业特色的关键组成部分。这种差异性可以体现在产品的功能、设计风格、品牌、包装的独特性上，甚至体现在与产品相关的文化因素或产品的附加利益上，如提供各种独特的服务。总之，企业可以在产品整体概念的任一层次上形成自己的特色，以区别于竞争对手的产品。

二、产品数字化

产品数字化的核心目标在于使企业的产品更好地适应数字时代的需求，赋予其在消费或使用过程中的智能化特性，并加强企业与消费者之间的互动。这一过程涵盖了产品生命周期内的用户获取、活跃、留存、付费转化以及口碑传播这一完整闭环的数字化管理。作为满足这一需求的具体形式，数字化产品可以在产品整体概念的任一层次上进行构建。然而，要实现产品的数字化，我们需要跨越两个重要的障碍。

1. 用户鸿沟

为了跨越用户鸿沟，我们需要深入理解用户。解决用户的核心问题是产品数字化的基础。在数字时代，我们不仅需要大数据的支持，更需要精准把握用户的情感需求，以打造更贴近用户的产品。例如，"百度筷搜"这样的智能产品不仅具备智能检测地沟油等功能，还能通过数据分析帮助用户规避不健康的餐厅选择，这充分体现了产品数字化在解决用户痛点上的实际应用。

2. 服务鸿沟

为了跨越服务鸿沟，我们需要构建大型的服务和社交平台。在数字时代，产品的打造需要融入社群化思维，即吸引更多人参与到产品的研发、制造和营销过程中来。同时，我们也需要具备共享思维，实现价值的垂直共享。此外，产品的打造还需要融入动态"尖叫"思维，即让用户在使用产品的过程中情不自禁地发出赞叹，从而实现产品的自我营销。

在未来，企业的组织架构将不再受限于传统的部门框架，而是将研发、设计、生产、营销以及话题、社区、活动、服务等各个环节紧密融合。企业需要革新产品设计流程，从深入理解用户出发，通过寻找话题、建立社区、邀请用户参与体验、挖掘痛点，让用户参与研发、设计、推广、测试及传播等，全方位提升产品的数字化水平。

三、产品创新及其形式

在数字时代，市场竞争的范畴已远远超出了同行业内的竞争，跨界竞争也日益显现。在这个时代背景下，产品的更新迭代速度之快，甚至可以用"周"来计算。因此，企业的创新能力已然成为其核心竞争力的关键所在。

1. 产品创新

在中国移动与中国联通的竞争进入白热化阶段时，微信的突然出现打破了这一格局。微信的功能足以替代这两大通信巨头的电话和短信服务，使得通信公司如梦初醒，意识到他们真正的竞争者并非彼此，而是来自跨界的腾讯。类似的情况也发生在其他行业，例如，曾经的世界500强企业柯达，虽然领先世界同行十年，但在2012年却轰然倒塌。令人意想不到的是，击败它的并非富士、尼康等同行，而是与其业务看似毫无关联的跨界竞争者——手机。同样，康师傅方便面的销量大幅下滑，但其对手并非白象、今麦郎等同行，而是新兴的电商平台，如饿了么、美团等。

在未来的竞争中，各个行业都可能面临跨界的挑战。就医取药是否必须去医院？人们是否还会用手机进行通信？酒店是否只用来睡觉？餐厅是否只用来吃饭？这些都是值得我们深思的问题。当消费者的生活方式发生根本性变化时，竞争者可能不再来自同一专业领域，而可能来自完全不同的跨界领域。在这个充满未知和新奇的时代，我们必须保持警惕，不断创新，以应对来自各个领域的竞争和挑战。

2. 产品创新形式

在跨界竞争中，存在两种主要模式。一是跨行业组合模式，这种模式融合了两个截然不同的行业，例如科技与时尚的结合。以苹果公司为例，该公司不仅追求高科技的极致，还强调其产品的时尚代表性。二是降维攻击模式，这种模式运用更先进的思维方式来重新定义传统商业模式。例如，互联网思维就是通过高效的互联网运营模式来提升传统行业的运营效率。如果企业不主动进行跨界资源整合，可能会面临被其他行业突然"入侵"的风险，使企业瞬间丧失反击能力。预计未来十年将是一个跨界竞争激烈的时代，竞争将全方位、全时空、多维度地展开。

在数字时代，企业需要把众多消费者的多样化需求归纳为统一需求，并将这种抽象需求转化为可实现的产品或服务，从而在市场中形成供需关系。例如，网络约车平台在设计产品时，需求是抽象的：司机可以提供载客服务，有驾照的乘客可以提供代驾服务，每个人都可能同时是乘客或司机。网络约车平台的最终目标是整合供需双方，通过制定规则来完成交易。在互联网产品设计中，抽象需求的设计至关重要，它决定了产品基础架构的稳固性、解决问题的深度以及未来市场的潜力。大部分的互联网平台、APP、网站以及各种端口都是用一个产品来服务所有人。抽象需求代表了大多数人的需求，需要通过具有抽象功能的产品来实现。

精益创新是实现这些抽象需求的重要工具。它是一种方法论，核心包括三点：首先，使用最小可行产品进行测试，观察市场反馈，以判断项目的可行性，这样可以将投入成本降至最低；其次，重视用户反馈；最后，进行快速的产品迭代。

互联网的一个显著特点是，企业即使没有实体产品也可以开展销售。只要产品能够满足用户的基本需求并解决某些问题，即使存在不完善之处，也会有人购买。许多用户活跃度高的 APP 都是这样发展起来的。最初的版本往往解决了用户的某个核心需求，从而吸引了用户群体。有了用户基础后，企业就有了发展的动力，可以进行融资、组织资源，以不断完善产品。在互联网领域，很多产品通过预售、众筹等方式，在产品问世前就已经获得了用户的付费支持。

在数字时代，创新增长是由数据驱动的。这意味着要用最小的成本和最快的时间将创意转化为产品或服务，并利用数据来验证市场的接受度。如果产品表现良好，则进入下一个决策周期；如果产品表现不佳，则迅速进行调整。产品的快速迭代、数据验证和持续改进是精益创新的核心原则，这要求每个岗位的员工都具备全面的思维体系。例如，现代的产品经理不仅需要编写产品需求文档，还需要具备全局思维，包括用户获取、核心用户转化以及盈利实现等方面的思维。产品的优劣最终需要通过数据来评判。

数字化产品的开发不仅仅是优化，而且是一种颠覆。从某种意义上来说，业务优化只能带来量的提升,并不能带来行业格局的变化。满足用户的基本需求相对容易,但要满足用户的核心需求,则需要进行颠覆式创新。企业应该思考如何以不同的方式满足用户群体的核心需求。

第二节 产品价格数字化

一、产品动态定价

企业盈利是制定产品价格的关键因素。在构建定价策略时,企业常运用价格区分策略,也就是根据消费者的不同需求和购买力水平,为产品或服务设定不同的售价。在移动互联网的背景下,面对众多的消费者,为实现这一策略,常需要借助特定的算法来优化销售资源的分配(即选择向哪些消费者销售)及确定最合理的销售价格。

当前,大量的交易活动通过互联网进行,实时的交流互动使得消费者的需求与产品的详情更加透明,同时也产生了海量的交互数据。这些数据需要借助更强大、更高效的处理技术来进行分析,从而帮助企业更精确地理解并满足不同类型的消费者。在数字化时代,企业应充分利用大数据技术,实现产品的动态定价。

动态定价又称智能定价,是指企业根据供需关系、消费者行为、竞争对手价格等市场情况,灵活调整产品或服务的价格,旨在实现收益最大化。此策略涉及多个价格点,通过价格变动来调节供需关系。从更广泛的角度看,它是智能化定价的一环,得益于大数据技术,企业能够轻松收集并分析大量数据,利用互联网的高效交互性和低成本特性,迅速调整并发布价格。这种基于大数据的动态定价机制已被广泛应用。

1. 定价的系统性

定价的考量因素不仅涵盖商品自身的特质和销售业绩,还深受所在门店的竞争环境、消费者群体构成,以及商品所属品类等多重因素的影响。通过运用大数据技术和算法模型,我们能够全面参与到战略制定、战术部署、执行实施以及效果评估的各个环节中,从而达成改善价格形象、推动销售额和毛利额增长的最终目标。

2. 定价店群的分类

在战略规划层面,我们可以将定价店群分类作为具体案例。这一过程涉及对每一家门店的消费者群体和竞争特点进行深入分析,数据的来源包括销售数据、商圈环境数据以及市场价格调研数据等。通过聚类模型,我们能够有效地对门店进行店群划分。随后,根据不同店群的独特特征,我们可以为其制定个性化的定价策略和目标。对于那些处于激烈竞争环境、消费者对价格变动极为敏感的门店,我们需要增加对价格策略的投入和重视。相反,对于那些竞争压力较小、消费者对价格变动不太敏感的门店,我们可以适度减少对价格策略的投入。

3. 产品的价格弹性

价格弹性是衡量价格变动对市场需求量变动敏感程度的一个指标。具体来说,它反映了某一产品的销量变化与价格变化之间的比例关系。然而,商品销售受到多种因素的影响，包括但不限于价格、促销活动、商品陈列、门店客流量、竞品价格、商品本身的季节性特点，甚至天气状况。为了精确计算价格弹性，企业需要在控制其他非价格因素的前提下进行计算。

因此，针对每个商品，可以构建一个包含多个变量的计量经济学模型。除了价格因素，该模型还综合了前述其他影响销量的因素。借助2~3年的全量商品历史销售数据以及大数据分布式计算平台，我们可以分别计算出每个商品的价格弹性因子。通常，随着商品价格的下降，其销量会相应上升，从而带动销售额和毛利额的增长。但当价格降至某一临界点时，商品的销售额或毛利额可能开始下降，这就是所谓的过度降价现象。商品的价格弹性因子决定了价格变动时，商品销量、销售额和毛利额如何相应变化。利用数学模型，我们可以计算出每个商品在销售额和毛利额最大化时所对应的理论最优价格，这一价格可以作为定价的重要参考。

4. 商品定价的角色定位

在通过大数据计算出每个商品的价格弹性因子之后，我们可以进一步结合商品的重要性（这一重要性通过综合考虑商品的引流效应、销售贡献、毛利贡献以及商品所处的生命周期阶段等多个因素来确定）来为品类内的每个商品制定个性化的定价策略。以价格弹性和重要性都较高的重点商品为例，我们应确保其日常定价具有市场竞争力，同时辅以低价促销手段，以此来塑造品类的价格形象，进而吸引客流并维持整体销售水平。相反，对于那些价格弹性和重要性都相对较低的商品，我们可以适当提高其毛利率，以实现品类的毛利均衡。

二、动态定价方法

定价在企业决策中占据至关重要的地位。随着电子商务的蓬勃发展，网络商品的定价模式已从固定价格转变为动态调整。这种动态定价已经成为网络和大数据驱动的新经济的一个重要标志。得益于大数据技术的显著进步，企业如今能够更精准地根据产品市场的供需状况来实时调整价格。目前，主流的动态定价策略包括基于时间的动态定价、基于顾客购买影响因素的动态定价以及基于营销策略的动态定价。

1. 基于时间的动态定价

基于时间的动态定价是指企业依据不同的时间段调整所售产品或服务的价格。其核心理念在于捕捉并利用顾客在不同时间对价格敏感度的心理变化。此策略尤其适用于生命周期较短、时效性强的产品，例如季节性产品、流行性产品或新款技术产品。预售方式便是一个典型应用实例，新款时装、电脑、智能电器等常常通过预售以优惠价格提前锁定市场需求。

清理定价和高峰负荷定价是两种常见的基于时间的动态定价方法。清理定价主要用于处理市场需求不确定且易贬值的产品，如旧款数码产品和过季衣物，企业通过降价清理库存。而高峰负荷定价则针对需求变化可预测且价格弹性较低的产品，如机票和酒店。在需求高峰期，如节假日、寒暑假等时段，价格会上涨；而在冷门时段或淡季，价格则适时下调以刺激需求。此外，企业还可以根据顾客对产品的兴趣程度，如通过点击率、收藏率等指标来决定是否维持原价或采取折扣措施以提升销量。

2. 基于顾客购买影响因素的动态定价

基于顾客购买影响因素的动态定价是指企业根据影响顾客购买决策的各种因素以及产品在市场中的竞争力,来制定差异化的定价策略。这些因素包括顾客对产品的期望价格、替代品或互补品的销售状况等。常见的实施方法包括弹性定价、竞争对手定价、捆绑定价以及顾客自主定价等。

(1) 弹性定价

考虑到不同细分市场的顾客对于产品配置和购买渠道具有不同的价格敏感度,企业可以利用顾客在不同渠道、时间和精力消耗下所表现出的价格承受差异来动态地调整价格。例如,航空公司可能会根据顾客购买机票距离出发日的时间长短、购票渠道以及搜索次数等数据,对同一航班的座位制定不同的价格策略。此外,对于"回头客",企业可能会提供更为优惠的价格。

(2) 竞争对手定价

竞争对手定价是指企业根据市场上竞争对手的产品或服务的价格变动来调整自身价格。这种策略并非基于需求变化或产品到期日期,而是紧密追踪市场中竞争对手的价格动态。在同质化产品较多的市场中,顾客拥有更多选择权,因此企业需要密切关注并快速响应其他同质化产品的价格变动。例如,亚马逊平台上的卖家可以利用动态定价系统,结合大数据分析和智能算法来制定最优的动态价格策略。

(3) 捆绑定价

捆绑定价是指企业通过分析顾客的历史购买数据来预测其偏好,并以此为基础将多种产品组合定价,或将产品折扣与特定的支付方式相结合。例如,喜马拉雅在"会员宠爱节"活动中,允许顾客以购买喜马拉雅会员年卡的价格,同时享受其他13项互联网平台的会员服务。而淘宝上的部分商家则通过"顺手买一件"活动,鼓励顾客以更优惠的价格购买更多的商品。

(4) 顾客自主定价

顾客自主定价是指企业允许消费者提出他们愿意支付的价格及所需产品的大致属性,然后等待产品提供者决定是否接受。一旦企业接受,交易即刻成立且不可撤销;若无人接受,消费者可调整价格后重新报价。这种独特的定价模式由美国在线旅游网站Priceline首创,与传统在线预订方式形成鲜明对比,因而广受欢迎。

3. 基于营销策略的动态定价

借助大数据技术的强大支持,基于营销策略的动态定价能够深入分析产品市场的供需状况以及库存水平的变化。通过灵活运用各种促销优惠手段和多样化的交货方式,企业能够迅速且频繁地调整价格,从而为消费者提供动态的产品定价。采用这种定价模式,企业能够在不牺牲价格和潜在收益的前提下,有效吸引消费者购买,甚至有助于培养消费者的购物习惯。

以淘宝和京东等电商平台为例,每当用户登录时,平台都会根据其浏览记录和消费历史,精准地为其推送可能感兴趣的促销产品满减信息。特别是在"618"和"双十一"等重要的营销时段,企业可以综合考虑消费者兴趣、产品市场供应状况和库存水平,针对不同产品制定不同程度的折扣和满减策略。这种策略不仅有助于清理库存,还能更好地满足消费者的个性化需求，同时实现销售收入的增长。

三、动态定价需要注意的问题

1. "大数据杀熟"

动态定价策略的核心原理源自经济学中的价格歧视理论。企业通过巧妙运用价格歧视策略来谋求更高利润，这在商业实践中是合理且常见的。然而，若策略运用不当或过度，便可能误入"大数据杀熟"的歧途。所谓"大数据杀熟"，即平台利用收集到的用户数据，对老用户收取比新用户更高的价格来提供相同的产品或服务。尽管老用户的支付意愿普遍高于新用户，但企业的主要利润往往来源于老用户的重复购买。因此，对老用户收取更高价格的策略实际上违背了关系营销的基本原则。同时，这种做法还在用户不知情的情况下提高了价格，这无疑侵犯了老用户的知情权和公平交易权。

因此，企业在采用价格歧视策略进行动态定价时，必须始终以用户为中心，尤其要珍视忠诚用户的价值，绝不能违背商业道德，滥用用户的忠诚和信任。值得一提的是，《中华人民共和国电子商务法》已将"大数据杀熟"行为纳入法律规制范畴。平台或商家若利用老用户的忠诚和信任，通过不正当的价格差异来获利，侵犯用户的知情权和公平交易权，将被视为价格欺诈，属于明确的违法行为。所以，企业必须了解、掌握并遵守相关法律法规，确保在利用互联网和大数据时，能够合理、合法、合规地获取商业利润。

2. 定价的公正性

企业采用动态定价策略往往被视为一种具有争议的商业决策。这是因为，用户有时可能会察觉到定价的不公，从而选择转向其他品牌。特别是在高峰时段，如果企业不恰当地提高定价，可能会产生适得其反的效果。

因此，企业在实施动态定价策略时，必须秉持诚信经营的原则，确保定价的公正性，不能因为追求利润而违背商业道德和承诺。同时，企业还应积极履行社会责任，以维护良好的品牌形象。

3. 数据采集及使用

自2021年11月1日起，《中华人民共和国个人信息保护法》已正式施行。该法着重指出："处理个人信息应当遵循合法、正当、必要和诚信原则，不得通过误导、欺诈、胁迫等方式处理个人信息。"自此，"告知—同意"机制成为法律保障个人信息安全的基石。动态定价策略的实施离不开对用户数据的收集与使用，因此，企业在采集用户的个人信息及隐私数据之前，必须获得用户的明确同意，并充分说明数据的具体用途。在整个数据收集和使用流程中，企业应严格遵守相关法律法规。

在大数据的时代背景下，企业获取信息的途径日益增多，所获取的信息量也愈发庞大。然而，数据和技术本身都是客观的，其使用方式则深受企业经营理念和价值观影响。企业在追求利润的同时，如何既合乎情理又遵纪守法地使用用户数据，且不违背商业道德，已成为其必须面对和解决的重要问题。

第三节 营销渠道的数字化

一、营销渠道的进化

在实际的市场营销实践中,企业面临着两种主要销售路径的抉择:直接销售或通过经销商进行分销。这两种销售路径各自具有其独特的优势和局限性。在产品分销的网络中,企业关注的是自身品牌的销售情况,而对产品是通过何种营销渠道到达消费者手中的细节并不特别关心;相反,分销商更加关注消费者是否通过他们的渠道购买产品。在利润相同的情况下,分销商对于所销售产品的品牌并不十分在意。正因如此,生产商与分销商之间不时会出现分歧,这也成为近年来生产商倾向于实施更为扁平化的营销渠道策略的关键驱动力。特别是随着互联网技术的进步,诸如企业—消费者(Business to Consumer,B2C)、企业—企业(Business to Business,B2B)、各类应用、直播销售以及社交电商等数字化渠道逐渐兴起并被广泛采用,这进一步催生了线上—线下(Online to Offline,O2O)等新型营销模式。

从历史的角度来看,营销渠道的演变经历了从单渠道到多渠道,再到跨渠道,最终发展到如今的全渠道的过程。

1. 单渠道营销

单渠道营销是指企业或个人选择一条特定的路径,将产品或服务从销售方有效地传递到顾客手中的策略。无论所选渠道是实体店铺还是网络店铺,这种策略通常都被视为一种窄渠道策略。以电视机销售为例,传统的销售模式通常涉及从工厂生产,经过一级、二级、三级批发,最终到达零售店,由零售店将产品销售给顾客,这就是典型的单渠道营销模式。在这个过程中,产品从生产者到消费者只经过了一个明确的、单一的流通路径。

2. 多渠道营销

多渠道营销是指企业通过两条或更多完整的营销路径来开展销售活动的策略。在这种策略下,顾客通常会在选定的某一条渠道中完成整个购买流程或活动。以家电企业为例,许多企业结合了线下门店与线上商城两种零售方式。他们可能会在线下门店销售部分型号的产品,而将特定型号的产品放在线上商城进行零售。这种线上与线下相结合的布局,针对不同的顾客群体,产品的定位和定价也会有所不同。通过这样的多渠道营销策略,企业能够更全面地覆盖市场,满足不同顾客的需求。

3. 跨渠道营销

跨渠道营销是指通过多种渠道交织完成整个销售流程的策略,其中每条渠道通常仅负责销售过程中的部分环节。在数字化时代背景下,线上与线下的相互配合变得尤为关键,顾客可能在线下实体店了解产品详情,然后转至线上平台进行订购,最终通过线下店铺自取或利用快递服务完成交易。随着移动互联网和智能终端设备的广泛普及,移动端与线上平台之间的交互变得更为直观和频繁。

值得注意的是，跨渠道营销与多渠道营销虽然有相似之处，但二者存在本质差异。多渠道营销侧重于同时运营多个销售平台，而跨渠道营销则更强调在运营这些平台的基础上，实现各平台间的深度打通与数据无缝对接。

企业与顾客建立联系的方式主要分为线上和线下两大类。线上途径涵盖移动设备应用、短信通知、电子邮件、官方网站、社交媒体互动以及电视广告等；而线下途径则包括行业展览、顾客拜访以及电话沟通等。跨渠道营销策略巧妙地将这些线上和线下的触点整合在一起，通过多种方式全方位地接触并服务顾客。

跨渠道营销代表着不同销售平台之间的数据能够实现共享与流通。当这些销售平台实现连接后，数据所蕴含的价值得以充分展现。随着数据的持续累积，其带来的优势会日益凸显，从而为企业带来显著益处。

（1）提高参与度和品牌覆盖度，节省运营成本

跨渠道营销意味着企业能够在每日的不同时段，通过多种方式触及顾客，这极大地提高了顾客参与互动的概率，同时也加深了顾客对品牌的认知和印象。此外，将来自各个渠道的数据整合至一个中心平台，不仅有效地拓宽了品牌的受众范围，还显著降低了新顾客的获取成本。这种策略使得企业能够更加高效地与顾客进行互动，提升品牌影响力，同时优化营销成本。

（2）提高定位精度，优化获客质量

随着数据的不断积累，我们能够更深入地了解顾客的人口统计学特征、社会经济背景以及兴趣和行为模式。这些信息的丰富使得我们对顾客的定位更加精确，从而提高营销活动的针对性和效果。

4. 全渠道营销

全渠道营销是指企业为满足顾客的购物、娱乐及社交需求，采用多元化的营销渠道进行组合与整合的策略。这些营销渠道既包含实体店铺、服务网点等有形店铺，也涵盖上门直销、电话购物、线上商城等无形店铺，还包括网站、社交媒体等信息平台。例如，当顾客决定购买电视时，他们可能会通过网络搜索、实体店体验、社交媒体评价等多种方式来了解产品。在购买阶段，顾客可以选择官方网站、电商平台或实体店等多种渠道。在售后服务方面，顾客也可以选择邮寄修理或到店维修等方式。

随着移动互联网技术的进步，企业与顾客之间的互动更加密切，数据共享也变得更加便捷，这大大降低了沟通成本。在此背景下，销售的发起点不再仅限于企业，顾客也可以通过各种渠道将需求信息传递给企业，促使企业根据需求生产相应的产品或为特定群体定制产品。顾客和企业的选择是相互的，且主动权逐渐向顾客转移。

从技术视角来看，全渠道营销与跨渠道营销在本质上相似，但在数据发掘与判别方面，特别是在线上与线下数据的融合上，全渠道营销更具优势。科技的持续进步与创新必将推动营销策略与技术实现更高水平的发展。

然而，跨渠道营销和全渠道营销的设计为企业营销渠道管理带来了巨大挑战。在实际运营中，多数企业认为设计渠道并非难事，真正的挑战在于如何协调不同渠道之间的利益关系，特别是对于拥有加盟商和经销商的企业而言。

5. 数字时代的全渠道营销

数字化渠道的演化可分为四个阶段，分别是实体店时代、电子商务时代、多渠道

时代和全渠道时代。

(1) 实体店时代

实体店时代以实体店为主要营销业态，商场、超市、百货公司、购物中心等都是典型代表。

(2) 电子商务时代

电子商务和虚拟网络店铺是随着互联网技术的不断进步而兴起的产物。其中，亚马逊、淘宝、京东等电商平台成为这一领域的佼佼者。这些虚拟网络店铺借助互联网技术，创造了一种全新的营销模式，成功地将传统的营销方式迁移到了网络空间。举例来说，淘宝的消费者—消费者（Consumer to Consumer，C2C）模式实际上就是传统集贸市场的网络化转型，而天猫商城的 B2C 模式则可视为传统百货公司在网络世界的延伸。通过这种创新，电子商务和虚拟网络店铺为现代商业活动注入了新的活力。

(3) 多渠道时代

多渠道营销与跨渠道营销的概念在近年来才开始兴起。正如前文所述，多渠道营销是指企业通过多种途径进行商业活动，例如苏宁、国美等企业从原先单一的实体店经营模式转变为结合实体店、网上商城、移动手机应用、微信、微博等多个平台进行全方位的市场推广。而跨渠道营销则在此基础上更进一步，它解决了多渠道营销中不同渠道间融合与衔接的难题，实现了渠道的无缝整合。

同时，线上与线下相结合的 O2O 模式受到了众多企业的欢迎。借助 O2O 模式，企业可以在线上平台吸引并聚集潜在顾客，随后将这些顾客引导至线下进行消费。O2O 模式的应用场景广泛，包括线下企业拓展电商业务、线上电商企业在实体世界开设体验店，以及线上与线下销售终端的完美融合等。这种模式有效地促进了线上与线下的互补和协同，为企业带来了更多的商业机会。

(4) 全渠道时代

随着移动互联网的日益普及，顾客能够借助各种社交媒体自由地选择购物平台，从而在营销过程中占据主导权。从顾客的视角来看，全渠道营销意味着他们可以在一个渠道浏览并挑选商品，在另一个渠道实地感受、对比商品，并最终在第三个渠道完成下单和支付。

而从企业的角度来看，全渠道营销是在多渠道营销的基础上，进一步推动所有渠道的深度融合。这包括前台与后台系统的全面整合，以实现各渠道之间的同步、和谐与一体化。通过这种整合，不同渠道之间能够实现客流、资金流、物流、信息流以及店铺流的自由流通。与社交媒体的紧密结合，更是为顾客提供了一种无缝衔接的购物体验。

二、全渠道营销的整合策略

数字营销背景下的渠道整合策略需要综合考虑市场、产品以及生产商自身这三方面因素。

1. 依据市场因素进行全渠道整合

企业的各种决策都是围绕由顾客组成的目标市场进行的，对渠道的选择也不例外。具体来说，对市场因素的考察主要包括以下三个方面。

(1) 地理位置

在规划企业的营销策略时,首要考量的是目标市场的地理位置分布。借助大数据技术,企业能够精准把握目标市场的集中程度,进而做出以线上或线下销售为主的决策。对于地理位置相对集中的市场,直接设立线下门店进行销售通常更为有效;而对于地理位置相对分散的市场,线上销售(涵盖直接渠道和间接渠道)则成为更为经济的选择,此时线下门店主要承担售后服务和顾客关系管理的职责。此外,为了进一步扩大市场覆盖,企业还可以考虑增加线下分销商网络。

以体育用品行业为例,安踏、李宁等知名品牌因顾客需求分散,普遍重视线上销售的战略地位,确保能够高效、广泛地触达顾客。

(2) 市场规模

市场规模即特定市场中现有及潜在顾客的总数,是企业市场策略的核心考量因素。借助大数据技术的力量,企业能够更为精确地测算市场规模,并实时追踪其动态变化。市场规模的扩大往往意味着更多的顾客将分担渠道成本,这为企业提供了增设更多销售网点的机会。

以宝洁、雀巢等快速消费品行业的领军企业为例,它们深知顾客基数庞大,为了确保产品的广泛覆盖,通常选择利用大量的中间商开展分销活动。这种策略不仅有效提升了产品的市场渗透率,还进一步巩固了企业在行业中的领先地位。

(3) 顾客购买习惯

顾客购买习惯涵盖了多元化的维度,其中最为显著的是购买方式和购买地点的选择。

在购买方式层面,它涵盖了顾客的购买频率、数量、付款偏好以及所需的服务支持。通过运用大数据技术,企业能够细致描绘每位顾客的购买模式,从而精准把握其购买习惯。例如,针对频繁且小量购买的商品(如生鲜食品),企业可以考虑构建多层次的分销网络,确保顾客能够便捷地获取所需商品,同时提升市场覆盖率。

在购买地点层面,虽然便利性通常是顾客的首要考量,但研究亦揭示了顾客在选择购买地点时可能受到其他因素影响,如社会地位和个人价值观。以奢侈品牌如路易威登和爱马仕为例,尽管线上购物提供了极大的便利,但许多顾客仍倾向于选择线下实体店进行购买,这体现了他们对品牌体验和社会认同感的追求。因此,在制定渠道整合策略时,企业需要结合不同顾客的个性特征,提供与之匹配的购物体验。

2. 依据产品因素进行全渠道整合

在依据产品因素进行渠道整合时,主要需要考虑产品本身的特点和产品生命周期这两个因素。

(1) 产品本身的特点

在考量产品的运输成本时,其体积和重量是两项关键因素。特别是对于那些体积较大且笨重的产品,优化营销渠道整合显得尤为重要。此类产品适宜采用线上与线下直销的协同策略,旨在为顾客提供更为便捷的购买体验,同时减少产品在搬运和转移过程中的次数,进而降低整体运输成本。这种策略不仅提高了顾客的购买效率,还有助于企业优化物流成本,提升市场竞争力。

(2) 产品生命周期

借助大数据技术的力量,企业能够实时追踪产品生命周期的演进,从而灵活调整渠道整合策略。以苹果公司为例,在新品发布的初期,为了确保顾客能够全面了解产品特性并与企业建立深厚关系,企业通常选择通过官方线上渠道和线下门店进行直销。然而,随着产品的逐步成熟和市场的广泛认可,苹果公司会适时引入中间分销商,通过多元化的营销渠道来扩大市场覆盖范围,进一步提升品牌影响力和盈利能力。这种动态的渠道管理策略,使得企业能够根据不同产品阶段的市场需求,精准调整营销策略,实现效益最大化。

3. 依据生产商自身因素进行全渠道整合

(1) 生产商的规模与资金实力

大型企业凭借其雄厚的实力,在渠道选择与整合上享有更高的灵活性和自由度。相比之下,中小企业由于资金限制,通常需要聚焦于整合线上与线下的直销渠道以提供服务。然而,通过利用大数据技术,企业能够预测和评估不同渠道整合策略的成本与收益,从而依据自身发展的实际情况进行策略调整。

以护肤品牌林清轩为例,面对资金链的严重挑战和线下销售的困境,品牌创始人孙来春迅速转向网络市场,亲自参与直播带货,通过线上旗舰店实现销售突破。这一策略转型展现了中小企业在困境中灵活应变的能力。

(2) 生产商的目标与战略

生产商的既定目标和长远战略对于其渠道选择具有显著的影响。以品牌定位为例,若品牌追求高端、奢侈并体现社会地位,那么其渠道策略往往会避免大卖场、折扣店等大众化的营销渠道。例如,爱马仕、路易威登等知名品牌便选择高端商场作为其主要销售阵地,同时结合线上与线下直销的方式,确保品牌形象的统一和高端定位。在这个过程中,大数据技术扮演了关键角色,它通过对目标顾客的精准分析,帮助品牌与顾客实现更精确的匹配,进而为渠道整合策略的设计提供有力支持。

在大数据背景下,渠道整合并非简单的多渠道并行,而是需要合理分配不同营销任务,凸显各渠道的优势,实现资源的优化配置和优势互补。这样的策略能够有效避免渠道间的蚕食现象,减少渠道冲突。

第四节 内容营销对用户转化的影响

传统的将产品信息强行推送给消费者的营销模式已经逐渐失效,那些平淡无奇的内容只会被消费者视为噪声而过滤掉,使得消费者注意力成为一种稀缺资源。因此,企业需要通过独特且高质量的内容来吸引消费者,并成功促使其进行二次传播、三次传播,形成裂变效应。这样一来,企业不仅能从众多品牌中脱颖而出,收获令人惊喜的流量,还能通过持续的内容运营显著提升消费者的转化率和留存率。

一直以来,企业在营销内容的创作中占据主体地位,如制作广告。然而,自数字营销2.0时代起,用户从被动的信息接收者转变为内容创作者和发布者,如发表产品评论、进行产品推荐，他们所产生的影响力和说服力有时甚至远超企业广告。

一、内容营销的分类

从内容产生的主体来看，内容营销主要包括用户生成内容（User Generated Content，UGC）和专业生成内容（Professional Generated Content，PGC）。有效的内容营销要求创作出有吸引力的高质量内容，并通过最佳的传播渠道对内容进行传播。

1. UGC

UGC 是指由普通用户主动创作或编辑的多媒体资料。这种内容形式多样，包括但不限于文本、图片、音频和视频。在线评论、视频创作、微博分享等都是 UGC 的主要表现形式。

相较于企业官方的广告宣传，用户自主创造的、不带商业性质的内容，往往更能赢得受众的信赖，其真实性和说服力也更强。以购物为例，当用户浏览衣物时，可能会点击进入"买家秀"板块，其中的某些标签可能会使他们产生共鸣，从而提高购买意愿和分享欲望。这些用户分享的内容会进一步影响其他潜在用户，构建一个自我循环的营销传播网络。

然而，UGC 的非营利性质也带来了一些问题，如用户创作的动力可能不足。同时，由于 UGC 的创作门槛相对较低，内容的质量可能会参差不齐。为了最大化 UGC 的效用，企业需要找到有效的方法来激发用户的深度参与，引导他们产出更具价值和吸引力的内容。

2. PGC

PGC 的创作主体是具备专业知识、拥有相关内容领域资质，且具有一定权威性的舆论引领者（如 KOL）或专业机构。

相较于 UGC 这一由普通用户创作的内容形式，PGC 则是指由专业用户所打造的、具有更深层次影响力的内容，这构成了二者的核心差异。PGC 通常通过非论坛性质的网站或社交媒体上的专业个人账号进行传播，这些内容往往以专业的知识背景为支撑。

这类由专家或专业机构产出的内容，更能精准满足用户的求知需求和溯源需求，不仅加深了品牌印象，还提高了用户的忠诚度。然而，PGC 的制作往往伴随着较高的成本投入。UGC 和 PGC 的优势和劣势对比如表 6-1 所示。

表 6-1 UGC 和 PGC 的优势和劣势对比

分类	优势	劣势
UGC	①创作门槛低，内容体量较为庞大； ②内容个性化程度高，可以满足更多的大众需求； ③具有可持续输出的内容基础	①内容质量参差不齐； ②内容创作的驱动力普遍较弱
PGC	①内容质量较高； ②能够满足用户更明确的求知需求和溯源需求； ③由专家或专业的机构和团队输出，具有一定的用户基础	①创作门槛高，费用较高； ②难以保证长期稳定地输出创作内容； ③个性化程度较低，内容往往仅涉及专业用户所属的某些领域的知识

二、内容营销对用户转化的影响

整个营销过程的任何一个环节都可能成为用户转化的触点，企业要做的就是把握好这些转化的关键点，沉淀用户，让他们成为企业的宝贵资产。基于对 UGC 和 PGC 的了解，企业需进一步明确在转化链路的不同阶段，应当如何投放不同的内容。

值得注意的是，无论是 UGC 还是 PGC，它们对用户的影响都是贯穿用户生命周期全过程的，而且不同阶段的内容投放也会对用户决策的其他阶段产生连带影响。UGC 源自用户的主动分享，它整体贯穿于用户的认知阶段、兴趣阶段和转化阶段，并最终通过转化和分享激发其他用户的分享行为，形成一个闭环的营销过程。在这个过程中，越来越多的新用户被转化，最终忠诚用户留存下来并成为新的内容生产者。

我们可以将内容（包括 UGC 和 PGC）对用户决策的影响具体分为两方面：一是内容对用户决策过程的影响，包括认知阶段和兴趣阶段中的引起注意、产生兴趣和主动搜索等环节；二是内容对用户决策结果的影响，包括转化阶段中的产品购买、分享以及忠诚等行为结果。

1. 内容对用户决策过程的影响

（1）认知阶段

在认知阶段，企业的核心目标是提升品牌曝光度和吸引用户的关注。UGC 汇聚了众多用户对品牌的独特体验，因其高度个性化和庞大的数量，极易激发用户对品牌的共鸣与关注。然而，尽管 UGC 数量众多，但每条信息的传播范围相对有限，且内容质量参差不齐。因此，如果企业想要迅速扩大用户覆盖面，还需要依靠 PGC，借助 KOL 或专业机构的社会影响力更广泛、更迅速地触达用户，提升品牌的吸引力，使品牌在激烈的市场竞争中脱颖而出。

综上所述，在认知阶段，企业应结合 UGC 和 PGC 的优势，既通过 UGC 与用户建立情感连接，又利用 PGC 明确品牌定位、展现品质，从而提升产品的附加价值，使用户感受到产品的物超所值。

（2）兴趣阶段

在兴趣阶段，企业的核心目标是创造引人入胜、独特有趣的 UGC 或 PGC，以激发用户的兴趣。用户的兴趣和搜索意向不仅受到个人情感共鸣的驱动，还受到品牌印象和识别度的影响。需要注意的是，由于 PGC 的成本较高，企业难以持续进行大规模的内容创新和推广。因此，在此阶段，PGC 对用户的影响更多是基于认知阶段所留下的印象。换言之，用户在此阶段的体验会受到之前认知阶段 PGC 所塑造的品牌定位的影响。

而 UGC 源自普通用户，这类内容因其贴近大众生活而更容易引发情感共鸣，进而在品牌与用户之间建立起深厚的联系。同时，UGC 的创作门槛相对较低，这意味着大量的用户可以参与其中，确保内容的持续产出，从而显著提升品牌的可见度。通过不断"亮相"，品牌得以在用户心中留下深刻的印象，进一步激发了他们对产品的探索兴趣。

综上所述，在兴趣阶段，鉴于 UGC 与 PGC 在成本、规模和内容持续性方面的差异，企业应更多地关注对 UGC 的引导和推广。同时，利用 PGC 在先前阶段所积累的影响力，进一步巩固用户的品牌记忆，为后续的转化阶段奠定坚实的基础。

2. 内容对用户决策结果的影响

内容对用户决策结果的影响体现在两个方面：一是对用户转化阶段的促进，二是对用户分享行为的激发。

（1）转化阶段

在用户转化阶段，企业需要从认知和情感两个维度着手，确保用户能够顺利完成从关注到购买的转变。

首先，UGC 的大体量特性能够让用户感受到产品的广泛普及和受欢迎程度，从而在决策时倾向于跟随"多数人"的选择，即产生从众心理。同时，UGC 的亲民与真实特性能够在传播中逐渐提升用户对品牌的认知度，加深其对品牌功能及效果的理解，进而刺激购买决策。

其次，PGC 在这一阶段也发挥着重要作用。它通过增强用户对品牌的信任感和跟随效应，有效推动用户的购买转化。由于 PGC 的创作主体通常是行业内的知名人士或专业机构，拥有一定的用户基础，因此他们在推荐产品时容易引发跟随效应。

然而，值得注意的是，并非所有的用户都能接受 KOL 创作的内容，也并非所有的 UGC 都能成功说服用户购买。不同用户对内容营销的这两种形式可能存在偏好上的差异。为了最大化用户转化率，企业可以依据收集的多维度数据对用户进行画像和分类，然后向他们推送不同类型的 UGC 和 PGC。

根据用户在社会中的比较心理，我们可以将用户分为两类：一类是倾向于向上比较的用户，另一类是倾向于向下比较的用户。向上比较的用户在评估自身时，倾向于与比自己优秀的人进行比较，并以此为标准来努力提升自己。在线购物场景下，这类用户主要表现为经常搜索名人同款或推荐款式，他们更容易受到 PGC 的影响。而向下比较的用户则喜欢与不如自己的人进行比较，以此来提升自信心。这类用户主要表现为经常为一般用户的分享点赞、评论，他们对 UGC 的传播更加敏感。

在大数据背景下，这些用户行为的分析和筛选都可以通过构建用户画像来实现。基于这两种不同的用户类型，企业可以适当调整针对不同用户的内容投放比例。具体而言，对于向上比较的用户，企业可以适当增加 PGC 的投放；而对于向下比较的用户，则应适当增加 UGC 的投放。

（2）分享行为

激发顾客的分享行为在全链路内容营销中属于购后环节，对品牌形成营销闭环具有至关重要的作用。在此阶段，PGC 所引发的名人效应成为主导力量。这种效应体现在用户会跟随网络名人尝试同款产品，并积极分享自己的使用体验。这表明，企业投放的 PGC 会在一定程度上间接影响用户的内容产出意愿。因此，企业可以根据前期 PGC 的投放效果以及市场反馈来决定是否增加相关内容。利用平台大数据，企业可以根据 KOL 的"粉丝"规模、活跃度以及历史销售数据来评估其个体转化率。高转化率意味着用户在购买后更可能进行分享，企业可以依据这些数据来指导后续的营销策略和决策。

第五节　用户获取成本与用户生命周期价值

用户获取成本（Customer Acquisition Cost，CAC）和 LTV 是两个与数字营销紧密相关的重要指标。

一、CAC

CAC 是指获得单个用户所需的平均费用。其计算公式通常表示为：CAC = 所有推广与运营费用总和 / 新获取用户的数量。

在统计 CAC 时，首先要明确的是，我们所计算的 CAC 应仅包括通过市场推广费用而获取到的用户所对应的成本。因为随着品牌的逐渐成长，会有部分用户主动注册或使用产品，而非通过市场推广吸引而来，这部分用户不应纳入获取用户数量的统计范畴。

其次，我们需要遵循谨慎性原则。谨慎性原则作为企业会计核算的重要原则之一，具有防止抬高收益、压低费用，以及预警和化解风险的作用。因此，在计算 CAC 时，我们应宁可预计可能的费用消耗，也不预计可能的获客收益，即将获取新用户的所有费用都纳入计算范围，包括推广过程中的补贴优惠、渠道返点等。

最后，我们需要对推广渠道进行细致分析。一方面，不同渠道的属性不同，用户构成存在差异，这会导致 CAC 存在差异；另一方面，对特定渠道加大投入成本，也可能因为该渠道目标用户的量级等因素而引起该渠道 CAC 的变化。

二、LTV

用户生命周期是指访客从首次接触产品或服务开始，到注册成为用户，在一定时间内使用产品功能或服务以获取价值，直至最终流失的整个过程。这一过程也被称为用户旅程。

LTV 是指从用户获取到流失期间，产品从该用户处所获得的收益总额。假设用户结构和质量保持稳定，其计算公式通常表示为：LTV = 用户在生命周期内为平台带来的平均月收入 / 用户的月流失率。然而，此公式仅为示意，因为准确的 LTV 需要在用户流失后才能计算得出。为了解决这一滞后性问题，可以将回归或预测类算法引入 LTV 计算模型中进行预测。

LTV 是衡量用户对产品价值贡献的重要指标，它引导着所有运营策略的制定，也是最终的衡量标准。以获客为例，一个用户获取渠道的新客成本是否昂贵，并不仅仅取决于获客成本的绝对值，还取决于所获取用户的 LTV。

例如，对于某款产品，A 渠道的获客成本是 50 元，B 渠道的获客成本是 100 元。单从获客成本来看，A 渠道似乎更优质。但追踪用户的 LTV 后发现，A 渠道用户的平均 LTV 为 100 元，而 B 渠道用户的平均 LTV 为 200 元。在考虑 LTV 后，可以看出 A 渠道每个新客仅盈利 50 元，而 B 渠道则盈利 100 元。尽管 B 渠道的获客成本更高，但其用户带来的总价值更高，因此 B 渠道在长远来看更为优质。

案例分析

特斯拉用户的数字化转化

作为新能源汽车领域的领军企业，特斯拉通过产品数字化、产品价格动态化以及营销渠道数字化等多方面的策略，成功实现了用户的数字化转化。

1. 打造智能化、个性化的用户体验

特斯拉的产品本身就是高度数字化的。从智能驾驶系统到远程软件升级，特斯拉将数字化技术深度融合到车辆的设计、制造以及使用的每一个环节。这种深度数字化不仅提升了用户体验，还为用户创造了持续的价值感知。例如，特斯拉的车辆可以通过软件更新不断优化性能，增加新功能，这使得用户能够持续感受到产品的进步和升级，从而增强了用户对产品的依赖和忠诚度。

2. 灵活应对市场变化，激发用户购买意愿

在产品价格策略上，特斯拉展现了高度的灵活性。通过动态定价机制，特斯拉能够实时调整车辆售价，以适应市场供需的变化。这种动态定价策略不仅优化了资源配置，还增强了用户购买决策的紧迫性。当用户感知到产品价格可能上涨时，他们更有可能立即做出购买决策，从而进一步推动了用户的数字化转化进程。

3. 多元化渠道，精准触达用户

特斯拉的营销渠道同样实现了全面数字化。通过官方网站、社交媒体、电商平台等多元化渠道，特斯拉直接向用户传递产品信息，省去了传统经销商环节，降低了成本，提高了效率。同时，利用大数据和 AI 技术，特斯拉能够精准识别潜在用户，实施个性化营销策略。例如，根据用户的浏览历史、购买行为等数据，特斯拉可以推送定制化的广告和内容，提高用户转化率和品牌忠诚度。

4. 提升用户价值，驱动企业增长

特斯拉通过产品数字化、产品价格动态化、营销渠道数字化等多方面的努力，成功实现了用户的数字化转化。这一转化不仅提升了用户体验和忠诚度，还为特斯拉创造了巨大的商业价值。数字化转化使特斯拉能够更准确地了解用户需求和市场趋势，从而做出更明智的决策。同时，数字化转化还降低了营销成本，提高了销售效率，为特斯拉的持续增长提供了有力支持。

 思考题

1. 产品价格的数字化涉及哪些方面？为什么动态定价在当前市场中变得越来越重要？
2. 简述全渠道营销的内涵，并说明其在当前数字经济中的作用。
3. 简述 UGC 和 PGC 在内容营销中的作用及影响。
4. 在数字化时代，企业如何平衡 CAC 与 LTV？

第七章 运营数字化用户

学习目标

1. 掌握不同阶段的用户运营重点。
2. 熟悉用户分层管理及用户分群管理。
3. 了解数字化用户的深度运营。
4. 掌握用户忠诚度计划的类型及实施。

案例引入

瑞幸咖啡：策略调整与深度运营下的"起死回生"

自2017年10月在北京银河SOHO开设首家门店以来，瑞幸咖啡经历了快速的扩张与上市，但随后因财务问题遭遇退市风波。面对市场的严峻挑战，瑞幸咖啡果断调整策略，专注于用户的深度运营，并持续探索新的增长点。

在早期，瑞幸咖啡凭借大规模的品牌宣传、明星代言和高额补贴等手段迅速积累了大量用户。然而，随着市场环境的变化和竞争的加剧，瑞幸咖啡意识到需要制定更加精细化的用户运营策略。因此，瑞幸咖啡开始专注于深度用户运营，致力于提供高品质的产品和服务，以建立稳定的用户群体。

为了实现这一目标，瑞幸咖啡采取了多项创新措施。他们利用基于位置的服务技术，将用户与门店紧密连接，通过社群活动引导用户加入门店微信群，享受专享优惠和限时限量的低价商品。这种策略不仅提升了用户黏性，还实现了基于地理位置的差异化运营。同时，瑞幸咖啡在微信生态中建立了完整的用户触达体系，包括个人账号、微信群、朋友圈、微信公众号和小程序等，通过这些渠道稳定高频地触达用户，促进转化和复购。

除了主打咖啡产品外，瑞幸咖啡还推出了轻食甜品、零食坚果等多品类商品，并通过自助售卖机和线上潮品拓展市场。在社群运营中，他们主推高频低价的饮品和食品，辅以高价低频的生活用品，以此提升用户客单价和品牌认知度。

截至2023年年底，瑞幸咖啡的门店数量已超过16 000家，覆盖全国多个城市。用户规模持续扩大，活跃用户数量显著增加，营业收入达到249.03亿元人民币，同比增长87.3%。瑞幸咖啡通过策略调整与深度用户运营策略的实施，成功应对了市场挑战，展现出强大的市场潜力。

第一节 用户成长路径规划

用户处于不同的生命周期阶段时，相应的运营重点也有所不同，只有实施针对性运营策略，才能促进各生命周期的用户实现其最大价值。

例如，针对激活阶段的用户，我们希望通过一些正确的引导，促使用户完成注册、首次发布等动作；在转化阶段，我们需要通过运营动作，促使用户多次完成我们预期的目标并产生价值，如下载产品、下单购买、发布内容等；而在提高用户留存阶段，我们需要找到用户对产品热衷的关键功能，在现有使用黏度的基础上，让用户在产品中不断探索并发现新的价值，例如内容型 APP 或网站就是借助推荐引擎，不断为用户提供他们喜欢的内容，从而实现高用户留存率。

数字用户运营主张"在恰当的时刻，向恰当的人，推送恰当的信息"。根据运营策略目标，我们可以将用户生命周期划分为五个阶段，如表 7-1 所示。

表 7-1 用户生命周期

阶段	定义
激活阶段	让潜在的用户及流量实现从访客到用户的转变，通常指用户完成下载注册，并真正体验过产品的核心功能
转化阶段	让用户完成转化动作，如首次购买、首次发布信息等
留存阶段	提高用户的留存率，让用户更喜欢使用产品，愿意在产品上花费更多时间
唤醒阶段	对沉睡的用户采取挽回措施，引导其回到产品中，重新活跃
召回阶段	让已经流失的用户重新回到网站或 APP，向其推荐一些新功能或产品亮点，吸引用户重新喜欢产品

一、激活阶段

用户激活与新用户获取虽然看似相近，但实际上存在着显著的差异。仅仅因为网站吸引了访客或 APP 被下载并注册，并不能算作用户已被激活。用户激活是指用户至少使用过一次产品的核心功能，例如上传内容、体验小样、绑定银行卡等。如果用户未曾使用过核心功能，那就意味着产品尚未为用户带来任何实质性的价值，从根本上讲，这不能算作激活。

要想让更多用户愿意激活产品，关键在于有效地引导用户在最短的时间内发现产品的价值。这种价值可能体现在"多快好省"地完成一次购物，或是发现令人愉悦、满足的内容。这些都是用户感知并认可产品价值的过程，通过一次次的交互，用户对产品产生认同和依赖。

提升用户激活率的核心策略在于消除用户通往核心功能的障碍，并促使他们更早、更容易地接触并体验到这些核心功能，具体方法如下。

1. 减少干扰项

用户从初识产品到体验其核心功能的过程，犹如一场冒险之旅，若途中障碍重重，那么许多用户很可能在半途中就选择放弃。在产品层面，这种障碍常常体现为过多的用户信息索取门槛，如大量的表单填写、复杂的多环节交互等，这些都是用户通往核心功能路上的障碍。

解决这一问题的方法是减少这些阻碍，将用户信息的收集过程分散开来。例如，可以在用户希望解锁更多功能时，提示其进行必要的信息补充。另一个有效的方法是价值前置。例如，在用户将商品加入购物车后才要求注册，因为此时用户已做出购买决定，放弃的成本相对较高。

除了上述方法外，我们还可以通过用户行为分析工具，结合事件分析和漏斗分析，深入挖掘是什么因素阻碍了用户的激活流程，从而有针对性地进行优化，提升用户激活率。

2. 鼓励前进

回想你曾经玩过的众多游戏，其中必定有这样的场景：通过完成任务，系统会奖励我们各种装备以及大量的经验，从而激励我们继续完成更多任务，推动游戏剧情的发展。在提升用户激活率的场景中，这种奖励机制就转化为了具有鼓励性质的信息或互动，而这些互动往往是从心理学角度出发进行设计的。

例如，利用稀缺性原则，用户在购物时可能会发现库存紧张，再不决定购买就可能错失良机；或者通过优惠券、组合销售等促销手段来刺激用户的购买欲望，这些都是鼓励用户继续前进的有效方法。此外，提供及时的人工帮助也是重要的一环。在电商产品中，当用户购买一件衣服或相对陌生的产品时，内心的疑虑很容易让他们犹豫不决，此时如果在线客服能够及时介入，帮助用户快速解决问题，就能更有效地引导用户完成购买决策。

二、转化阶段

相较于激活阶段，转化阶段标志着用户生命周期成熟度的进一步提升。当大量用户完成了激活动作后，我们的目标是使他们开始频繁地使用产品。在激励用户采取下一步行动的过程中，我们可以采取的策略如下。

1. 新手优惠券

以从注册到首次购买为例，在用户刚刚完成注册后，能够有效激发其下单意愿的一种常见做法是发放包含优惠券的新手礼包，并设置新手任务。例如，某些银行类在线业务会在用户注册后赠送部分虚拟理财金，让用户能够提前体验投资理财的收益。虽然这部分资金不能提取，但它起到了新手引导的作用。通过虚拟理财金，用户可以模拟体验正式投资的流程，从而消除对投资理财的陌生感，进而提高从注册到入金环节的转化率。

2. 优化转化流程

从注册到真正完成转化，用户会经历一个完整的交互流程。一个设计良好的交互界面和有针对性的引导，能够使用户更容易进入我们预设的核心路径。当我们了解了整个用户转化漏斗后，就能有针对性地优化整个转化流程。

三、留存阶段

在所有促使用户持续使用的因素中，核心无疑是产品本身的卓越性。一款出色的产品能够吸引用户每日频繁打开。然而，对于非现象级的产品而言，提升用户留存率的方式除了致力于将产品打造至极致，准确识别用户喜爱的功能点同样至关重要。我们可以通过两种途径来发现用户喜爱的功能点：一是通过为关键功能设置数据埋点，二是借助用户行为分析工具的留存分析模型，对不同功能之间的留存情况进行比较和判断。这两种方法都能帮助我们识别用户喜爱的功能点。

在借助用户行为分析工具的留存分析模型时，我们可以通过选择初始行为和后续行为来分析两个行为之间的关联影响。例如，将初始行为设定为某个待分析的功能点，后续行为设定为打开 APP 或网站，这样就可以判断用户是否因某个特定功能或行为而选择多次使用产品。

四、唤醒阶段

在产品运营过程中，我们会积累大量用户，其中部分用户在一段时间内与产品没有发生任何互动，我们将这部分用户称为沉睡用户。沉睡用户的唤醒是用户运营中的一个关键环节，整个唤醒流程可以分为两个主要环节。

1. 用户识别

在沉睡用户的界定上，每款产品都有其独特的判定标准。例如，可以将 3 个月内未打开网站的用户视为沉睡用户，也可以将 3 个月内访问网站但未进行登录、下单等行为的用户视为沉睡用户。因此，在进行沉睡用户唤醒运营之前，首先需要明确沉睡用户的定义，即进行用户识别。这可以基于用户行为和用户属性，精准且迅速地定位到目标用户，并向他们推送相应的内容。

2. 内容唤醒

一次成功的运营活动，关键在于将恰当的内容发送给恰当的人，以实现内容打开率的最大化。在挑选合适的内容时，应针对不同的用户群体定制个性化内容，从一开始就确保内容方向的正确性。例如，对于关注 A 的用户群体，应向他们发送与 A 相关的内容。此外，为了进一步提升内容的匹配度，我们还可以采用智能化的手段，使内容更加贴合用户的兴趣。

五、召回阶段

无论多么伟大的产品，都会经历高峰期与流失期，用户流失是不可避免的，只是时间早晚的问题。在流失期，最典型的现象就是用户使用产品或服务的次数逐渐减少。而我们在这个阶段能做的就是不断努力提升产品，以延长其生命周期。在这一阶段，我们不仅要减缓用户流失的速度，还要设法召回已经流失的用户，可以采取的方法如下。

1. 优化产品功能

持续迭代产品，并通过用户行为分析了解用户喜欢产品的哪些功能，以及哪些冗余功能从未被用户使用。对于受欢迎的功能，应进一步优化以提升用户体验；对于未被使用的功能,则应考虑优化或剔除。优秀的产品是吸引并留住用户的根本动力。

2. 召回流失用户

可以通过多种方式召回用户,如短信、邮件、APP 推送消息,甚至直接拨打电话。在这一阶段,可以利用数据提升召回的效率和成果。例如,采用小规模测试的方法来验证召回内容是否受用户欢迎,这将大幅提高召回成功率。

在召回流失用户的过程中,需要综合运用多种策略,从深入了解用户需求、提供定制化解决方案、加强用户关系维护,到运用先进的营销技术和手段,以提高用户的满意度和忠诚度,从而实现用户的二次激活。

第二节 消费者资产分析

为了实现消费者的精细化运营,首先需要对消费者进行深入的理解与分析,进而对其进行细致的分层,以此构建出消费者资产模型。接下来,对各个分层的资产规模进行科学的评估,从而明确各层的运营目标;同时,对分层资产的动态流转进行评价,以此来分析资产增值的潜力。通过精心策划的营销策略,可以有效提升资产增值和流转的效率。此外,通过评估不同营销渠道对资产增值的具体贡献,广告主能够进一步优化其营销策略。因此,如何科学地建立消费者分层体系、准确评估消费者资产的变化趋势,以及衡量广告活动对资产正面影响的贡献度,成为消费者资产分析领域亟待解决的问题。

一、基本概念

1. 消费者资产

消费者资产是指所有消费者终身价值的总和。通过消费者关系管理,企业能够积累消费者资产,培育更多高价值的忠诚用户,从而为品牌创造更多价值。

2. 用户分层

用户分层是指根据用户的特征和行为差异,对用户进行区分和归类,形成不同的用户群体。这一过程有助于制定差异化的运营策略,优化资源分配,提升整体效益。用户分层是消费者资产管理和精细化运营的基础。

3. 用户分群

相较于用户分层,用户分群更注重深入剖析用户的行为特性。以消费习惯为例,高消费频次但低单次消费额的用户,与低消费频次却高单次消费额的用户,虽然在总体消费水平上可能相当,都可以被视为高消费用户,但是他们的消费行为模式却大相径庭。因此,针对这两类用户,我们需要采用不同的运营策略。从这个角度来看,用户分群实际上是对用户分层的一种更为细致和精准的划分。

二、常见消费者资产模型

基于不同的业务需求和目标,运营人员会设计相应的用户分层方案,进而构建出多样化的消费者资产模型。例如,针对与店铺有交互的用户,可以根据他们对店铺的贡献程度进行细致分层，如潜在用户、新用户以及老用户等，并据此制定吸引新用户和激活老用户的策略。对于已经成为店铺会员的用户，可以根据他们的价值进行分层，以便制订个性化的忠诚度提升计划。用户类型与会员价值分层如图7-1所示。

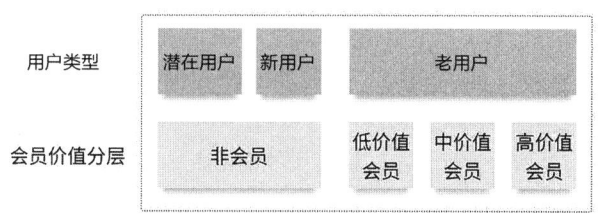

图 7-1　用户类型与会员价值分层

从品牌的角度来看，品牌方通常会根据消费者在消费链路中的不同行为阶段，将消费者划分为不同的状态，并据此形成消费者资产模型。例如，AIPL模型和DEEPLINK模型（如图7-2所示）就是根据消费者在不同阶段的行为特征进行划分的。品牌需要深入了解各层级资产的规模和流转路径，从而制定更为深入的运营策略，提升消费者的整体体验。

图 7-2　AIPL 模型和 DEEPLINK 模型

1. AIPL 模型

详见本书第二章第四节的内容。

2. DEEPLINK 模型

品牌要想实现消费者的精细化运营，必须深入剖析消费者资产的全貌。第一关键点在于以全局视角审视消费者；第二关键点在于深度剖析消费者的转化路径，明确各节点间的流转关系。只有通过这两个关键举措全方位还原并解析消费者的旅程，品牌才能升级与消费者的互动模式，实现对消费者的精细化运营，进而促进消费者资产的长期增长。

DEEPLINK模型在AIPL模型的基础上进一步细化，旨在全面评估品牌消费者资产的健康状态，并为品牌精细化管理和运营消费者资产提供指导。

（1）发现（Discover）

发现层人群是指对品牌建立初步认知的消费者，其基础指标包括曝光人数和点击人数等。

（2）种草（Engage）

种草层人群是指对品牌所属品类建立初步兴趣或诉求的消费者，其基础指标包括短视频观看人数、直播观看人数、店铺商品浏览人数和无品牌搜索人数等。

(3) 热爱（Enthuse）

热爱层人群是指对品牌产生兴趣和互动的消费者，其基础指标包括品牌订阅人数、领取试用人数、商品浏览人数和品牌搜索人数等。

(4) 行动（Perform）

行动层人群是指加入品牌会员体系或是处于售前阶段的消费者，其基础指标包括加入会员人数、收藏人数、加入购物车人数和购前咨询人数等。

(5) 首购（Initial）

首购层人群是指对品牌产生过首次转化行为的消费者，其基础指标包括首次购买人数等。

(6) 复购（Numerous）

复购层人群是指对品牌产生多次转化行为的非会员消费者，其基础指标包括非会员复购人数和非会员口碑传播人数等。

(7) 挚爱（Keen）

挚爱层人群是指对品牌产生多次转化行为的会员消费者，其基础指标包括会员复购人数和会员口碑传播人数等。

借助 DEEPLINK 模型，品牌管理者能够清晰地洞察每个分层的人群规模和流转效果，并通过与行业标杆进行对比，精确识别品牌增长的机会。随着分析的深化，品牌可以解析出对 GMV 贡献最大的营销链路以及各指标间的联动关系，进而制订出链路上的营销活动组合，并设定量化的指标目标，以便精准配置营销资源。值得注意的是，在 DEEPLINK 模型中，不同行业的消费者会有不同的指标表现。因此，品牌需要客观判断各链路节点指标对自身业务的意义，从而制定出相对合理的营销策略与行动方案。

三、用户分层管理

用户分层管理是对用户进行细致划分并赋予相应标签的过程。正如"一千个人眼中有一千个哈姆雷特"，用户在使用产品时，其背后的动机和需求同样千差万别。例如，A 用户可能因对品牌的深厚情感而选择某一产品，B 用户则可能看重产品的性价比，而 C 用户或许更青睐产品所附加的优质服务。

如果不进行用户分层管理，我们就无法满足用户多样化的需求并为其提供精准服务。因此，在用户运营过程中，用户分层管理的重要性不言而喻。它让我们得以依据用户的特性和需求，将他们划分为不同的层级和群体。基于这些划分，我们能够为每个层级或群体定制更加精确、更具针对性的运营策略。

用户分层管理的方式包括以下几种。

1. 行为分层模型

(1) 行为分层模型的概念

行为分层是根据用户在产品使用过程中的行为特征，对用户群体进行划分，并依据这些行为对产品贡献的强弱关系，将用户最终归类到不同的层级中。每个用户在一个分层模型中仅归属于一个分层。

(2) 行为分层模型的实现步骤

行为分层模型的实现步骤如图 7-3 所示。

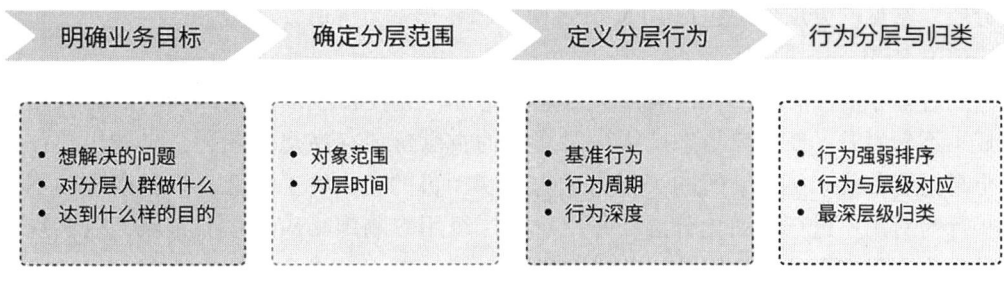

图 7-3　行为分层模型的实现步骤

① 明确业务目标。

业务目标是指我们希望通过分层操作解决的具体问题,以及期望分层后的用户群体能够达成的具体目标。明确了这些目标后,我们才能选择适合的分层范围和分层行为,并据此制订出符合实际情况的运营方案。

② 确定分层范围。

确定分层范围是指明确哪些用户将被纳入分层考虑的范围。这可能涉及与特定店铺或品牌相关的用户群体。同时,需要设定分层的时间节点,即确定用于计算用户分层状态的具体日期。

③ 定义分层行为。

基准行为是指用户在分层范围内发生的具有价值的行为,是分层的基本依据,如浏览、收藏、购买等。

行为周期是指为用户的基准行为设定的一个生命周期,它规定了用户在分层范围内特定行为的统计时长,超过此周期的用户行为将不被纳入分层范围。不同的行为可能有不同的周期。例如,店铺内浏览行为的有效期可能设为 15 天,而购买行为的有效期可能设为 365 天。

行为深度是指在设定的行为周期内,用户基准行为发生的次数或频率。例如,在 15 天内,店铺内浏览 1 次可能被视为浅度访问,而店铺内浏览 2 次及以上则被视为深度访问。

④ 行为分层与归类。

基于各种行为与最终目标行为(如购买)之间的转化强度分析,将这些行为从浅到深进行排序。行为层越浅,表示仅执行该行为的用户与分层对象的关系越弱。例如,用户与店铺的行为关系由浅至深可能为:曝光→点击→浏览→加入购物车→购买。

将不同层级的行为定义对应到不同的资产分层中,如将曝光归类为潜在用户层,将购买归类为老用户层。在初始行为定义时,一个用户可能表现出多种行为特征,从而可能符合多个分层的条件。最终,我们将对用户进行层级归类,将资产分层关系由浅至深依次排列,并遵循"优先匹配关系更深分层"的原则。例如,如果一个用户同时表现出新用户和老用户的行为特征,由于老用户层级关系更深,他最终将被归类为老用户。

2. 价值分层模型

价值分层是指依据关键用户行为对用户进行价值评分,并基于这些评分对用户进行分层。常见的分层模型包括RFM分层模型和客户参与价值分层模型。

(1) RFM分层模型

经过多年的品牌运营，市场渗透已趋于饱和，这使得获取新用户和挽回流失用户的成本不断攀升。新用户与忠诚用户对品牌的贡献价值存在显著差异，忠诚用户往往以更高的客单价和更频繁的购买行为成为品牌销售的主力军。因此，根据用户的不同购买行为对用户进行精细化分层，并针对各层级用户制定相应的运营策略，以实现资源的优化配置显得尤为重要。

通过用户分层，我们能够精准识别出高价值用户，这对于深入理解品牌的目标用户群体以及发掘潜在用户具有重要意义。在此过程中，RFM模型作为一种重要的分析工具，为我们进行用户价值分层提供了有力支持。

①RFM分层模型的概念。

RFM分层模型是一种应用广泛的营销分析工具。该模型通过最近一次消费（Recency, R）、消费频率（Frequency, F）和消费金额（Monetary, M）这三个关键指标对用户进行分层，旨在衡量用户价值和创收能力。针对不同价值的用户，企业可以采取差异化的运营策略，从而最大化利用有限的资源，实现精细化运营的目标。

R代表用户最近一次消费时间与当前时间的间隔。通常，该间隔越短，表明用户对商品或服务的兴趣越高。

F代表用户在特定时间段内所消费的次数。消费频次越高的用户，往往意味着其满意度和忠诚度越高，用户价值也越高。

M代表用户在特定时间段内所消费的金额。消费金额越大的用户，其消费能力自然越强。

将这三个指标按价值从低到高进行排序，并以此为坐标轴构建三维空间，可将该空间细分为八个区域，每个区域对应一类具有特定特征的用户群体。RFM模型示意如图7-4所示。

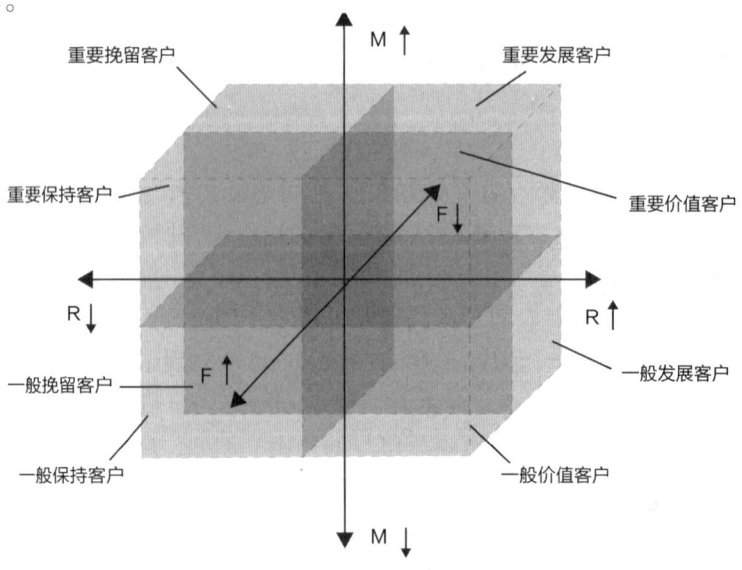

图7-4　RFM模型示意

②RFM 分层模型的实现步骤。

行为分层的实现通常遵循以下五个步骤。

第一，利用原始数据计算出 R、F、M 这三个指标的具体数值。

第二，给 R、F、M 的数值进行打分。例如，可以按照价值从低到高分为 1~5 分。

第三，计算这三个指标各自价值的平均分。若某个指标的得分低于该价值的平均值，则标记为"低"；若某个指标的得分高于该价值的平均值，则标记为"高"。

第四，将用户的分类结果与用户分类规则表（如表 7-2 所示）进行对比，确定用户的分类。

第五，总结各类用户群体的特征，并据此提供针对性的运营策略建议。

表 7-2 用户分类规则表

用户分类	R	F	M
重要价值用户	高	高	高
重要发展用户	高	低	高
重要保持用户	低	高	高
重要挽留用户	低	低	高
一般价值用户	高	高	低
一般发展用户	高	低	低
一般保持用户	低	高	低
一般挽留用户	低	低	低

③运营策略。

针对不同类别的用户群体，我们可以制定不同的运营策略。

A. 重要价值用户。此类用户近期有消费记录，且消费频率和消费金额都较高，是我们最为宝贵的用户群体。为了维持他们的忠诚度，我们应当定期为他们提供贵宾级别的服务。

B. 重要发展用户。此类用户虽然近期有消费且金额不低，但消费频率相对较低，显示出其忠诚度有待提高。我们应通过激励机制来鼓励他们增加消费频率，并定期回访以增强用户黏性。

C. 重要保持用户。此类用户消费频率和消费金额都较高，但最近一次消费时间已相隔较远。对于这些长时间未回访的忠实用户，我们需要主动发起互动，及时召回他们的关注。

D. 重要挽留用户。此类用户的消费能力较强，但最近一次消费时间久远且频率较低。作为潜在的高价值用户，我们需要重点关注并努力维持关系。

E. 一般价值用户。此类用户近期有消费且频率较高，但消费金额相对较低。我们可以尝试向他们推荐价格更高的产品，以提升其消费价值。

F. 一般发展用户。此类用户近期虽有消费，但消费频率和消费金额都不高，表明他们仍处于探索阶段。我们应主动向其介绍产品特色并保持联系，以促进其向更高价值用户转化。

G. 一般保持用户。此类用户消费频率较高,但最近一次消费时间相隔较远且消费金额较低,整体贡献相对有限。对于这类用户,维持现状即可。

H. 一般挽留用户。此类用户最近一次消费时间久远,消费频率和消费金额都较低,贡献度最小。在运营预算和精力允许的情况下,可以适当进行维护。

以某个用户为例,虽然他最近一次消费时间已经相隔甚远,且近期没有再次消费,但其历史消费频率和消费金额都很高。这说明该用户曾经具有很高的运营价值,属于重要保持用户。为了避免用户流失,运营人员需要针对这类用户设计专门的召回策略。这正是 RFM 分层模型的核心应用价值所在。

(2) 客户参与价值分层模型

①客户参与价值分层模型的概念。

客户参与价值分层模型是指基于客户终身价值(Customer Lifetime Value,CLV)、客户推荐价值(Customer Referral Value,CRV)、客户影响力价值(Customer Influence Value,CIV)和客户知识价值(Customer Knowledge Value,CKV)进行综合评分,进而根据评分结果对客户进行分层的模型,常用于区分店铺客户群中的高价值、中价值、低价值层次。该模型主要应用于识别并发掘优质客户,为营销服务提供分析与决策支持,衡量客户价值以及提升盈利能力和投产能力。

②客户参与价值分层模型的实现步骤。

客户参与价值分层的实现步骤如图 7-5 所示。

首先,收集消费者的四大价值指标数据:CLV、CRV、CIV、CKV。

其次,对四大价值指标的原始数据进行标准化处理,消除量纲差异,将其转化为统一评分范围(如 0—1 分),便于后续综合计算。

再次,计算每位客户的客户参与价值(Customer Engagement Value,CEV)综合得分,并按照综合得分从高到低对客户进行排序。

最后,设定阈值,将客户划分为高价值、中价值和低价值三个层级。例如,CEV>0.8 为高价值客户(占 20%),需重点维护并提供个性化服务;$0.5 \leqslant CEV \leqslant 0.8$ 为中价值客户(占 50%),可通过营销活动促进转化;CEV<0.5 为低价值客户,可优化触达策略或适当降低服务成本。

图 7-5 客户参与价值分层的实现步骤

四、用户分群管理

1. 用户分群的定义

用户分群是进行用户画像的重要前提,也是企业进行数据分析、精细化运营的第一步。简而言之，用户分群就是用户信息的标签化处理，通过用户的历史行为路径、行为特征、偏好等属性，将具有相同属性的用户划分为一个群体，并进行后续分析。

2. 用户分群的原理

借助漏斗分析模型，运营人员能够清晰地观察到用户在不同阶段所展现出的行为差异。例如，新用户可能更关注哪些方面？已购用户在什么情况下会再次产生购买行为？然而，由于用户群体的特征不同，其行为表现也会有很大差别。因此，运营人员或产品人员期望能够依据历史数据对用户进行划分，将具有一定规律特性的用户群体进行归类，进而再次观察该群体的具体行为。

3. 普通分群和预测分群

严格来说，用户分群可以分为普通分群和预测分群两大类。普通分群主要依据用户的属性特征和行为特征对用户群体进行分类；预测分群主要根据用户以往的行为属性特征，运用机器学习算法来预测他们将来发生某些事件的概率。接下来分别从两个场景介绍这两种用户分群方式。

（1）普通分群

以直播产品行业为例，产品经理和运营人员的工作重点在于观察高黏性与高频消费用户的行为。例如，某运营人员可以筛选出过去30天内等级达到10级以上、有留言和点赞行为，并且付费礼物送出次数超过10次的用户，将其视为高黏性且高频消费用户群体，并对此群体进行数据分析。

通过对比不同用户群体近期的行为表现，如高频消费用户与非高频消费用户的人均观看时长，可以揭示出该用户群体在行为特征上的差异。

（2）预测分群

预测分群在互联网金融产品中尤为常见。互联网金融用户可以根据风险投资偏好这一属性分为保守型、稳健型和激进型，同时根据投资行为又可以分为已投资和未投资两类。运营人员可以根据这一属性和行为特征，将满足特定条件的用户群体提取出来，如激进型但未投资的用户群体。然后，通过分析这一群体的行为特征，运营人员可以优化产品以促进用户投资，或者根据其浏览的项目页面为其推荐可能感兴趣的投资项目。

第三节 数字化的用户深度运营

在当前市场环境下，随着流量成本的持续攀升，传统依赖流量直接变现以获取利润差的商业模式正面临严峻挑战，部分企业因此遭遇了盈利困境，甚至失去了原有的利润支柱。更为严峻的是，随着技术的飞速进步与数据资源的广泛积累，企业现已普遍具备了对流量背后的个体进行高度个性化和精准化运营的能力。若企业未能紧跟这一趋势，忽视了对这些新兴技术手段的有效利用，则极有可能迅速削弱其在市场中的竞争力，导致其面临被边缘化的风险。这一转变不仅要求企业重新审视其商业模式，还强调了在数字化时代中，灵活应变与创新策略的重要性。

因此，数字化的用户深度运营已成为如今数字化营销行业需要高度重视的领域。

一、用户深度运营

1. 用户深度运营的概念

用户深度运营的最终目标是明确如何根据用户的实际情况，而不是按照我们的想象，与他们进行更为恰当的沟通。相较于直接投放广告这一传统方式，用户深度运营策略显著侧重于构建一种双向互动的沟通模式。这种模式不仅包含品牌向用户传递信息的环节，更强调即时收集与整合用户的反馈，从而形成一种动态的、相互影响的交流循环。

用户深度运营的本质体现在两个方面：一是通过各种运营手段建立与用户的长期联系；二是在与用户互动的过程中，更深入地了解他们，从而制定更为有效的运营策略。这也是运营与营销之间的主要差异。尽管营销与运营紧密相连，但营销更侧重于前端，而运营则需要解决营销推广之后的诸多问题，这些问题包括引流之后的转化、更长周期的潜在用户的培育和转化以及鼓励已转化的用户为我们带来更多新用户等。

用户深度运营的一个重要特征是，在解决营销推广之后的问题时，通常追求一对一的定制化策略，即针对每个用户的具体情况制定有针对性的策略。当然，在实际操作中，用户深度运营并非绝对的一对一，但根据用户群体的不同特征，对不同类型的用户实施差异化的运营策略是必然要求。

鉴于上述严格要求，用户深度运营策略必然高度依赖于数据资源的支持。在缺乏详尽数据的情况下，我们难以准确描绘用户的特征与行为模式，进而无法实施有效的个性化和针对性措施。

2. 产品、市场与用户深度运营的策略矩阵

我们可以利用产品、市场与用户深度运营的策略矩阵（如图7-6所示）来简单地描述不同市场和产品情况下的用户深度运营策略。

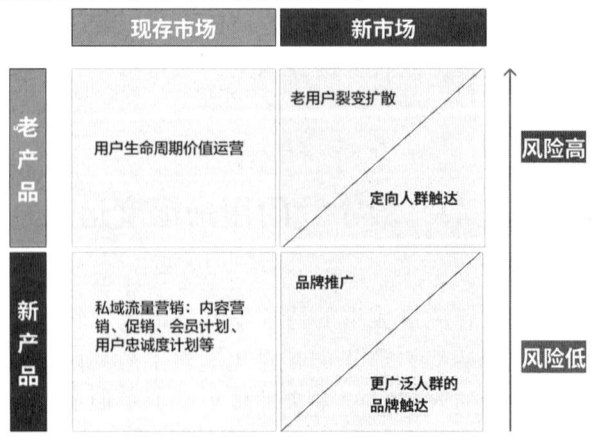

图7-6 产品、市场与用户深度运营的策略矩阵①

---

① 宋星：《数据赋能：数字化营销与运营新实战》，电子工业出版社，2021。

在这个策略矩阵中，企业的产品被划分为新产品和老产品两大类别。以 iPad 为例，当它首次进入市场时，被视为一个新产品。它需要开拓两个市场：一是已使用 iPhone 的用户市场，这个市场是它的现有市场；二是那些尚未使用苹果产品的用户市场，这个市场是它的新市场。类似地，iPhone 在首次推出时也是一个新产品，尽管手机本身并非新生事物，但苹果 iOS 系统的全新特性使其面对的市场情况有所不同。它的现有市场是那些已经使用安卓智能手机的用户，而新市场则包括使用功能机以及尚未使用手机的用户。

此外，老产品也可能需要进入新市场。以运动装备为例，尽管男性长期占据其主要市场，但近年来女性消费群体规模显著增长，这表明女性市场正逐渐成为该类产品的一个新兴增长点。同样，护肤品市场也呈现出类似的趋势。虽然传统上女性是该市场的主导，但男性市场的快速增长不容忽视，这预示着性别界限在市场细分中正逐渐淡化。

新产品、老产品与新市场、现有市场的两两组合，为我们展现了四种可能的用户运营策略。例如，要让老产品在现有市场上继续发挥价值，可以采取的最具可行性的方法是促进老用户的持续消费甚至扩大消费，这需要做好用户生命周期的运营；要让老产品面向新市场拓展新的人群，则需要进行市场拓展，通过目标人群的定向投放或利用既有用户的裂变效应扩散到新的人群；将新产品推荐给老用户，本质上属于产品的交叉销售，采用的策略多以私域流量营销为主，通过内容营销、促销等方式激活老用户，并利用会员计划、忠诚计划等手段维系老用户；让新产品进入新市场，则通常适合采用品牌推广的用户触达策略，并在吸引部分用户后，逐步推进更深层次的用户运营。

用户深度运营的策略并非闭门造车，也不可能仅凭用户一端的情况就能制定出来。它首先源于企业自身的产品与市场状况，不同的产品和市场情况决定了用户运营策略的宏观差异。

二、私域流量与用户深度运营

谈及用户深度运营，不得不提及近年来备受瞩目的概念——私域流量。私域流量与用户深度运营之间存在紧密的联系，要做好私域流量的运营，就必须深入实施用户深度运营策略。

1. 私域流量的概念

私域流量是指属于企业或个人的、可以直接且以较低成本触达的流量资源。与依赖于平台分配的公域流量相比，私域流量具有更高的可控性和稳定性。在数字营销的背景下，私域流量通常指通过社交媒体、邮件列表、APP 等渠道，企业能够直接与用户沟通并传递信息的用户群体。

私域流量的核心优势在于其低成本和高转化率。由于这些用户已经与企业建立了一定的联系，因此他们更有可能对企业的产品或服务产生兴趣，进而产生购买行为。此外，私域流量还具有可持续性，只要企业能够持续提供有价值的内容和服务，就可以长期维护并发展这部分用户群体。

如今，数字化营销与运营已然迈入后流量时代，用户深度运营的重要性日益凸显，这是我们必须重视的问题。

2. 从公域流量到私域流量的转化

将流量从公域转化到私域的目的在于提升公域流量的利用效率,它强调对公域流量进行更好的识别、更好的交互、更好的利用。

为何私域环境能够具备上述三大优势?其根源在于私域平台赋予了企业自主掌控数据的能力,使得企业能够深入追踪并分析流量行为,进而实施个性化标签策略,这是公域环境难以企及的。在私域环境中,企业能更精准地识别用户特征,构建专属的用户画像,为后续的沟通、互动及引导奠定坚实基础。

私域流量管理的精妙之处,不仅在于提升现有流量的转化效率和用户忠诚度,更在于其能够反哺公域策略的制定。通过对私域流量的深度剖析,企业能够洞察市场趋势,优化公域引流策略,形成"公域引流—私域深耕—反馈公域"的良性循环机制。这一过程不仅有效提升了公域流量的整体价值,缓解了公域流量成本攀升带来的压力,还凸显了私域流量的战略价值。

在数字化营销的浪潮中,私域流量被视为用户深度运营的关键所在。它并非旨在全面替代公域,而是作为公域策略的有效补充与强化手段。真正的智慧在于减少对公域的过度依赖,同时深入挖掘并提升公域与私域之间的协同效应,共同构建一个更加稳健、高效的营销生态体系。

三、私域流量运营的四种形态

按照不同的营销阶段,可以将私域流量运营的形态分为四种,如表7-3所示。

表7-3 私域流量运营的四种形态①

形态		营销阶段				典型企业
		触达阶段	互动阶段	转化阶段	深度运营阶段	
第一种形态	整体形态	—	—	"社交圈"私域体系	—	大量金融、教育、健康养生、自媒体等行业的企业
	应用场景			短期裂变转化		
	用户的数据			以留宿和社交数据为主		
第二种形态	整体形态	—	社交化的私域体系		—	完美日记等直接触达消费者的企业
	应用场景		新品牌快速变现			
	用户的数据		以触达和转化数据为主			
第三种形态	整体形态	营销领域的私域流量体系(偏前端)		—		宝洁等大型品牌广告主
	应用场景	人群筛选,再营销等投放优化				
	用户的数据	统一DMP、统一前端投放数据				

---

① 宋星:《数据赋能:数字化营销与运营新实战》,电子工业出版社,2021年。

（续表）

形态		营销阶段				典型企业
		触达阶段	互动阶段	转化阶段	深度运营阶段	
第四种形态	整体形态	以品牌为核心的忠诚用户体系，强调全品牌、全人群、全链路的营销协调和反馈				小米、华为、盒马鲜生等企业
	应用场景	各类营销活动	营销参与	与购买相关的行为	忠实与增值	
	用户的数据	统一会员、受众、交互用户以及各环节行为数据				

第一种形态侧重于在转化阶段获取消费者，例如通过裂变活动吸引消费者加入群聊，并利用优惠等手段促使这些消费者快速转化。这种方法常见于对消费专业性有一定要求的效果类行业中，常被形象地称为"割韭菜"，意味着在短时间内聚集消费者并快速实现销售，而不太注重长期的经营与培育。

第二种形态是对第一种形态的拓展，也是最常见的私域流量运营形态。其重点不再仅仅局限于快速转化，而是更加注重与通过各种方式被吸引到企业触点的消费者进行深入的沟通与交互，以深化与潜在客户的情感联系和信任基础。它倡导一种渐进式的转化路径，通过耐心培养和长期经营，实现消费者群体的稳定增长和持续转化。如果说第一种形态像是直接捕鱼，那么第二种形态则更像是自己养鱼，慢慢捕捞，并且注重可持续经营。

第三种形态是品牌广告主常用的形态。它强调在营销前端识别出目标消费者，实现精准投放，并收集投放后的消费者数据（包括前端投放数据和中后端行为数据），将其纳入 DMP 或客户数据平台（Customer Data Platform，CDP），形成私域数据，以便在未来进行再次投放。虽然这种形态并不直接对应传统意义上的私域流量运营，但它展示了数据在私域构建与精准营销中的核心作用，因此被视为一种"最不典型"的私域流量运营形态。

第四种形态对品牌企业而言至关重要。它强调在触点上与消费者进行更多的互动，将私域运营视为一个系统化、流程化的过程，涵盖从前端流量引入、中端精准触达与互动转化，到后端忠诚度培育与持续增长的全链条管理。这一体系不仅包含了第三种形态所强调的精准定位与投放策略，也融合了第二种形态的深度培育理念。同时，它还注重通过创新手段提升消费者忠诚度与黏性，并激励老客户成为品牌传播者，带动新客户增长，从而形成一个良性循环的私域生态体系。

四、私域流量运营的四种模式

1. 直接触达消费者模式

直接触达消费者（Direct to Consumer，DTC）也称 D2C，是一种直接面向消费者的商品销售模式。从命名上即可看出，它不依赖于中间商，而是直接与消费者接触并完成交易，这与用户深度运营中必须直接接触用户的要求不谋而合。因此，DTC 模式必然伴随着用户深度运营。

DTC 模式深刻反映了数字化营销浪潮对传统销售模式的颠覆性变革。以往，消费者遵循"人寻物"的购物模式，无论是实体店铺还是线上平台，都需要消费者主动寻找心仪商品。如今，这一格局已悄然转变为"物追人"，即借助高度个性化的精准推荐机制，商品能够智能捕捉消费者的兴趣，主动跃入其视野，激发购买意愿。这一转型表明 DTC 模式不再是小众品牌的短暂风潮，而是逐渐成为品牌界广泛采纳的趋势，引领着整个市场的风向。然而，这一变革也伴随着对传统分销渠道的重新评估与削弱，同时对企业提出了更严峻的挑战——必须强化直接触达消费者的能力，在覆盖面的广度与互动的深度上实现质的飞跃。这意味着企业需要构建更强大的数字化基础设施，以精准洞察消费者需求，实现个性化沟通与定制化服务，从而在激烈的市场竞争中脱颖而出，稳固并拓展市场份额。

DTC 模式有两种常见的落地方式。第一种是社群运营的方式，侧重于对消费者进行"种草"及建立更高黏性的交互，从而带动线上和线下的销量。这种方式的核心在于，企业需要将自己视为社交世界中的真人，甚至打造为网红来经营，因此这种方式也被称为企业的拟人化社交。第二种是直抵亲友再裂变扩散的方式，更直接地追求转化。这种方式利用海量的自有媒体（如微信、小红书、抖音、快手、喜马拉雅等）上的购物入口，直接将消费者引导至企业的电商店铺。此外，借助社交平台的电商服务商，产品销售信息也能在社交平台上被分享，从而吸引消费者进入企业的电商店铺完成购买。

以上这两种方式在获取私域流量时的方法和目的存在差异，但在运营私域流量时，无论这些流量是已成为客户的消费者，还是在触点上有交互却尚未成为客户的消费者，两种方式在进一步运营他们时并无太大不同。它们都会尽可能获取消费者的数据，建立标签、积分和等级制度，并基于这些标签对人群进行细分，持续进行有针对性的交互沟通。

在诸多企业的实践中，以销售为导向的 DTC 模式常被视为阶段性成果的标志。然而，从深化消费者关系的战略视角审视，这仅仅是万里长征的第一步，即企业成功搭建了直接触达消费者的桥梁。值得注意的是，多数企业私域流量运营的核心愿景远不止于此，它们追求的是与消费者建立持久且频繁的互动循环。正如前文所述，这一长远目标旨在通过不断深化与消费者的连接，促进品牌忠诚度的形成与巩固，进而实现更广泛的市场渗透和更稳固的客户关系基础。因此，DTC 模式的真正价值在于它为企业打开了一扇通往消费者内心世界的窗口，而非仅仅停留在交易完成的瞬间。

2. 企业—渠道—消费者模式

企业—渠道—消费者（Business to Channel to Consumer，B2C2C）模式是指企业通过中间商（如经销商、分销商、卖场等）将产品销售给消费者。B2C2C 这一术语揭示了企业需要妥善处理好与中间商之间的关系。如今，这种关系正逐步经历数字化转型，旨在让传统的中间商模式在数字化浪潮中焕发新生。

从企业的角度出发，推动中间商的数字化转型升级，其深远意义不仅在于提升中间商的服务效能和市场竞争力，更关乎企业自身的一项核心战略，即利用中间商的数字化平台和渠道，高效收集并整合消费者的多维度数据。这一战略旨在深化企业对目标市场的认知，精准捕捉消费者的需求与偏好，从而为企业制定更加个性化、精准化的市场策略和产品服务提供坚实的数据基础。因此，中间商的数字化转型既是中间商自身能力提升的过程，也是企业实现数据驱动增长、增强市场洞察力和深化消费者连接的重要途径。

目前，B2C2C 模式主要有两种实现方式。第一种方式是通过一物一码技术，为不同中间商分配带有专属二维码的产品，以此构建消费者与中间商的专属关系。企业可以通过扫描二维码追踪消费者购买产品的中间商，中间商因此获得销售返利，而企业则能够收集到扫描二维码的消费者的私域流量与数据，同时有效降低窜货风险。第二种方式是通过赋能中间商，提升其服务消费者的能力，从而促进消费者转化率的提升和黏性的增强。通过中间商高频次的消费者触达，企业能够不断获取消费者的数据。

3. B2B 模式

大多数 B2B 业务本质上具备私域运营的特性，因为 B2B 业务的目标群体是细分的，其数量远不及面向消费者的业务那么庞大。这些潜在客户实际上已经构成了企业的私域流量，企业需要投入时间和精力去培育这些潜在客户，以实现最终的转化。

B2B 模式的核心在于销售线索的获取。获取销售线索是 B2B 营销的起点，通常通过线下会议或活动、KOL 推广、客户介绍、专业内容推广以及社会关系网络等多种方式实现。随后，潜在客户会与销售人员建立联系，并在与企业及销售人员的持续互动中被逐步培育。而从培育潜在客户到最终转化的过程，正是 B2B 的深度运营核心。

除了典型的 B2B 行业，还有一些行业与 B2B 类似，同样以获取销售线索作为主要的获客模式，如教育、金融、旅游等行业。这些行业也适合采用 B2B 的私域流量运营模式。

在传统时代，B2B 的深度运营主要依赖销售人员或呼叫中心通过电话进行。而在数字时代，潜在客户会在企业的各种触点上留下痕迹，从而为销售人员提供更多可用的信息。同时，随着数字化程度的加深，部分营销策略已经能够实现自动化响应和执行，这是数字化的深度运营在 B2B 行业上的典型应用。

第四节 用户忠诚度计划

随着大数据技术的飞速发展，数据的采集与深度剖析变得前所未有的高效与精准，为企业开辟了一条通往消费者内心世界的新路径。企业得以借此洞察消费者的真实需求、偏好变迁及行为模式，从而定制化服务策略，这不仅能够稳固既有用户群体的忠诚度，还能够有效吸引潜在用户的目光。在这一背景下，精细化的用户画像构建与高度个性化的市场推广策略成为企业脱颖而出的关键。它们助力企业在激烈的市场竞争中构建差异化优势，深化用户忠诚度，为品牌的持续繁荣奠定坚实基础。

一、用户忠诚度计划的内涵

用户忠诚度是用户对某一企业或品牌持续偏好的体现,是评估用户对企业或品牌的忠诚程度的量化指标。当用户对特定品牌展现出深切的情感联结与高度信赖时,他们在消费决策过程中,对价格波动的敏感度显著降低,甚至愿意承担更高的时间成本或经济代价,来获取心仪的产品。用户忠诚度计划旨在通过精准识别并区分不同价值层级的用户群体,定制化地部署营销策略。这些策略聚焦于激发用户的参与热情、促进内容共创及加速购买转化,在用户体验的全过程中,构建、加固并深化情感纽带,进而提升用户忠诚度,为企业带来长远的经济效益增长。

鉴于获取新用户的成本高昂,而老用户则展现出较低的价格敏感性和较高的支付意愿,忠诚用户群体对于企业价值的贡献愈发显著。实施用户忠诚度计划不仅能够直观提升用户保留率和产品销售业绩,更在无形中催化了一系列对品牌生态至关重要的非直接经济活动,如增强品牌社区活跃度、促进用户自发传播正面口碑及推荐新用户等。这些活动虽不直接转化为财务收入,但构成了品牌长期竞争力与稳固用户关系的基石。

二、用户忠诚度计划的类型

用户忠诚度计划的形式多样,根据机制的不同,可将用户忠诚度计划分为五种类型:积分型用户忠诚度计划、等级型用户忠诚度计划、付费型用户忠诚度计划、善因型用户忠诚度计划和储值型用户忠诚度计划。这些类型的计划既可以单独实施,也可以组合使用。

1. 积分型用户忠诚度计划

积分型用户忠诚度计划是一种激励机制,用户通过购买产品、评价产品或参与企业举办的各项活动来累积积分。这些积分随后可用于换取优惠券、赠品或增值服务等奖励。在此类计划中,企业所组织活动的趣味性和吸引力对于提高用户的参与度至关重要,而积分能够兑换的实质利益则是驱动用户持续参与活动的核心动力。例如,肯德基的会员制度允许会员通过消费累积 V 金,这些 V 金可以在 V 金商城中兑换肯德基的美食或优惠券。此外,肯德基还为会员设计了诸如"问答活动"和"指定类别产品购买"等特别任务,会员在完成这些任务后有机会获得额外的 V 金或优惠券等福利。

2. 等级型用户忠诚度计划

等级型用户忠诚度计划是免费会员制度的一个分支,其核心在于依据用户的累积消费额及多元互动表现,将其划分到差异化的会员梯队中,每一梯队享有专属的会员福利与特权。此计划虽与积分型用户忠诚度计划在用户激励策略上存在共通之处,即都依赖于用户的积极参与和贡献,但在具体执行层面却展现出鲜明对比。积分型用户忠诚度计划侧重于即时反馈,用户所获权益直接与积分积累量成正比;而等级型用户忠诚度计划则强调进阶性,用户需要达到预设的消费门槛才能解锁更高等级的权益,这一过程为用户设立了更为明确且具挑战性的成长目标。

当企业的产品或服务能够激发用户的尊享感与归属感时，构建会员等级制度便成为强化品牌忠诚度的一种有效策略。以中国南方航空的明珠俱乐部为例，其通过设立铂金卡、金卡、银卡及明珠卡等多层次会员体系，依据用户在飞行距离、航段数或消费金额上的贡献度进行分级，每一层级均设置了独享的优惠与服务，从而深化了用户与品牌之间的关系。

在实践中，积分型用户忠诚度计划与等级型用户忠诚度计划常并行不悖、相互补充。用户通过日常消费和参与企业活动累积积分，积分累积至一定阈值则自动触发会员层级的晋升，这种双重激励机制不仅鼓励了用户的持续参与和消费，还通过设置积分有效期等策略，巧妙引导用户保持活跃状态，促进用户长期消费行为的形成。星巴克咖啡的星享俱乐部便是一个典型的案例。该俱乐部将会员分为三个级别，每个级别享有不同的权益，且级别越高，所享受的权益越丰富，这些权益包括但不限于饮品兑换券、生日饮品券等。会员可以通过消费品牌产品来累积"星星"，从而实现级别的提升。通过灵活运用积分与会员等级双重体系，星巴克成功构建了一个高度互动且忠诚的用户社群。

3. 付费型用户忠诚度计划

付费型用户忠诚度计划是一种典型的收费会员制度，其特点在于用户需要预先支付一定费用以解锁专属的优惠与增值服务。尽管实施此类计划面临诸多挑战，但若成功部署，则能深刻增强企业从用户群体中提取的价值深度。用户在权衡会员费与预期回报后，倾向于通过在该企业持续消费来最大化其会员权益的价值，从而构建了对品牌的深度依赖，减少了转向竞争对手的动机。

以盒马鲜生推出的"盒马X会员店"为例，该服务采用付费会员模式，用户需要支付年度会员费，以换取一系列专属特权，包括但不限于专属用户服务、会员专属折扣日，以及每周限量的商品满减优惠券等。这些会员专属福利不仅提升了用户的购物体验，还通过构建差异化服务增强了用户的忠诚度。因此，一旦用户成为"盒马X会员店"的付费会员，在产生相关消费需求时，他们可能更倾向于在该平台完成购买，从而形成了稳定的消费回流机制。

4. 善因型用户忠诚度计划

善因型用户忠诚度计划是企业通过展示积极正面的价值观，从而在理念和认知上与用户产生共鸣，进而维系用户忠诚度的一种策略。例如，在电商平台购物时，有些商家会宣传每售出一件商品，就会向贫困地区、环保机构或慈善组织捐赠一定金额。这种计划并非直接为用户提供经济上的实惠，而是通过传递企业的价值观念，增强用户的认同感，从而稳固用户关系。善因型用户忠诚度计划通常会与其他类型的用户忠诚度计划相结合。以阿里巴巴的"人人3小时"公益模块为例，该模块会记录用户在阿里系产品中的每一次公益行动，并在年终以年度公益账单的形式进行分享。这些公益行动包括在淘宝或天猫购买商家设置的"公益宝贝"，并选择支持的公益项目和捐赠方式，一旦交易完成，平台会自动进行公益捐赠。

5. 储值型用户忠诚度计划

储值型用户忠诚度计划在线下商业环境中颇为常见，企业利用预付费优惠策略，如充值赠送额外金额或礼品,有效吸引用户进行预付费及后续的持续消费。此类策略在企业与用户接触频次相对较低的情况下尤为有效,它能巧妙地在用户心中建立起对特定企业服务的预期与记忆点,使企业在满足用户低频需求时成为首选。代表性的储值型用户忠诚度计划广泛应用于超市、餐厅、美发沙龙等领域的储值会员卡服务。

值得注意的是,鉴于储值型用户忠诚度计划本质上要求用户预先支付预期中的消费金额,企业因此承担了额外的责任与挑战,即必须确保在未来能够如约提供令用户满意的产品与服务,这无疑是对企业信誉与运营能力的双重考验。企业需要秉持诚信经营的原则,通过持续优化服务品质、维护用户权益,来巩固储值型用户忠诚度计划所带来的用户忠诚度与品牌忠诚度。

三、用户忠诚度计划的实施

1. 了解目标用户信息

构建高效用户忠诚度计划的核心在于深度洞悉并精准把握目标用户群体的多维度信息,这既涵盖潜在用户的潜在来源线索,也涉及现有用户在其生命周期中所处的具体阶段。用户的生命周期可划分为导入期、成长期、成熟期、沉默期以及流失期。在导入期,用户初步接触产品或服务,进行浅尝辄止的浏览或体验,尚未深入触及其核心价值或完成首次交易。随后步入成长期,用户的兴趣渐浓,不仅增加了与产品或服务的互动频次,还开始尝试其核心功能或完成初步购买,标志着关系的初步深化。随着探索的深入,用户进入成熟期,此时他们对产品或服务的核心价值有了深刻认知,并形成了高频次的使用习惯或稳定的购买行为,展现出高度的忠诚与依赖。然而,若用户在成熟期后突然减少了对核心功能的使用或购买活动,则可能预示着他们正步入沉默期,即关系暂时冷却的阶段。最终,若用户在长时间内未再展现对产品或服务的兴趣,如减少访问、停止购买乃至彻底卸载应用或注销账号,这一系列行为则明确指示着他们已经进入了流失期,即与品牌关系的终结阶段。因此,精准识别并有效应对用户在各生命周期阶段的不同需求与行为变化是成功实施用户忠诚度计划不可或缺的一环。

2. 评估用户价值

在正式制订用户忠诚度计划之前,企业需要构建一个用户价值评估体系,根据用户购买企业产品的数据来评估其价值。同时,要注意到,在用户生命周期的不同阶段,用户所能产生的价值是有所差异的。通常,随着用户从导入期向成熟期的过渡,他们为企业带来的价值会逐渐增加。然而,当用户从成熟期滑向流失期时,他们为企业带来的价值则会逐渐减少,这意味着成熟期的用户往往能够为企业创造最大的价值。

因此,用户忠诚度计划的核心目标就是推动导入期和成长期的用户向成熟期转变,同时努力召回处于沉默期和流失期的用户,使他们能够重新回到成熟期,从而为企业创造更大的价值。

3. 制订用户忠诚度计划

在完成用户价值的评估与分类后,企业可以着手制订用户忠诚度计划。该过程涵盖满意度评估及改进方法、目标制订、预算设定以及忠诚度提升策略的选择。

(1) 满意度评估及改进方法

满意度评估及改进方法要求企业评估各类用户的满意度，收集并分析用户反馈，以找出提升不同类别用户满意度的途径。

(2) 目标制订

目标制订是指企业必须明确用户忠诚度计划所期望达成的、可量化的核心成果。例如，用户忠诚度计划的目标可能是构建一个忠实的产品用户社群，具体目标可以是在计划发布后的六个月内，吸引20%的现有用户加入并保持活跃状态，同时促使他们使用产品的核心功能或完成购买。

(3) 预算设定

预算设定是指企业在设计用户忠诚度计划时，需要根据成本与收益情况来设定合理的预算范围，以便在给予用户奖励时有据可依。

(4) 忠诚度提升策略的选择

忠诚度提升策略的选择涉及挑选最适合企业业务特点和目标用户群体的忠诚度计划类型，并确定相应的奖励方式。

通常，更具创意和独特性的用户忠诚度计划更能吸引用户的关注，从而产生更好的效果。在确定奖励方式时，应紧密结合不同类别用户的需求以及用户忠诚度计划的核心目标。例如，若企业选择实施积分型用户忠诚度计划，则需要考虑不同类别的用户在哪些活动中可以获得积分，以及他们如何使用这些积分。

4. 管理用户忠诚度计划

企业需要秉持持续监控与灵活调整的管理理念，其核心宗旨在于精准达成计划制订之初所确立的各项目标。这一目标的实现离不开一套明确、具体且可量化的用户忠诚度计划规则。通过不断审视与优化这些规则，企业能够确保用户忠诚度计划始终与市场需求、用户行为变化及企业战略方向保持高度契合，从而推动计划的有效执行与持续优化。

关键的衡量指标主要包括LTV、NPS以及用户忠诚度指数（Customer Loyalty Index，CLI）。LTV用于衡量用户在其整个生命周期内已经产生和可能产生的总价值。由于用户行为会随时间而改变，企业需要定期评估用户所处的生命周期阶段及其价值，从而有针对性地调整对不同类别用户的奖励策略。

在导入期，企业应投入更多资源以吸引新用户；在成长期和成熟期，企业应致力于设计创新的产品或服务，并提升用户体验，以促进用户转化并留存忠诚用户；在沉默期和流失期，企业应采取更多措施来挽回即将流失的用户。NPS反映了用户推荐企业产品或服务的可能性，这是用户忠诚度计划为企业带来的间接收益之一。而CLI则是一个综合性的指标，用于全面反映用户的忠诚度水平。

这些指标可以通过分析已收集的用户数据来计算，如结合企业自身的业务数据和用户评论等。此外，也可以通过定期向参与用户忠诚度计划的用户发放调查问卷来收集相关数据。用户忠诚度计划实施的基本框架如图7-7所示。

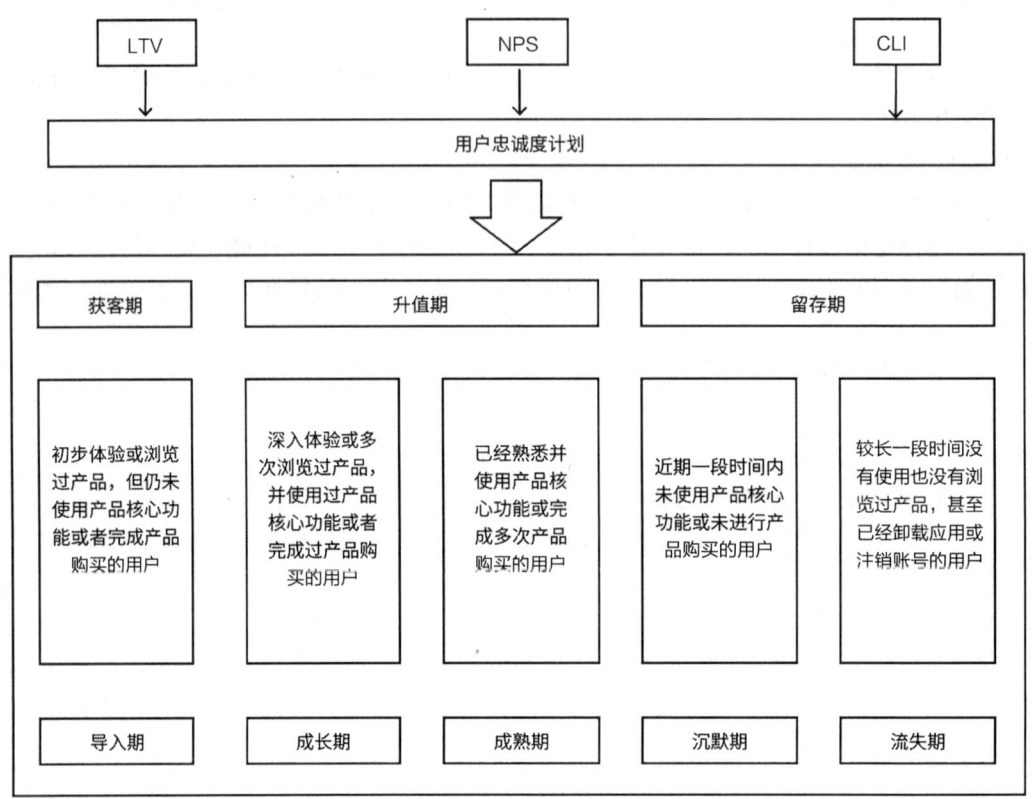

图7-7 用户忠诚度计划实施的基本框架

案例分析

珀莱雅精细化运营实践

作为化妆品行业的佼佼者,珀莱雅通过精细化私域运营,成功实现了用户的高效管理与价值挖掘。

珀莱雅通过大数据分析工具,对用户行为数据进行深度挖掘,实现了精准的用户分层管理。根据用户的购买历史、消费频率、客单价等因素,品牌将用户划分为多个层级,针对不同层级的用户制定差异化的营销策略。这种分层管理方式不仅提高了营销效率,还有效提升了用户满意度和忠诚度。

珀莱雅在私域运营方面取得了显著成效。通过构建以微信公众号、私域商城、企业微信为核心的私域运营矩阵,珀莱雅实现了与用户的深度互动与精准触达。此外,珀莱雅还通过社群运营增强用户黏性,其品牌"粉丝"群、美妆社群等社群成员数量不断增加,社群活跃度持续高涨。这些数据充分证明了珀莱雅私域运营策略的有效性。

在2024年春季上新及国际劳动妇女节期间,珀莱雅携手快手超级品牌日推出主题活动，活动期间品牌总 GMV 超 3000 万，品牌会员新增人数超 1.6 万，显示出私域运营的强大力量。

为了进一步提升用户忠诚度，珀莱雅推出了会员制度和积分奖励计划。根据会员的消费金额和积分累积情况，将其划分为不同等级，每个等级享受相应级别的专属权益。这些权益包括积分兑换、会员日专享优惠、生日礼物等，有效提升了会员的归属感和忠诚度。珀莱雅官方数据显示，会员的复购率显著高于非会员，会员制度在提升用户黏性方面发挥了重要作用。

 思考题

1. 用户分群与用户分层有何不同？请举例说明。
2. 请简述 AIPL 模型和 DEEPLINK 模型在用户资产分析中的应用。
3. 私域流量与用户深度运营之间有何联系？如何利用私域流量进行用户深度运营？
4. 用户忠诚度计划有哪些常见类型？它们如何提升用户忠诚度？

第八章 评估数字化效果

学习目标

1. 了解有哪些营销效果分析监测工具。
2. 熟悉分析用户质量的各项指标。
3. 掌握如何分析广告的营销效果。
4. 了解从哪些方面分析营销的运营效果。

案例引入

海天携手天猫超级探店"1111起干饭"

2022年"双十一"购物狂欢节期间,海天携手天猫超级探店共同举办了"1111起干饭"活动。这次活动不仅充分展现了双方品牌的强大号召力和市场影响力,更通过全域营销策略的巧妙运用和活动的精心策划,实现了令人瞩目的营销效果。

活动期间,海天产品在天猫平台的销售额实现了显著增长,达到了惊人的1亿元,与去年同期相比增长了50%。这一成绩的取得,充分证明了全域营销策略的有效性和活动的巨大吸引力。海天与天猫通过深度合作,共同打造了一场别开生面的营销活动,成功吸引了大量消费者的关注和购买。活动的优惠力度大,宣传广泛,使得海天产品在众多竞品中脱颖而出,成为消费者在"双十一"购物狂欢节期间购物的首选。不仅如此,海天还借助天猫平台的庞大用户基础和数据分析能力,精准定位目标消费群体,推出了一系列符合消费者需求的定制化产品和促销活动,进一步提升了销售额。

除了销售额的增长,该活动在消费者参与度方面也取得了显著成效。活动的互动环节设计新颖有趣,形式多样,如线上抽奖、互动问答、晒单分享等,吸引了超过100万名消费者的积极参与,消费者参与度提升了30%。这一数据充分显示了消费者对活动的热情和积极参与度,也进一步增强了海天品牌与消费者之间的互动和黏性。通过与消费者的深度互动,海天品牌成功地提升了消费者的忠诚度和品牌认知度,为品牌的长期发展奠定了坚实的基础。

此外,该活动还带来了品牌曝光量的大幅增加。通过活动的推广和宣传,海天品牌的曝光量达到了5亿次,较平时增长了40%。这一显著的增长进一步提升了海天品牌的知名度和影响力,使得海天品牌在市场上树立了更加鲜明的形象。活动的广泛传播和高度曝光,不仅增强了消费者对海天品牌的认知和信任,也为未来的营销活动打下了良好的基础。

第一节　整体营销效果分析

成功的营销能显著提升产品销量，增加企业收益，同时提升企业品牌知名度，吸引更多有效用户和发掘潜在用户。然而，并非每次营销都能达成预期目标，因此需要对营销效果进行深入分析与评估。

一、营销效果评估

在全链路营销流程中，企业首先通过提升曝光度来加强用户对产品的认知。随后，利用 AI、大数据等先进技术，实现对目标用户的精确推送。紧接着，通过精心策划的营销活动和运营管理，提升用户黏性并完成转化。最终，这一过程将有助于积累和增强品牌资产。全链路营销实际上是全面覆盖用户的决策路径，对于这一过程中的每一个环节，我们都需要运用不同的评估指标来衡量其营销效果。

2007 年，著名风险投资人戴夫·麦克卢尔提出了 AARRR 模型，解释了实现用户增长的五个关键指标：用户获取（Acquisition）、用户激活（Activation）、用户留存（Retention）、获得收益（Revenue）和推荐传播（Referral）。该模型可以帮助我们更好地理解获取用户和维护用户的原理。

从用户与企业的互动关系出发，AARRR 模型同样可以被视为一种全链路营销模型。全链路营销 AARRR 模型的核心指标如图 8-1 所示。

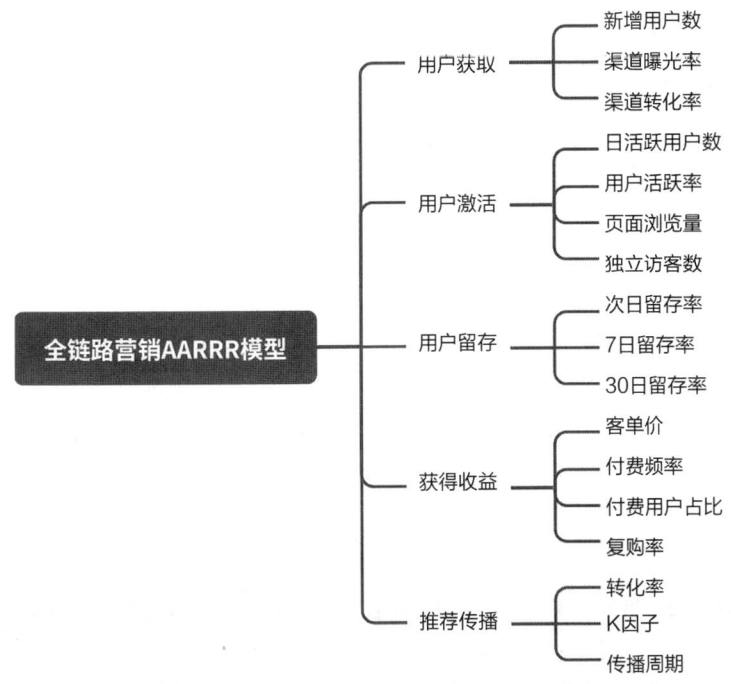

图 8-1　全链路营销 AARRR 模型的核心指标

首先，在用户获取阶段，企业需通过增加曝光来提高用户对产品的认知度，进而通过精确推送来吸引新用户。在评估用户获取效果时，企业应首先关注各渠道的曝光量。但曝光量本身并不能全面反映用户兴趣，因此，企业还需要考察新增用户数以及各渠道的曝光率和转化率。

其次，在用户激活阶段，企业应聚焦于用户活跃率这一核心指标，深入了解活跃用户的数量、未激活用户占比以及潜在可转化用户的情况。

再次，在用户留存阶段，企业需要关注不同时间段内的用户留存率，并分析在哪些环节用户流失较多，从而优化相关流程。同时，企业应总结归纳出影响用户购买行为和留存率的关键因素。

然后，在获得收益阶段，企业应重视付费用户的客单价、付费频率、付费用户占比以及复购率等关键指标。

最后，在推荐传播环节，企业需要关注转化率、K 因子以及传播周期等重要数据。

二、营销效果分析监测工具

为了评估营销效果，及时发现并解决营销中存在的问题，进而提升企业效益，企业通常会借助专业的营销效果分析监测工具。接下来将介绍几种常用的营销效果分析监测工具。

1. SEO 分析监测工具

SEO 分析监测工具，如站长工具、爱站和 5118 等，主要用于评估企业网站相较于竞争对手的曝光率。这些工具提供了丰富的免费功能，能够高效地监控企业网站的 SEO 状况。它们可以分析网站在各大搜索引擎中的排名变化，评估关键词的排名表现，并智能诊断出网站在 SEO 方面存在的问题。此外，这些工具还能快速挖掘关键词及其长尾词，实现网站日志分析、SEO 综合查询以及链接监控查询等多项功能。图 8-2 所示为重庆懂车帝科技有限公司在站长工具上的 SEO 分析监测结果。从图中数据可以看出，重庆懂车帝科技有限公司的世界排名为第 912 位，国内排名为第 241 位。同时，该图还预估了重庆懂车帝科技有限公司的日均 IP 访问量和日均 PV 访问量。

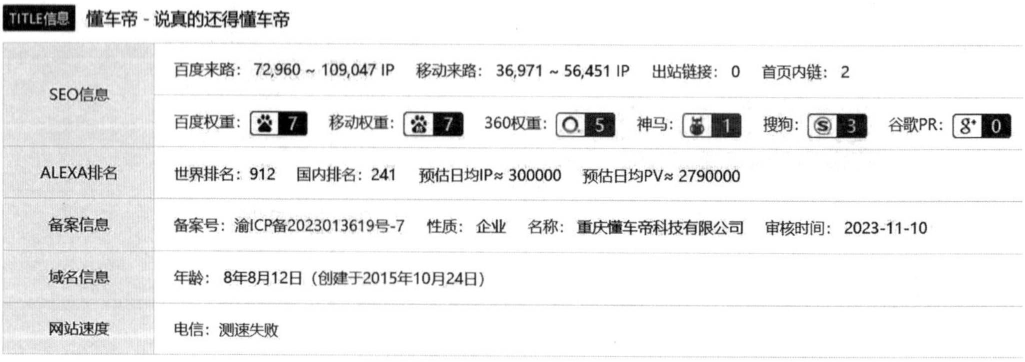
TITLE信息 懂车帝 - 说真的还得懂车帝

SEO信息	百度来路：72,960 ~ 109,047 IP 移动来路：36,971 ~ 56,451 IP 出站链接：0 首页内链：2
	百度权重：7 移动权重：7 360权重：5 神马：1 搜狗：3 谷歌PR：0
ALEXA排名	世界排名：912 国内排名：241 预估日均IP≈ 300000 预估日均PV≈ 2790000
备案信息	备案号：渝ICP备2023013619号-7 性质：企业 名称：重庆懂车帝科技有限公司 审核时间：2023-11-10
域名信息	年龄：8年8月12日（创建于2015年10月24日）
网站速度	电信：测速失败

图 8-2 重庆懂车帝科技有限公司在站长工具上的 SEO 分析监测结果

2. 趋势分析监测工具

趋势分析监测工具，如百度指数、搜狗指数、微博指数和微信指数等，主要用于剖析产品的曝光率或品牌的知名度，并为营销人员在进行效果分析时提供有利的辅助参考。它们以庞大的用户行为数据为基石，助力企业迅速洞察网络营销中全网的搜索热度变化趋势，把握用户的需求演变，了解热门讨论人群的地域分布，监控公众舆论动态，并形成深入的研究成果。图8-3所示为重庆懂车帝科技有限公司在百度指数上的分析监测结果。通过这幅图，我们可以清晰地观察到关键词"懂车帝"在过去30天内的搜索热度变化趋势，这不仅反映了其网络曝光率和用户关注度，还能对指数占比进行地域性分析，展示各地区的热度排名。

图8-3　重庆懂车帝科技有限公司在百度指数上的分析监测结果

3. 社会化舆情分析监测工具

社会化舆情分析监测工具，如新浪微热点和BlueMC等，是营销人员的重要助手。这些工具通过对社会化大数据的深入分析，能够准确判断产品的市场热度，从而协助营销人员高效地完成策略制定、人群分析、执行监控以及效果评估等各项任务。以新浪微热点为例，它不仅能帮助营销人员深入剖析微博上的各类事件，评估微博的传播效果，还能进行竞品分析和用户评论分析。图8-4所示为重庆懂车帝科技有限公司在新浪微热点上的分析监测结果。图中展示了"懂车帝"一词在3天时间内的热度变化趋势，以及通过关键词云直观展现的相关热点话题。

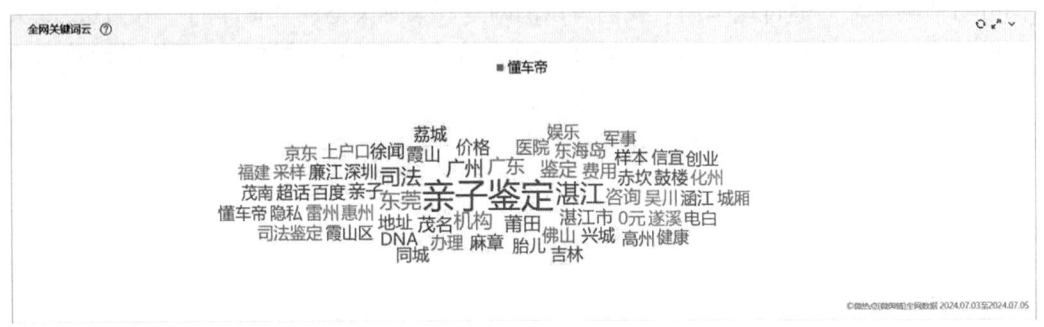

图 8-4　重庆懂车帝科技有限公司在新浪微热点上的分析监测结果

4. 专业营销效果分析监测工具

专业营销效果分析监测工具已成为营销分析人员的主流选择，它们能够进行 7×24 小时的实时监测，全面评估企业互联网营销的效果。这些工具不仅实现了各项指标数据的可视化，还协助营销人员对营销活动前后的传播状况、口碑变化以及用户互动进行深入的量化分析。通过这些工具，企业可以轻松生成专业的分析报告，为决策提供有力支持，并密切关注竞争对手的动态。大型企业如腾讯、阿里巴巴等通常拥有自身研发的监测系统和平台，而中小企业则更倾向于与第三方数据分析平台合作，如 TalkingData、GrowingIO、神策数据以及友盟+等。但无论是企业还是第三方平台，在数据采集过程中都必须严格遵守相关法律法规，确保信息的合法合规性，并尊重和保护用户的隐私。

第二节　用户质量分析

营销效果评估的核心在于衡量用户质量，其最终目标是识别出最具价值的细分用户群体，从而优化营销资源的分配，并实现用户价值和企业利润的有效提升。若用户质量分析出现偏差或目标用户群体定位不准确，企业将面临营销资源浪费的风险，甚至导致整个营销活动的失败。

与用户相关的关键指标主要包括两种：启动类指标和时长类指标。其中，启动类指标主要揭示了用户对产品的实际使用情况，而时长类指标则反映了产品对用户的吸引力及用户的参与程度。这些与用户相关的指标数据通常可以通过企业的数据后台或第三方数据平台进行统计和分析。

一、启动类指标

1. 新增用户数

新增用户数是指首次访问或新注册的用户数量,这一指标对于衡量产品的发展速度以及推广效果至关重要。通过计算新用户占比,企业可以深入分析其市场拓展的成效。新增用户有广义与狭义两种定义。从广义角度来看,任何与企业产生直接交互或发生其他转化行为的用户,均可被视为新增用户。例如,用户点击广告、下载并注册APP,或是在微信小程序上点击游戏授权,这些行为都标志着新用户的增加。而从狭义角度来看,新增用户特指那些成为企业付费用户或实际使用产品的用户。

然而,当企业观察到新增用户数急剧上升时,必须警惕其中可能存在的数据造假行为,如"僵尸用户"或"网络水军"等。这些都属于流量造假的违规行为,企业在运营过程中务必坚守诚信原则,确保数据的真实性与准确性。

2. 访问用户数

访问用户数(即 UV)是评估网站或 APP 受欢迎程度的关键指标。UV 的计算主要依赖于网站 Cookie 中的 ID 数量,一旦改变浏览器或清除 Cookie,其将被重新计为一个新的 UV。

在进行 UV 分析时,分析人员常常依据用户的不同属性进行深入探究。例如,通过分析用户所使用的操作系统,我们可以了解到不同设备访问者的分布状况。同时,我们还可以按照地域对 UV 进行细分,以便观察各地区的 UV 变化趋势。另外,借助 UV 的动态变化,我们还可以对日常访问者的行为模式进行监测与分析。当 UV 出现无明显缘由的急剧增加或减少时,我们可以通过深入挖掘用户画像的多个维度,探寻访问者的特性,从而精确地识别出问题所在。

3. 活跃用户数

活跃用户数是评估用户增长情况的常用指标,其衡量标准通常基于产品的具体使用情况来设定。当用户达到某个预设的使用标准时,即被视为活跃用户。例如,在资讯类产品中,若用户每日的使用时长超过 1.5 小时,便可将其认定为活跃用户。由于只有真正活跃的用户才能为产品带来更大的价值,因此,活跃用户数成为分析产品价值和运营状况的重要指标。在衡量活跃用户数时,常见的时间单位包括日、周、月,分别对应 DAU、WAU、MAU。其中,DAU 和 MAU 因其实用性和重要性而被更频繁地使用。

4. 流失用户数

流失用户数是指在特定时间段内未访问或未登录的用户数量,这一指标的确定需要依据具体标准。例如,对于微博平台,若用户一个月未登录,则可被视为流失用户;而对于电商网站,若用户在三个月或半年内未进行购买,则可被认定为流失用户。基于流失用户数,我们可以进一步计算出用户流失率,计算公式为:用户流失率=流失用户数/总用户数。

在业务分析中,用户流失率是一个重要的参考指标。例如,在评估产品市场状况时,我们需要综合考虑新用户占比和用户流失率。新用户占比体现了产品的市场推广效果，是评价市场部门工作绩效的关键指标；而用户流失率则反映了产品对用户的保持能力。因此，通过观察新用户占比，我们可以了解用户的"进入"情况；而通过观察用户流失率，我们可以掌握用户的"离开"情况。当新用户占比高于用户流失率时，表明产品正处于发展成长阶段；若新用户占比与用户流失率相当，意味着产品已进入成熟稳定期；而当新用户占比低于用户流失率时，则显示出产品可能正步入下滑衰退阶段。

5. 回访用户数

回访用户数是指那些先前流失但现在又重新访问的用户数量，这一指标对于评估企业重新吸引和留住用户的能力至关重要。例如，当企业举办旨在挽回老用户的促销活动时，回访用户数的多少就直接反映了这些活动的成效。具体而言，如果回访用户数显著增加，那么可以认为企业的挽回策略是有效的。需要明确的是，这里的回访用户特指那些曾经流失并在流失期间完全没有访问记录，但随后又重新访问的用户。为了更精确地衡量这一指标，可以通过计算回访用户率来进行分析，计算公式为：回访用户率=（回访用户数/流失用户数）×100%。这一指标有助于企业更直观地了解其挽回流失用户的效率。

6. 用户转化率

用户转化率衡量的是用户身份转变的比例，如从普通访问者转变为注册用户。这一比率是通过计算用户转化数量与总浏览量的比值得出的。转化行为通常发生在特定的页面，如注册成功、购买成功或下载成功页面。以注册用户转化率为例，它反映了通过广告、新闻等渠道吸引的用户中，最终完成注册的比例。例如，若有100位访客访问了网站，而仅有10位成功注册，则注册用户转化率为10%。

深入分析用户转化率，可以帮助企业了解网站或APP在各个关键环节的转化情况，从而制定更为精准的策略来提升用户转化率。

为了找到提升用户转化的最佳方案，企业常采用A/B测试的方法。这种方法是针对同一目标设计A、B两种方案，并让两组成分相似或相同的用户随机体验其中一种。通过对比观察结果，可以确定哪种方案更为有效。例如，某电商网站在注意到从购物车到验证付款环节用户流失较多后，推测大量"须知"类信息可能阻碍了潜在付费用户的转化。于是，他们通过A/B测试比较了保持原策略和减少非必要展示信息两种方案的效果。测试结果显示，后者确实显著提高了用户转化率。

7. 用户留存率

用户留存率是指在特定统计周期（如周或月）内，新增用户在之后的第N日仍然访问网站或APP的比例。这里的N通常取值为2、3、7、15、30，它们分别代表次日、第三日、一周、半个月和一个月的用户留存率。图8-5所示为某数据平台所统计的新用户留存率，图中"1天后"对应的是次日用户留存率，而颜色深浅则代表用户留存率的高低。从图中我们可以观察到，随着时间的推移，用户留存率普遍呈现下降趋势。

用户留存率是一个能够揭示网站、APP或网络游戏运营状况的关键指标。它不仅体现了用户的质量，还反映了企业在保留用户方面的能力。从本质上讲，用户留存率也是一种用户转化率，它展示了初期不稳定用户如何逐渐转变为活跃、稳定和忠诚用

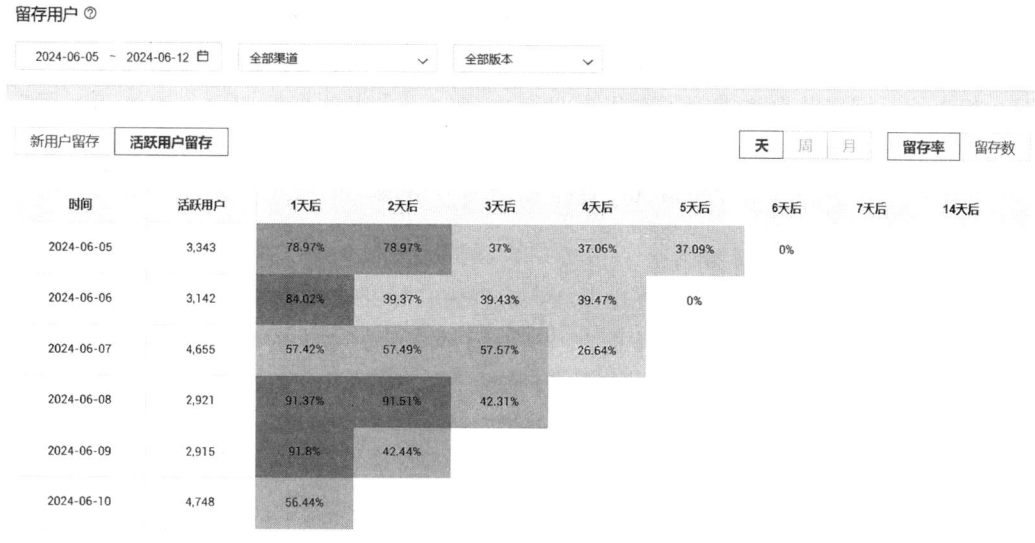

图 8-5 某数据平台所统计的新用户留存率

户的过程。通过追踪用户留存率的变化，我们可以清晰地看到用户在不同时期的行为和态度转变。在互联网时代，无论是网站还是 APP，无论是否付费，保持用户留存率都至关重要。

8. 用户复购率

用户复购率是指在特定的时间范围内，至少进行了两次购买的用户数量与总购买用户数量的比例。以某电商平台为例，若在过去 90 天内，共有 10 位用户进行了购买，其中 4 位用户购买了至少两次，那么该平台的用户复购率为 40%。

进一步细分复购率，我们可以将其分为会员复购率和新用户复购率。对于商家而言，会员的重复购买行为是其主要的利润来源之一。特别是付费会员，他们往往对品牌有着极高的忠诚度，并会持续进行购买，从而为商家提供稳定的收入和利润。值得注意的是，由于复购产生的收入无须再分摊新用户获取的成本，因此，复购率的提高将直接扩大商家的利润空间。

二、时长类指标

1. 使用时长

根据不同的统计维度，使用时长可细分为单次使用时长和日使用时长两种类型。单次使用时长是指用户在一次特定会话中使用网站或 APP 的持续时间。而日使用时长则是指在一天之内，用户对某个应用（无论是网站还是 APP）的总使用时长。要计算平均单次使用时长，我们可以采用以下公式：平均单次使用时长 = 日使用时长/该天内的总启动次数。值得注意的是，使用时长的统计仅涵盖应用在前台的活动时间，如用户进行浏览、搜索和使用等操作的时间。而应用在后台的运行时间，如用户关闭应用后程序仍在后台运行的时间，并不会被计入使用时长中。

2. 使用频率

使用频率是指用户在特定时间内打开应用的次数，其统计的时间范围通常包括日、周、月三个维度。日启动次数反映了在指定日期内，用户每天的应用启动次数分布情况。相应地，周启动次数描绘了在指定日期之前的一个完整自然周内，用户每周的应用启动次数分布情况。而月启动次数则展示了在指定日期之前的一个完整自然月内，用户每月的应用启动次数分布情况。这些数据为分析用户的使用习惯和应用的受欢迎程度提供了重要参考。

第三节 广告营销效果分析

一、广告投放效果分析

企业在广告投放上投入巨额预算，但其产生的营销效果究竟如何呢？如何基于广告投放的数据来调整和优化营销策略呢？在数字营销的时代背景下，互联网广告已经取得了显著的突破，其中最为引人注目的便是其效果的可量化性。这一特性使得我们能够更精确地评估广告效果，从而更有效地优化营销策略。

1. 广告效果评价指标

广告效果评价指标在广告主判断广告效果和优化策略中起着至关重要的作用。广告效果评价指标大致可以分为四类，即流量指标、互动指标、转化指标以及成本指标，如表 8-1 所示。

表 8-1 广告效果评价指标[①]

分类	指标	内涵
流量指标	曝光率	单位时间内的曝光次数
	点击率	网站或 APP 上某一内容被点击的次数与被曝光的次数之比
	PV	网站被用户访问的总次数
互动指标	跳出率	仅访问了单个页面就离开的访问量占全部访问量的百分比。它是反映网站访问质量的重要指标
	二跳率	用户点击广告到达着陆页面产生的首次点击被称为"二跳"，二跳次数即为"二跳量"。二跳量与广告到达量的比值即为"二跳率"。它是衡量外部流量质量的重要指标
	访问深度	用户在一次浏览网站过程中所浏览的页面数

---

① 华迎、马双：《大数据营销》，中国人民大学出版社，2022。

(续表)

分类		指标	内涵
转化指标	销售类转化指标	购买转化率	看到广告后完成购买的用户占广告浏览总人数之比
		ROI	ROI＝[（收入－成本）/投入]×100%
	应用类转化指标	下载量	用于分析活动推广的转化效果
		激活量	用于分析渠道价值能带来多少有效转化用户
		注册量	用于分析应用的用户转化效果
		用户留存率	经过一段时间后，仍然使用该网站或APP的用户比例
成本指标		CPM	广告每展现给一千个人所需花费的成本，是很多平台最主流的计费方式
		CPC	按照每次广告点击的价格计费。关键词广告一般采用这种定价模式，现在多运用在效果类广告上
		CPA	按照广告投放的实际效果计费。行动可包括下载、观看、注册、加入购物车等

在进行广告投放效果评估时，企业需要警惕"恶意点击"现象。这种行为通常表现为广告投放商为获取高额的广告佣金或流量采购费用，而恶意点击以增加其网站或平台的流量。此外，也有少数不法商家试图通过恶意点击来触发平台的处罚机制，以达到让竞争对手的商品下架的目的。

2. 品牌广告的效果评估

品牌广告的效果评估在行业内一直是一个具有挑战性的问题。其困难主要在于难以精确而有效地衡量特定品牌广告对销售增长的直接推动作用，目前的技术和方法仅能对广告触达受众的环节进行量化评估。另外，对于在触达的用户群体中忠诚用户的实际占比，尚无法准确了解。因此，在评估品牌广告的效果时，更多地聚焦于流量和互动指标。现阶段，对品牌广告效果的评估主要通过以下五种方式进行。

（1）按触达和曝光衡量

广告触达与曝光层面的效果评估相对直观，借助媒体数据监控即可轻松获取相关指标。这些指标包括广告曝光率、点击率、目标用户浓度以及目标群体指数（Target Group Index，TGI）。其中，目标用户浓度体现了广告触及目标用户的比重。其计算公式为：目标用户浓度＝曝光的目标用户数量/曝光用户总数量。也就是说，广告触达的目标用户数量越多，其效果自然更为显著。而TGI则揭示了目标群体在特定研究范畴内（如地理区位、人口统计学特征、媒体受众类别或产品用户群体等）的相对强弱程度。其计算公式为：TGI＝（目标群体中具有某一特征的群体所占比例/总体中具有相同特征的群体所占比例）×100。当TGI超过100时，表明广告投放精准，与目标群体高度吻合。

（2）按品牌声量衡量

品牌声量是指在特定时间段内，或因某事件、话题而引发的企业品牌被提及的频次，这也可视为品牌影响力的一种体现。企业对于品牌广告投放后的效果极为关注，尤其是品牌声量的提升情况。为了衡量这一点，企业通常会考察百度指数、搜狗指数、微博指数以及微信指数等重要指标。通过对比分析广告投放前后，品牌或产品相关关键词在搜索引擎中的查询次数变化，或者观察竞品关键词的搜索动态，企业可以评估其品牌广告是否成功吸引了更多用户的关注，进而提升了品牌声量。

（3）按用户态度变化衡量

该指标主要通过在线问卷调查或对用户评论进行情感分析来收集数据。问卷设计需要根据特定品牌广告的特点进行定制，通常涵盖品牌知名度、品牌形象、用户喜好、购买意愿以及品牌偏好等方面的问题。此外，借助机器学习技术，我们可以从用户评论中挖掘出他们对品牌的倾向性、推荐意向和满意度等关键信息。

（4）按全网行为路径衡量

利用网络爬虫等先进技术手段，我们可以抓取网络上关于品牌或产品的各类数据，如用户评论、转发信息和搜索记录等，以此作为评估品牌活动效果的重要依据。具体来说，我们可以重点追踪网站或 APP 的相关指标，深入分析广告投放前后，网站或 APP 的阅读量、评论数、转发量以及搜索量等关键指标的变化情况。同时，我们也可以将这些数据与竞争对手进行横向对比，从而更全面地评估品牌广告的实际投放效果。

（5）按企业官网流量和企业电话数量衡量

该方法所需数据主要依托内部监控系统获取。通过对比品牌广告投放前后，官方网站自然流量数据的变化，或者企业接收到电话数量的变化，我们可以评估企业是否被更多的用户知晓。这种方式的核心在于，通过观察这些关键指标的变化趋势，我们可以对品牌广告的效果进行科学评判。

3. 效果广告的效果评估

效果广告与销售之间的转化链条相对明晰，因此，从用户接触广告到最终实现销售转化的每一步，我们都可以进行精确的量化评估。相较于品牌广告，效果广告的投放效果更容易衡量。

如图 8-6 所示，企业可以借助漏斗转化模型来深入剖析效果广告的效果。此模型以直观的方式展示了广告从"曝光"到"点击"，再到"访问"和"转化"，最终产生"收益"的完整流程。通过这个模型，我们可以根据广告从曝光到最终产生收益的各个阶段和环节，对效果广告进行全面的评估。此外，通过观察不同阶段数据的变化，我们能够准确地识别出广告投放过程中当前存在的问题，以及问题发生的环节，从而迅速进行问题归因，并据此调整策略。从广告主的角度来看，这样的模型不仅展现了用户从接触广告到最终购买的完整转化路径，还使得企业能够对比不同广告投放渠道的效果，进而细致分析用户在每一个转化环节的表现。

第八章 评估数字化效果

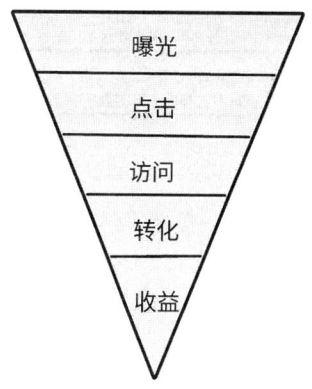

图 8-6 效果广告的漏斗转化模型

在效果广告的运营过程中，企业首要关注的是广告的曝光量，即广告能够触达多少潜在用户。这不仅是广告投放的第一步，更是衡量广告覆盖面和初步影响力的关键指标。接下来，企业会进一步关注点击量和访问量，这反映了广告对目标用户的吸引力以及用户参与度的提升情况。

然而，效果广告的最终目标在于实现销售转化，增加销售业绩。因此，企业最为关注的还是广告所带来的用户购买率和 ROI，这些指标直接关系到广告的实际效益。

除了上述核心指标外，考虑到企业业务的多样性和复杂性，广告主还需要综合考虑其他一系列关键指标，例如广告投放带来的新用户规模、新用户的购买转化率，以及新用户转化成本等。特别是新用户转化成本，这一指标能够直接体现广告主的预算效率，因为新用户转化成本越低，意味着广告主在获取新用户时能节省的预算成本越多，从而提升整体广告效果。

二、广告效果数据监测

在深入探讨广告投放效果时，对广告进行实时监测并追踪用户行为至关重要。广告监测的核心目的在于收集广告投放效果数据，并通过对数据的持续监测，为网站或APP 的精细化运营提供决策支持。如图 8-7 所示，移动广告监测揭示了各参与方之间的关系，展现了企业如何实施广告监测的完整流程。

广告监测的参与方通常包括广告主（企业）、第三方监测平台、广告投放平台（DSP）以及用户（媒体 APP）。为了确保监测的全面性和准确性，许多企业在投放广告时会选择使用第三方监测服务。通过与 SDK 的集成，广告主可以轻松地将广告数据与第三方监测平台对接。

选择第三方监测平台的优势在于，其已与众多广告投放平台建立了合作关系。一旦广告主与第三方监测平台建立连接，就能便捷地监测和分析来自多个广告投放平台的数据，从而更全面地了解广告投放的实际效果，并据此做出更为精准的运营决策。

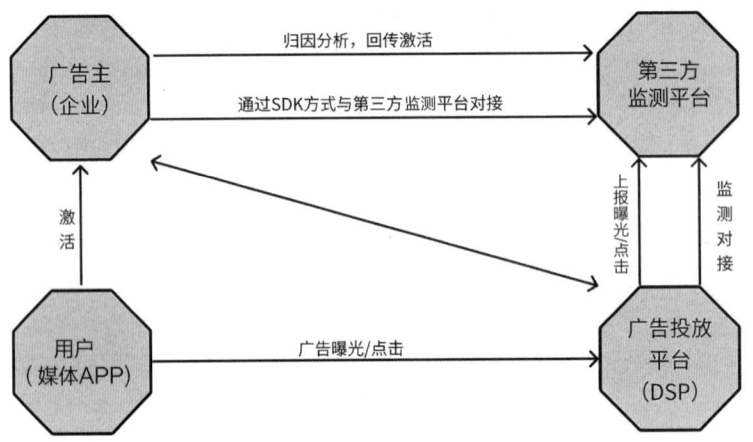

图 8-7 移动广告监测参与方之间的关系

一些大型企业，如腾讯和网易，拥有自己的监测系统和平台，它们通过服务器对服务器的方式直接与广告投放平台进行数据对接，不需要第三方监测平台的介入。然而，对于许多中小企业而言，它们更倾向于与第三方监测平台合作，以获取关键的监测数据及其深入分析。

这些第三方监测平台，如友盟+、GrowingIO、神策数据和艾瑞等，通常与主流广告投放平台（如百度、微博等）建立连接。广告投放平台会接受这些第三方监测平台的监督，并将关键的投放数据，如曝光量和点击量，上传至这些平台。利用这些第三方监测平台，企业可以对广告投放效果进行深入剖析，从而更好地理解广告活动的成效。

第四节 营销运营效果分析

一、个性化产品运营效果分析

1. 个性化产品运营指标

在当前的产品运营实践中，我们通常关注的指标可以归为两大类，即场景转化效果指标和内容消费满意度指标。场景转化效果指标的核心在于衡量企业成功引导用户从一种场景转移到预设的目标场景的能力，这主要通过一系列详细的量化指标来体现。例如，页面点击率能反映用户对页面上特定内容的兴趣和互动程度；曝光点击率揭示了广告或内容在被用户看到后，吸引用户点击的比例；人均点击次数可以反映出用户对产品的整体活跃度和黏性。

而内容消费满意度指标则更多地从用户的角度出发，评估和量化他们对产品内容的接受程度和满意度。例如，停留时长可以直观地反映出用户对内容的吸引程度和黏性；播放完成率体现了用户对视频或音频内容的接受度和满意度，如果用户能够完整地看完或听完一个内容，那么通常意味着这个内容对用户有较高的吸引力。个性化产品运营指标如表8-2所示。

表8-2 个性化产品运营指标

维度	指标	解释
场景转化效果指标	页面点击率	计算用户每次进入页面的点击情况
	曝光点击率	适合支持上拉/下拉翻页的产品
	人均点击次数	表示页面的访问深度
内容消费满意度指标	停留时长	适用于内容消费型产品
	播放完成率	适用于视频/音频类产品

2. 个性化推荐质量评估

对于企业来说,平台所提供的优质个性化推荐服务是提升用户转化率的一项重要工具。在评估个性化推荐的质量时,我们可以从三个主要维度进行深入考量:首先是用户体验,这关乎用户对于推荐内容的接受度和满意度;其次是企业效益,即推荐系统为企业带来的实际收益和转化效率;最后是算法质量,它反映了推荐算法在准确性、效率和稳定性等方面的表现。通过这三个方面的综合评估,我们可以更全面地了解个性化推荐系统的实际效果和价值。

(1)用户体验

评判个性化推荐质量的一个重要标准是其推荐结果是否能够为用户带来优质的体验。为此,我们可以参考谷歌提出的 HEART 模型,这是一个全面而系统的用户体验评价标准。HEART 模型涵盖了愉悦度(Happiness)、参与度(Engagement)、接受度(Adoption)、留存度(Retention)和任务完成度(Task Success)五大维度,每个维度都有其独特的意义和相应的可衡量指标。HEART 模型的含义及可衡量标准如表8-3所示,它们共同构成了一个全面评价用户体验的框架,有助于我们深入理解和优化个性化推荐的效果。

表8-3 HEART 模型的含义及可衡量指标

维度	含义	可衡量指标
愉悦度	衡量产品/功能是否符合用户心意	有用性、易用性、视觉美观性以及用户的推荐意愿等
参与度	衡量用户对产品/功能的专注程度以及忠诚程度	使用频次、DAU、WAU、MAU 等
接受度	衡量产品/功能被用户熟悉所需的时间	新用户占比、客流量、退出率等
留存度	衡量用户的留存情况	次日留存率、7日留存率、30日留存率等
任务完成度	衡量产品/功能中核心任务的完成情况	完成时间、操作错误率等

在 HEART 模型中,愉悦度作为用户体验的一个直观评价要素,主要通过评估产品/功能的有用性、易用性、视觉美观性以及用户的推荐意愿来衡量。为了收集这些数

据,我们常采用调查问卷和产品评分的方式。

参与度反映了用户对产品/功能的专注程度和忠诚程度,具体体现在用户是否已养成稳定的使用习惯。衡量参与度的指标包括使用频次、DAU、WAU 以及 MAU 等,这些数据的采集主要依赖数据监测平台。

接受度关注的是用户熟悉产品/功能所需的时间,相关的衡量指标包括新用户占比、客流量和退出率等。

留存度则是通过观察在不同时间间隔后用户的留存情况,来绘制用户随时间留存(或流失)的曲线。

任务完成度是衡量产品/功能中核心任务完成效率的标准,若流程过于复杂冗长,可能导致用户中途放弃。因此,任务完成度的主要评价指标包括完成时间和操作错误率等。

(2) 企业效益

推荐系统的应用能否为企业带来正面效益同样是评判个性化推荐质量的重要标准。这一点较容易理解,故不在此详细展开。

(3) 算法质量

为了评估个性化推荐的有效性,企业不仅需要关注用户体验,还需要考量算法的运行质量。这可以通过预测准确率、覆盖率、多样性和新颖性四个主要维度来进行评估。

预测准确率是衡量推荐系统能否精准预测用户喜好的关键指标,它具体涵盖了评级准确性、使用准确性以及排名准确性。覆盖率是指推荐系统所推荐的商品数量占商品总数的比例,反映了系统的推荐范围。多样性关注的是推荐系统提供的内容是否过于单一,即是否存在同质化问题。而新颖性则考量的是系统为用户推荐其未曾接触过的产品的能力。

二、动态定价效果评估

评估动态定价系统的效果是企业持续应用与优化产品动态定价策略的重要一环。常用的评估指标主要分为用户、市场和收入三方面,这些指标用于对比分析动态定价系统应用前后的变化,以及动态定价系统输出不同价格时的表现。用户方面主要关注获取、激活和留存,也就是购买产品的新用户数量、活跃用户数量以及老用户数量;市场方面主要关注产品在同类型产品中所占的市场份额;收入方面则主要关注产品的总交易量、销售收入以及净利润等指标。

三、传播效果评估

现今,大多数产品都会内置分享功能,尤其对于内容型平台或依赖传播推动增长的产品而言,衡量其传播效果显得尤为关键。在评估传播效果时,我们主要关注两大核心指标,即 K 因子和传播周期。这两个指标能够为我们提供关于产品传播效率和持久性的重要信息,从而帮助我们更好地优化传播策略,提升产品的市场影响力。

1. K因子

K因子是衡量传播覆盖面的一项重要指标，其计算公式为：K因子＝感染率×转化率。在此公式中，感染率反映了用户向他人推广产品的程度，具体表现为每个用户向其朋友发出的邀请数量，如发送邀请邮件或进行口碑推荐等。而转化率则是指接收到邀请的人成为新用户的比例。简而言之，当K因子为1时，意味着平均每个用户能吸引一个新用户；若K因子超过1，则表明每位用户至少能带动一个新用户，从而使得用户数量如滚雪球般持续增长，最终实现产品的自我传播。

在数字化营销的时代背景下，那些凭借病毒式营销实现迅猛增长的互联网产品，其K因子通常都远大于1。以拼多多为例，在其初创阶段，一个用户甚至能吸引多达20个新用户，这充分展示了病毒式营销的巨大潜力。

2. 传播周期

传播周期是指用户从接收到传播信息到最终转化为新用户所需的时间跨度。一般而言，传播周期越短，表明用户裂变传播的效率越高，效果也越好。然而，在进行传播效果分析时，许多营销人员常常会忽视传播周期这一关键因素。例如，如果两个传播活动的K因子都是20，但传播周期分别为1天和30天，那么它们的传播速度将存在显著的差异。显然，传播周期较短的活动能够更快地吸引新用户，从而实现更迅速的用户增长。

四、营销渠道归因分析与效果评估

1. 归因分析

（1）归因分析的概念

归因分析的核心任务是确定各种营销渠道对最终销售成果的贡献度。简而言之，它能够帮助营销人员明确哪些渠道对商品销售的促成起到了关键作用，以及各渠道的具体贡献有多大。在数字化广告领域，归因分析涉及通过各种营销传播渠道（如视频广告、推荐广告、搜索广告等）的接触点对用户进行追踪和评估。企业可以借助归因分析来量化广告的转化效果，识别出哪些渠道对营销成果产生了积极影响，并了解不同渠道的贡献程度。这样的分析结果为商品运营提供了有力指导。例如，企业可以将主打商品更多地投放到那些成单贡献度高的渠道，从而增加曝光率，进一步提升转化率。

（2）归因模型

企业在投放营销广告后，为了评估投放效果，需要对各投放渠道进行投入回报分析。这包括判断哪个渠道的转化率最高，以及哪个渠道的获客成本最低。为了深入分析渠道效果，企业通常会采用归因模型。常见的归因模型如表8-4所示，包括最终互动归因模型、首次互动归因模型、线性分摊归因模型、基于位置的归因模型、时间衰减归因模型以及数据驱动归因模型。这些模型基于不同的视角和方法来评估各渠道在营销过程中的贡献，从而帮助企业优化广告投放策略，提高营销效率。

表 8-4 常见的归因模型

模型	描述	应用场景
最终互动归因模型	转化价值全部归功于用户转化之前与之互动的最后一个渠道	转化路径少、周期短的场景（如活动促销等），衡量广告渠道对最终转化的吸引力
首次互动归因模型	转化价值全部归功于用户转化之前与之互动的第一个渠道	拉新场景（如新品推广、新客拓展等），关注能给品牌带来用户的最初渠道，衡量广告渠道对用户的最初认知影响
线性分摊归因模型	转化价值平均分配给用户转化前路径中的每个渠道	期望在整个购买周期内维持与用户的联系，并认为每个渠道起到相同促进作用的场景
基于位置的归因模型	转化价值根据所配置的位置比例分配给不同的渠道	有明确转化角色贡献分配的场景，例如认为首尾渠道贡献最大
时间衰减归因模型	转化价值倾向于分配给用户转化前最接近转化时间的渠道	评估决策周期较短的场景，如促销场景
数据驱动归因模型	通过算法计算不同渠道对转化价值的贡献权重	在复杂渠道场景下，考虑多种因素来评价渠道贡献，从而进行精细化的预算分配

（3）归因对比分析

归因对比分析主要是对不同归因模型的效果进行对照研究，其核心目标是评估各渠道的投入产出效率是否符合预期设定。通过与最终互动归因模型的比较，我们可以深入探究渠道价值是否被市场低估，并据此对预算分配或广告投放方式进行相应调整。在明确的营销目标指导下，广告主能够更有针对性地选择合适的归因模型，以此来准确评估各渠道的投入与产出比例是否符合预期。

例如，在大型促销活动期间，若营销的主要目标是推动直接销售，那么最终互动归因模型将是一个理想的选择。而当营销的重心转向提升目标群体中的品牌知名度时，首次互动归因模型则更为适用。若营销旨在维护用户关系和保持持续互动，那么可以考虑采用线性分摊归因模型。

2. 渠道效果评估

渠道效果评估的核心在于比较各渠道在相同投入下的产出效果。在进行渠道效果评估时，我们主要从流量转化和投入产出两个维度来设定评价指标。从流量转化的角度来看，营销人员需要具体量化每个渠道所带来的价值，并进一步对比不同渠道在实现目标转化方面的质量差异。为了衡量渠道流量转化的质量，我们主要关注几个关键指标，包括各渠道的曝光率、点击率以及转化率。而在分析营销投入回报时，我们在转化质量分析的基础上引入渠道营销成本，从而得出各流量渠道的投入产出分析结果。这样的分析结果为营销人员在预算分配方面提供了有力的指导。相关指标包括以下几种。

（1）渠道的 ROI

该指标的计算公式为：渠道的 ROI ＝ 一段周期内渠道带来的成交转化金额/渠道成本。

（2）渠道的平均转化成本

该指标的计算公式为：渠道的平均转化成本＝一段周期内的广告成本/转化量。

(3) 渠道的人均转化成本

该指标的计算公式为：渠道的人均转化成本＝一段时期内的广告成本/转化人数。

第五节　品牌资产效果分析

一、品牌资产的度量指标

品牌资产也称为品牌权益或品牌资产权益，是指与品牌、品牌名称和标志等相关的，能够增加或减少企业所销售产品或服务价值的一系列资产与负债。品牌资产具体由品牌知名度、品牌认知度、品牌美誉度、品牌忠诚度以及附着在品牌上的其他资产（如专利、商标、渠道关系等）五个部分组成。这些指标有助于我们更全面地了解品牌在市场上的表现和影响力。

1. 品牌知名度

品牌知名度是指消费者对品牌的知晓程度。这一指标通常通过市场调查来衡量，如问卷调查、消费者访谈等。知名度高的品牌往往能够在消费者心中占据更有利的位置，从而提高市场份额。为了提高品牌知名度，企业通常会通过广告宣传、公关活动、社交媒体营销等手段来增强品牌在目标受众中的曝光度。

2. 品牌认知度

品牌认知度反映了消费者对品牌及其所代表的产品或服务的了解和认识。这包括消费者对品牌的质量、性能、特点等方面的认知。企业可以通过提供优质的产品和服务，以及通过有效的营销活动来塑造和提升品牌认知度。例如，通过举办产品发布会、参加行业展览、发布有价值的内容等方式，向消费者传递品牌的独特价值和优势。

3. 品牌美誉度

品牌美誉度体现了消费者对品牌的喜爱和信任程度。一个拥有高美誉度的品牌，往往能够获得消费者的忠诚和口碑传播。为了提升品牌美誉度，企业需要关注产品和服务的质量，及时回应消费者的反馈和投诉，并积极履行社会责任，树立良好的企业形象。

4. 品牌忠诚度

品牌忠诚度是指消费者对某一品牌持续购买和使用的意愿和行为。忠诚度高的品牌能够抵御市场竞争，保持稳定的销售额和市场份额。为了培养品牌忠诚度，企业需要提供一致且高质量的产品和服务，同时建立与消费者的情感联系，如通过会员计划、积分奖励等方式增强消费者的归属感和忠诚度。

5. 附着在品牌上的其他资产

这些资产包括专利、商标、渠道关系等，它们为品牌提供了独特的竞争优势和市场地位。企业需要妥善保护和管理这些资产，以确保品牌的长期稳定发展。

综上所述，企业需要综合运用市场营销策略，不断优化这些指标，从而提升品牌的市场竞争力和价值。

二、品牌资产的评估

品牌资产作为企业的重要资产,其评估工作对于企业的战略规划和市场决策具有重要意义。品牌资产评估是一个多维度的过程,旨在全面了解品牌的实力、价值以及潜在的增长机会。

1. 财务价值评估

在评估品牌资产的财务价值时,通常采用的方法包括成本法、市场法和收益法等。成本法主要是通过计算品牌在创建和维护过程中所投入的成本来估算其价值。市场法是通过比较类似品牌在市场上的交易价格来推断目标品牌的价值。而收益法则是基于品牌未来可能带来的超额收益来预测其价值。这些方法各有优缺点,需要综合使用以确保评估的准确性。

除了上述方法,财务价值评估还可以引入更先进的财务模型,如品牌价值评估模型,该模型综合考虑了品牌的现金流、增长率、风险等因素,能够为品牌提供更为精确的财务价值评估。此外,对于上市公司,其品牌价值也可以通过观察和分析其股价表现来间接评估。

2. 市场影响力评估

品牌的市场影响力是评估品牌资产的重要指标。这包括品牌的市场份额、市场渗透率、消费者满意度和忠诚度等指标。通过分析这些指标,可以了解品牌在市场上的地位和竞争力,进而为企业的市场策略提供参考。

在评估市场影响力时,除了市场份额和市场渗透率,还可以考虑品牌的社交媒体影响力、搜索引擎排名以及行业内的权威排名等。例如,通过分析品牌在各大社交媒体平台上的"粉丝"数量、互动率以及传播范围,可以更为直观地了解品牌在消费者群体中的影响力和话题度。

3. 消费者忠诚度评估

消费者忠诚度是品牌资产评估中的关键因素。忠诚的消费者群体是品牌持续发展和保持竞争优势的基础。通过调查和分析消费者对品牌的购买频率、购买金额、口碑传播等行为,可以评估消费者对品牌的忠诚度和满意度。

此外,还可以通过消费者调查来了解消费者对品牌的情感联系和认同感。例如,设计问卷调查或进行深度访谈,探索消费者对品牌的信任度、满意度以及推荐意愿等,从而更深入地了解消费者对品牌的忠诚度和品牌形象的认知。

4. 品牌形象与声誉评估

品牌形象是指消费者对品牌的整体印象和感知,而品牌声誉则涉及品牌在消费者心目中的信誉和口碑。在评估品牌形象与声誉时,可以通过市场调研、消费者反馈以及媒体报道等多方面的信息来综合分析。一个积极、正面的品牌形象和声誉能够增强消费者的信任感,进而提升品牌的市场竞争力。

5. 创新能力与市场适应性评估

在快速变化的市场环境中,品牌的创新能力和市场适应性尤为重要。在评估时,可以考察品牌在产品研发、市场推广以及服务创新等方面的表现。一个能够紧跟市场趋势、不断推陈出新的品牌，往往能够获得更多的市场机会和消费者认可。

6. 法律保护与风险管理评估

品牌资产的法律保护和风险管理也是评估的重要环节。这包括商标注册、版权保护以及应对侵权行为的策略等。同时，还需要评估品牌在面临市场风险、竞争风险以及舆情风险时的应对能力和预案。一个具备完善法律保护体系和风险管理机制的品牌，能够更好地维护自身的合法权益和市场地位。

综上所述，品牌资产评估是一个复杂而细致的过程，需要企业投入足够的资源和精力。通过科学的评估方法和体系，企业可以更准确地了解品牌的价值和潜力，为其制定市场策略提供有力支持。同时，品牌资产评估也是企业与投资者、合作伙伴进行沟通和合作的重要依据，有助于提升企业的整体竞争力和市场地位。

此外，随着市场环境的变化和消费者需求的升级，品牌资产评估也需要与时俱进。企业应定期更新评估方法和标准，以适应新的市场趋势和竞争格局。同时，企业还应加强与其他行业和领域的交流合作，借鉴先进的品牌管理经验和营销策略，不断提升品牌的市场竞争力和影响力。

案例分析

胡姬花 2023 年春节电商整合营销

胡姬花品牌凭借其深厚的文化底蕴与创新产品，在 2023 年春节期间的京东超级品牌日活动中大放异彩，成功吸引了广大消费者的关注，尤其是年轻消费群体的青睐。

胡姬花通过精准的市场定位与创新的营销策略，实现了显著的销售增长。在 2023 年京东超级品牌日活动期间，胡姬花花生油线上全渠道销售额同比增长了 120%，达到了惊人的 3000 万元。其中，京东平台的销售目标达成率为 105%，天猫平台的销售目标达成率为 102%，抖音平台的销售目标达成率超过了 108%。这一系列数据充分展现了胡姬花在电商整合营销方面的强大市场号召力及整体营销活动的巨大成功。

胡姬花的营销策略精准锁定了年轻职场人群，特别是注重生活品质与健康的消费者。活动期间，胡姬花通过抖音、小红书等平台发布的创意短视频的总曝光量超过了 5 亿次。消费者的评论与分享十分积极，正面评价占比高达 88%，表明营销活动有效吸引了高质量消费者的关注与参与。

胡姬花的广告营销策略以内容为核心，携手知名美食博主和明星打造的短视频系列在抖音平台上的播放量突破了 8000 万次，点赞量超过了 400 万。利用明星效应与 KOL 推广，胡姬花的广告点击率较平时提升了 25%，转化率也显著上升，达到了 4.5%。这些数据证明了胡姬花广告内容的吸引力和传播力，有效提升了品牌曝光度与产品认知度。

此次营销活动不仅促进了产品销售，更重要的是强化了胡姬花品牌的年轻化、健康化形象。根据活动后的市场调研数据，胡姬花品牌的知名度、美誉度及忠诚度均得到了显著提升。消费者对品牌的认知从"传统花生油品牌"向"年轻、健康、高品质的现代生活方式品牌"转变。此外,胡姬花通过引入数字互动元素,使品牌社交媒体互动量增长了18%,进一步拉近了与年轻消费者的距离,增强了品牌的时代感和亲和力。

 思考题

1. 什么是营销效果评估?它的重要性体现在哪些方面?
2. 用户质量分析主要包括哪些指标?这些指标如何反映用户价值?
3. 个性化产品运营指标包括哪些?它们对提升用户体验有何意义?
4. 归因分析在营销运营效果分析中扮演什么角色?
5. 品牌资产效果分析包括哪些内容?为什么它对品牌建设至关重要?

第三篇

工具篇

第九章 社会化媒体营销

学习目标

1. 了解社会化媒体的定义和分类。
2. 掌握微博营销的价值分析和策略分析。
3. 掌握微信营销的价值分析和策略分析。

案例引入

白象"汤好喝"方便面:"那些熬过才懂的事"话题互动营销

2022年,在微博这一充满活力的社交媒体平台上,白象"汤好喝"方便面通过精准的话题策划与用户互动,成功实施了一场引人注目的营销活动。

白象"汤好喝"方便面深刻洞察到当下年轻人普遍面临的生活压力与挑战,以"那些熬过才懂的事"为话题,发起了一场互动营销,旨在鼓励用户分享自己"熬过"艰难时刻的经历与感悟。通过情感共鸣的方式,品牌试图与用户建立深层次的连接,让用户在分享中找到共鸣,从而更加认同和喜爱品牌。

活动启动后,迅速在微博上引发了广泛关注。据不完全统计,该话题的阅读量在短时间内就突破了5600万次,讨论量更是达到了数百万级别。这一数据充分证明了话题的吸引力和用户的参与度。大量微博用户被话题所吸引,纷纷留言分享自己的故事。这些故事涵盖了职场挫折、学业压力、人际关系等多个方面,每一个故事都充满了真实与情感,展现了年轻人在成长道路上的不易与坚持。用户的积极参与不仅丰富了话题内容,还为品牌带来了宝贵的口碑传播。

随着话题热度的不断攀升,白象"汤好喝"方便面的品牌曝光量也显著增加。品牌名称与"熬过""成长"等关键词紧密联系在一起,形成了独特的品牌形象。这种深层次的情感连接使得用户对品牌的认知度和好感度都显著提升,为品牌的长期发展奠定了坚实基础。

除了品牌曝光度与认知度的提升外,活动还直接带动了白象"汤好喝"方便面的销量增长。许多用户在分享故事的同时,也自发地提及和推荐了这款产品,形成了良好的口碑传播效应。据统计,活动期间品牌的销量较平时增长了约30%,这无疑是对营销活动最直接的肯定。

第一节 社会化媒体营销

一、社会化媒体的概述

作为 Web 2.0 时代的产物,社会化媒体极大地改变了人们的沟通与交流方式。它强调人与人之间的联系,使每个人都成为信息的传播者和接受者。社会化媒体具有参与性、公开性、交流性、社区化和连通性等特点,使得信息传播更加迅速、广泛和深入。

常见的社会化媒体工具包括微博、微信、社交网络服务平台等,它们不仅提供了丰富的信息资源,也为人们提供了表达自我、分享生活的平台。随着智能手机的普及和移动互联网的发展,社会化媒体已成为人们日常生活中不可或缺的一部分。

对于企业而言,社会化媒体也是重要的营销和推广渠道。通过精心策划的社会化媒体活动,企业可以有效地提升品牌知名度和影响力,加强与消费者的互动和联系。

二、社会化媒体的分类

1. 互动媒体分享平台

此类平台允许用户分享照片、短视频,甚至直播等多媒体内容,它们具备各种独特的交互能力。在此类平台中,优质的内容和故事能够让品牌及广告主与他们的关注者产生良好的化学反应,实现理想的市场营销效果。典型平台如红人营销平台、微播易、小红书、微博等。

2. 用户点评平台

在传统营销场景中,用户的声音分散且难以汇聚,而此类平台则提供了一个集中反映用户声音的场所。此类平台最大的特点是"评论",它们以用户评论为基础,为其他用户提供决策指导。这其实非常符合人们的生活习惯,因为在日常生活中,人们遇到事情时往往希望听听他人的意见,尤其是其他用户的看法在很大程度上会影响自己的判断。典型平台如大众点评、饿了么、豆瓣、美团、口碑等。

3. 内容社区平台

此类平台用于分发、查找、共享和讨论不同类型的信息、观点和新闻,是专业人士、专家和爱好者就各个领域进行讨论和提问的场所。除了分享信息和了解答案外,这些平台在广告方面也非常有影响力,形成了独特的传播触点。典型平台如小红书、微博、知乎、脉脉等。

4. 即时通信社交网络平台

纯粹的即时通信(Instant Messaging,IM)软件是通过网络进行实时通信的系统,允许两人或多人使用网络即时传递文字消息、文件、语音与视频。随着 IM 类应用的横向扩展,更多的社交触点及社交场景基于 IM 的底层能力衍生出来,并扎根于各个垂直领域。

经过多年的发展和市场培育，用户对社会化媒体已经形成高度依赖，其渗透率接近100%，用户使用时长也极高。例如，微信常年占据用户使用时长的市场领先地位。考虑到大部分的数字媒介都带有社交功能，在分类时，我们将部分带有社交属性，但是核心优势不在此的数字媒介（如抖音、快手）归类到其他赛道，只保留市场认知的"强社交"平台。

三、社会化媒体营销的要点

1. 充分利用免费模式的力量

在社会化媒体营销中，免费模式是一种极具价值的策略。通过提供免费的产品试用、咨询或者服务，可以吸引大量潜在用户的关注和参与。同时，结合用户分享、转发等互动行为，可以进一步扩大品牌影响力。巧妙运用这种零成本的推广方式，能够在短时间内显著提升品牌知名度和市场占有率。

2. 与 KOL 紧密合作

KOL 在社会化媒体上具有极高的影响力和话语权。与他们建立紧密的合作关系，邀请他们体验和推荐品牌或产品，能够迅速提升品牌信誉。此外，鼓励 KOL 为品牌创作有价值的内容，如评测、教程等，不仅能吸引更多潜在用户，还能深化用户对品牌的认知和信任。

3. 精心打造优质内容

内容是社会化媒体营销的核心。要创作出引人入胜、有价值的内容，首先要深入了解目标受众的需求和兴趣点。结合时事热点、行业趋势，运用故事化、视觉化的手法，打造出既有趣味性又有深度的内容。同时，保持更新频率，让用户在持续关注中感受到品牌的活力和创新。

4. 深度洞察与把握用户情感

在社会化媒体营销中，情感连接是建立品牌忠诚度的关键。要密切关注用户的反馈和情感变化，及时调整策略以满足他们的期望。通过积极回应负面评论、感谢正面评价，展现出品牌的诚信与关怀。同时，利用用户情感中的积极因素，如归属感、认同感等，来强化品牌或产品的吸引力，让用户真正爱上品牌。

第二节 微博营销

微博凭借其独特性吸引了众多的注册用户，成为近年来社会化媒体中使用率较高的社会化媒体之一，因此微博营销也成为众多企业选择的一种社会化媒体营销方式。2011年，新浪、腾讯、网易等各大门户网站都将微博提升到重要的战略位置，中国最大的微博营销平台"微传播"网随之兴起。

虽然微博在国内快速发展，但许多企业只是单纯地通过发布企业品牌和各种活动的信息来聚拢品牌用户，在盈利模式方面的应用则较少。不可否认的是，这一快速及时且拥有众多用户的网络服务为企业带来了巨大的营销价值：微博上真实的声音可以帮助企业迅速掌握用户心理，了解用户对产品的感受，获取市场动态。微博为希望被关注的人或企业提供了一种新型表达方式。一些商业嗅觉敏锐的媒体、公司、机构，如新华社、比亚迪、华为等，都注册了微博，并通过微博运营拥有了一大批"粉丝"。对于企业而言，微博既是整合营销传播的天然平台，又是病毒式营销的理想工具，还是管理用户关系的最佳助手。

一、微博营销的概念

微博营销是指通过微博平台为企业或个人创造价值而实施的一种营销方式，也是指企业或个人通过微博平台发现并满足用户的各类需求的商业行为方式。微博营销以微博作为营销平台，每位用户都是潜在的营销对象，企业可以在微博平台上向用户传播企业信息和产品信息，以此树立良好的企业形象和产品形象。

二、微博营销的特点

作为数字化时代的一种新型营销方式，微博营销已经逐渐被众多企业所采纳，并展现出独特的优势和特点。企业只需要在微博平台上实名注册一个账号，及时更新发布信息，就可以快速地在网络上建立起企业的品牌形象，准确有效地将企业的各种信息传达给潜在用户。企业在利用微博营销时需要把握好微博营销的特点，以便更好地达到宣传推广产品和品牌的目的。

1. 用户互动性强

作为一个社交媒体平台，微博最显著的特点之一就是用户之间的高度互动性。在微博营销中，企业不仅可以通过发布有趣、有价值的内容来吸引用户的关注，还可以通过评论、转发、点赞等方式与用户进行实时互动。这种互动性不仅有助于增强用户对品牌的认知和信任感，还能让企业及时获取用户的反馈和建议，从而更好地调整营销策略，满足用户需求。

此外，微博还提供了话题、问答等互动功能，使得企业可以更加深入地与用户进行交流和互动，进一步提升用户黏性和忠诚度。

2. 内容形式多样化

微博支持文本、图片、视频、直播等多种形式的内容发布，为企业提供了丰富的营销手段。企业可以根据自身的品牌特点和营销目标，选择适合的内容形式进行发布。例如，通过发布精美的产品图片和短视频来展示产品的特点和优势；或者通过直播的形式与用户进行实时互动，解答用户的疑问和困惑。

这种多样化的内容形式不仅有助于提升用户的阅读体验和参与度，还能让企业以更加直观、生动的方式展现自己的品牌形象和产品特点，从而增加用户的关注和购买意愿。

3. 传播速度快且广泛

微博的信息传播速度非常快，一条有趣或有价值的微博可以在极短的时间内通过用户的转发和分享被大量传播。这种快速且广泛的传播特点使得微博成为企业进行品牌推广和产品宣传的重要平台。通过精心策划和发布有价值的内容，企业可以借助微博的力量迅速扩大品牌知名度和影响力。

同时，微博的用户基础庞大且活跃度高，企业通过微博营销可以接触到大量的潜在用户和目标受众，为业务拓展和销售增长提供有力支持。

4. 营销成本低

相比传统的广告宣传方式，如电视广告、报纸广告等，微博营销的成本相对较低。企业可以以较小的预算在微博上实现显著的营销效果。通过精准定位目标受众、发布有价值的内容，以及与用户进行互动等方式，企业可以在微博上获得良好的品牌曝光度和用户参与度，从而有效地提升销售业绩和市场份额。

此外，微博还提供了广告投放和数据分析工具等增值服务，帮助企业更加精准地进行广告投放和效果跟踪分析，进一步提高营销效率和 ROI。

5. 精准定位受众

微博拥有庞大的用户数据和先进的算法技术，可以为企业提供精准的用户画像和定位服务。通过分析用户的兴趣、行为和偏好等数据，企业可以更加准确地找到目标受众并进行有针对性的营销活动。这种精准定位不仅可以提高营销效果和 ROI，还能让企业更加深入地了解用户需求和市场趋势，为产品研发和业务拓展提供有益参考。

三、微博营销的价值分析

1. 品牌推广

微博营销的首要价值在于其强大的品牌推广能力。通过微博这一社交媒体平台，企业可以迅速而广泛地传播品牌信息，扩大品牌知名度和影响力。微博用户基数大、活跃度高，一条精心策划的微博内容有可能在短时间内引发大量关注和转发，从而让更多潜在用户了解并记住品牌。

2. 用户互动与忠诚度提升

微博提供了丰富的互动功能，如评论、转发、点赞等，使得企业能够与用户进行实时互动。这种互动不仅有助于解答用户疑问、收集用户反馈，还能增强用户对品牌的信任和忠诚度。通过与用户的持续互动，企业可以建立起稳固的用户基础，为后续的产品推广和销售打下坚实基础。

3. 市场调研与数据收集

作为一个开放的平台，微博汇聚了大量用户的真实声音。企业可以通过监测和分析微博上的讨论热点、用户评论等信息，了解市场动态和用户需求，为产品研发和营销策略调整提供数据支持。此外，微博还提供了丰富的数据分析工具，帮助企业更精准地洞察用户行为，优化营销效果。

4. 危机公关与品牌形象维护

在遭遇危机事件时，微博可以作为企业快速响应、澄清事实、引导舆论的重要渠道。通过及时发布官方声明、回应用户关切，企业可以有效减轻负面影响，维护品牌形象。同时，微博上的正面宣传和用户互动也有助于企业塑造积极的社会形象。

5. 销售转化与业绩增长

微博营销不仅有助于提升品牌知名度和用户忠诚度，还能直接促进产品销售。通过发布优惠活动、产品介绍等内容，结合精准的用户定位和广告投放，企业可以有效吸引潜在用户，提高销售转化率。长期来看，微博营销对于推动企业业绩增长具有显著作用。

四、微博营销的策略分析

网络时代的每一次技术变革常常伴随着新的商机，从 IM 工具到论坛网站，从博客到社交网络服务平台，互联网创新推动新的营销模式不断涌现。微博因其独特的信息发布方式与广泛的社会影响力越来越受到企业的关注。微博营销如果做得好，则有助于企业塑造良好的形象，扩大品牌知名度。那么，如何做好微博营销呢？

1. 明确目标与定位

设定清晰的营销目标是至关重要的。例如，某新兴化妆品品牌可能设定在三个月内通过微博营销提升品牌知名度10%，并期望推广其新推出的抗衰老精华液。为了实现这一目标，他们需要精准定位目标用户群体，如关注美容护肤、有一定消费能力的25～40岁女性。

2. 内容策划与创意

创作高质量、有价值的内容是吸引用户的关键。以该化妆品品牌为例，他们可以发布关于抗衰老的专业知识、护肤技巧，或者分享用户的使用心得。同时，可以结合热门话题和趋势，如"如何保持肌肤年轻态"或"抗衰老秘籍"等，将这些话题巧妙地融入营销内容中。此外，还可以利用精美的图片、生动的视频展示产品的效果和使用方法，丰富用户的阅读体验。

3. 互动与沟通

积极回应用户评论和私信，与用户保持实时互动。例如，当用户询问产品的使用方法或效果时，品牌可以迅速回复并提供专业建议。此外，定期组织互动活动也是提高用户参与度的有效方法。例如，该化妆品品牌可以发起"抗衰老心得分享"活动，邀请用户分享自己的护肤经验和成果，并评选出最佳分享者，赠送产品作为奖励。

4. 合作与联盟

与 KOL 或网红合作是扩大品牌曝光度的有效途径。例如，该化妆品品牌可以与具有影响力的美妆博主进行合作，邀请他们试用产品并分享心得，从而吸引更多潜在用户。此外，与其他品牌或机构进行跨界合作也是一个不错的策略。例如，企业可以与时尚杂志或健身房进行合作，通过联合推广活动实现资源共享和互利共赢。

5. 数据分析与优化

定期分析微博数据对于优化营销策略至关重要。通过了解用户行为、互动情况等数据，可以及时调整内容发布的时间和频率等策略。例如，如果发现用户在20：00—22：00最活跃，那么该化妆品品牌可以选择在这个时间段发布重要内容以提高曝光率。同时，可以根据数据分析结果制定更精准的营销策略，如针对特定用户群体进行定制化内容推送等。

第三节 微信营销

一、微信营销的概念

微信营销是随着微信的广泛应用而兴起的一种新型营销手段,它采用点对点的传播方式,为企业和用户之间搭建了一个直接沟通的桥梁。当用户注册并使用微信时,他们可以与已注册的朋友建立联系并交换信息。企业则利用这一平台,向用户提供他们所需的信息,从而有效地推广自身的品牌和产品。

微信营销的核心在于其基于手机或平板电脑等移动设备的客户端开展营销活动。通过这种方式,企业能够灵活地推送相关信息、进行微支付操作,以及组织各种微活动,这些活动已经成为连接线上与线下的主流营销方式,为企业带来了前所未有的营销机会。

二、微信营销的特点

作为数字时代的新兴营销手段,微信营销正凭借其独特优势而逐渐受到企业的青睐。越来越多的企业开始借助微信平台,对企业自身及其产品或服务进行营销推广。微信营销的特点显著且多样。

1. 营销成本相对较低

相较于传统的营销手段,如电视、报纸广告或宣传海报,微信营销基于微信平台开展,而且微信的大部分功能对用户免费开放。因此,微信营销的成本大大降低。

2. 有强大的后台支持

微信背靠实力雄厚的腾讯公司,该公司旗下拥有新闻、游戏、QQ等多种产品,并积累了庞大的用户基础。在互联网行业中,用户流量是红利的关键,而微信与腾讯其他产品的用户关联,为其带来了海量的用户。

3. 营销定位精准

通过微信公众平台的一对一关注和推送功能,企业不仅能向用户发送相关产品及活动信息,还能构建自己的用户数据库,使微信成为一个高效的用户关系管理工具。通过用户分组和地域控制,企业可以根据用户特点,精准地将信息推送给目标用户。此外,朋友圈的信息流广告也利用微信后台的标签化用户数据,实现了更精准的目标用户触达。

4. 信息交流互动性强

微信以智能手机为主要载体,这意味着企业可以随时随地与用户互动,更好地了解和满足用户需求。与其他社交媒体相比,微信营销的及时性更强,且信息交流具有私密性,更能体现社会化媒体的强关系特性。

5. 信息传播有效性高

企业通过微信公众平台向用户推送信息,能确保信息100%触达用户。同时,由于用户是出于对产品或企业的兴趣而主动关注企业微信的,因此他们会对来自企业微信的信息给予有效关注。

6. 营销模式多元化

微信营销提供了位置签名、二维码、开放平台、朋友圈信息流广告、微信公众平台、微信小程序以及LBS竞价广告等多种营销模式。这些模式各具特色，企业可以根据不同的营销目标灵活选择适合的模式进行组合。此外，微信支持文字、图片、语音和视频等多种信息类型，为企业与用户提供了全方位的交流和互动体验。

三、微信营销的价值分析

1. 传播符号多样化，能立体地展示企业信息与形象

作为一种崭新的信息传播平台，微信的信息传播方式极具多样性，涵盖了语音、文字、图片、视频、表情等多种符号。尤其是语音通信功能的引入，无疑是一项革命性的创新。它不仅彻底改变了网络用户过去只能依赖文字和图片进行沟通的局限性，更让人们的交流方式回归到了更为直观、真实的语音交流。这种多元化的信息传播模式，对于企业的品牌建设和产品营销而言，具有不可估量的价值。企业可以充分利用微信所提供的丰富会话功能，通过各种形式的媒体与用户进行深度互动，从而有效地传递品牌理念，展示企业的独特形象。

2. 强大的社交方式有利于用户扩大社交网络，使企业营销方式多样化

作为一款移动互联网社交工具，微信起初主要服务于手机通讯录中的熟人，也就是强关系社交网络。然而，随着时间的推移，微信不断扩展其社交范围，逐渐涵盖了陌生人，从而形成了更为广泛的社交网络。为了实现这一目标，微信推出了"摇一摇"和"附近的人"等创新功能，有效地拓展了弱关系链，即陌生人之间的联系。此外，微信还通过整合QQ邮箱、微博好友等多元沟通渠道，极大地丰富了用户的交流方式，进而构建了一个错综复杂的社交网络。

对于企业而言，微信提供了一个拥有数亿用户的广阔平台。企业可以借助微信的位置签名和二维码等多元化营销手段，精准地向目标用户推送信息。以二维码扫描功能为例，企业可以设计专属二维码，并利用优惠和折扣等策略吸引用户关注。用户只需使用手机摄像头扫描二维码，即可轻松获取相关信息，从而在线上与企业建立联系，并在线下进行消费。这一流程充分展现了微信在连接线上与线下营销方面的独特优势。

3. 信息传播迅速，使企业信息推送的时效性更强

微信的信息传递具有显著的即时性特征，使得用户能够不受时间和空间的限制，通过微信平台轻松实现与他人的即时沟通和情感表达。无论用户是在线还是离线状态，微信都能确保信息的迅速传达与反馈，从而保障了信息传递的高效性与时效性。特别是LBS功能构建的千米社交圈，更是将微信的即时性特点发挥得淋漓尽致。当多位用户身处同一地理位置时，他们可以利用微信的"摇一摇"功能，迅速将自己的位置信息共享给周边千米内的微信好友。

同时，这一功能还支持用户间的相互搜索、互动打招呼以及交换身份信息，进而在短时间内构建起一个紧密的社交网络。对于企业而言，这无疑是一个极具价值的营销工具。在展览馆、居民社区、繁华商圈或学校等特定场所举办促销活动时，企业可以巧妙利用微信的"查看附近的人"和"向附近的人打招呼"功能，实时推送促销信息，迅速吸引周边微信用户的关注与参与。

4. 企业能够精确定位目标人群，从而实现精准营销

微信公众平台的开放为企业进行精细化市场营销开辟了新的道路。企业能够通过申请微信公众号来与广大用户进行深度的交流与互动。值得注意的是，企业通过微信公众号发布的信息，其接收者都是那些主动选择并关注了该认证账号的潜在用户。这种用户的主动选择行为，实际上为企业精确锁定了目标用户群体，进而为企业实施精准营销战略提供了有力的支持。

利用微信公众平台的各项功能，特别是其后台的用户分组和地域控制功能，企业能够精确地将定制化信息推送给特定的用户群体。这种有针对性的信息推送方式，不仅确保了目标用户能够接收到与其需求高度匹配的信息，同时也有效避免了无效信息和广告的干扰。

5. 具有点对点深度沟通的优势，有利于企业开展 CRM 活动

对于企业而言，构建 CRM 体系的目的在于打造一个真正以用户需求为出发点的组织架构，以最优的价值主张吸引最具潜力的用户群体，全力提升运营效能，并建立稳固的合作伙伴关系。微信这一以用户关系为纽带的社交平台，在 CRM 领域具有巨大的应用潜力。其独特的点对点沟通模式，为用户之间搭建了深入交流的平台，同时也为企业提供了洞察用户个性的窗口。借助这一机制，企业能够更轻松地掌握用户的个性化需求，并据此开展精准、个性化的 CRM 活动。

通过深入分析微信后台用户数据，企业可以量身定制出符合用户需求的 CRM 策略。进而，利用微信的即时互动功能，如聊天交流、问题解答等，加深与用户的情感联系，将原本疏松的用户关系转化为紧密的合作伙伴关系，从而为企业的微信营销活动奠定坚实的用户基础，最终实现价值的最大化。

四、微信营销的策略分析

通过以上介绍我们可以看出，微信营销具有独特的传播优势和价值。那么，企业可以采取哪些微信营销策略呢？

1. 推送"完美"内容，提升用户忠诚度

自诞生之初，微信便以其深厚的社交属性、强大的关系网络和相对较弱的媒体功能成为移动平台中的佼佼者。正是基于这样的特性，企业在利用微信进行信息推送时需格外谨慎。倘若企业频繁地发送信息，导致用户受到过多无用信息的干扰，那么用户很可能会选择取消关注，导致企业与用户失去联系。同样值得注意的是，如果品牌长时间缺乏与用户的交流和互动，也会面临被用户取消关注的风险。

（1）秉持内容至上的原则

订阅号每日可推送一次消息，每次推送最多可以包含八条文章。而服务号每月只能推送四次消息，推送时间间隔不限，可以自由选择在哪四天进行推送。在这些珍贵的信息机会中，我们应避免过多的硬性广告，而应致力于与用户建立深厚的情感联系，避免给用户留下纯广告的印象。因此，信息的质量至关重要，内容的知识性、语言的趣味性以及表情符号的丰富性，都是吸引用户阅读和分享的关键。

（2）掌握适度的推送频率

频繁的信息推送可能会引发用户的反感，甚至导致他们取消关注。理想的信息推送频率应为每两三天一次，这样既能保持用户的关注度，又不会造成信息过载。

（3）把握推送的时间

特别是在微信公众号信息流式的展示方式下，这一点显得更为重要。根据数据分析，每天21：00—22：00是推送的高峰时段，也是阅读量最高的时段。然而，运营者应根据微信公众号的定位、目标用户以及文章内容来选择最合适的推送时间，以实现最佳的推送效果。在移动端用户阅读时间日益碎片化的背景下，找到最适合的推送时间，对于提升用户阅读率和互动性至关重要。

2. 塑造服务形象，增强用户黏性

微信作为一种具有高度到达率、用户忠诚度和转化率的强关系通信工具，其影响力不容忽视。然而，这种强关系也意味着企业在使用时需格外谨慎。若企业单纯将用户视为盈利工具，很可能引发用户反感，导致他们取消关注，致使一切努力付诸东流。因此，微信营销的核心在于提供优质服务。

微信营销的特点在于其信息交流的高度互动性，允许用户和企业进行实时沟通。这就要求企业的微信客服展现出良好的亲和力，耐心且详尽地回答用户疑问并提供有益建议。同时，微信公众号的系统开放和升级也应以服务用户为出发点，以此增强用户对品牌的忠诚度。只有将微信视为提供有价值服务的工具，才能真正留住用户。更进一步，将微信打造成企业的拟人化交流平台，才有可能激发用户的主动传播意愿，进而吸引更多用户的关注。

3. 挖掘精准用户，做好精准营销

微信因其强关系特性，为企业提供了精准营销的有利条件。精准营销的核心在于对用户的深入了解与精准定位。那么，如何有效地挖掘这些精准用户呢？

（1）通过QQ寻找潜在用户

利用QQ群的关键词搜索功能，结合企业所在行业的特性，能够更精确地找到具有潜在需求的用户群体。同时，QQ与微信的互通性为用户转化提供了便利。企业可以通过QQ邮件、好友邀请等方式，实现QQ用户的有效导入，这种方法既可行又具有较高的回报率。

（2）通过QQ群、行业网站及论坛挖掘精准用户

这些平台汇聚了具有相同兴趣和需求的用户，他们对行业产品和服务有着浓厚的兴趣。通过在这些平台上推广企业的微信公众号，可以获得一定比例的高质量用户转化，虽然数量可能不多，但用户的忠诚度往往非常高。

（3）建立科学的CRM系统

企业应该通过用户分组和地域控制，有针对性地向目标用户推送信息，避免盲目地群发信息。随着用户数量的增长，及时完善CRM系统显得尤为重要。

（4）线上线下结合提升微信营销效果

企业可以利用传统媒体进行线下宣传，如在宣传单、海报等物料上印制微信公众

号二维码，吸引潜在用户的关注。同时，可以策划线下活动，如促销、行业峰会等，并在活动中引导用户关注微信公众号；还可以通过微信朋友圈集赞赠送福利等活动形式，激励用户转发分享，从而实现线下用户向线上的有效转化与沉淀。

4. 利用朋友圈，构建全新的社交关系链

微信的朋友圈功能极大地促进了私密社交互动，为口碑营销创造了一个理想的平台。在移动商务领域，社交分享始终是一个核心议题。以与微信初步合作的美丽说APP为例，该应用通过与微信开放平台连接，使用户在聊天窗口中便能直接浏览商品详情、价格、购买链接以及美丽说社区的热门信息。这种无缝的集成方式既方便了用户获取朋友分享的信息，又不影响正常的聊天交流。用户可以通过微信轻松分享美丽说APP上的商品，实现在社会化媒体上的口碑传播。

另外，微信的"在看"功能为品牌信息的传播提供了新的场景。微信在2017年推出了"看一看"功能，并在微信公众号文章下方设置了多个选项按钮，包括"分享""收藏""点赞"和"在看"。用户在阅读完微信公众号文章后，可以点击"在看"并分享自己的感想，这些内容会出现在微信的"看一看"中，让好友了解到用户正在关注的内容。这一功能基于微信的社交关系网络，有效提高了微信公众号文章的曝光率和阅读量，为微信公众号带来了更多流量。企业通过提醒用户在微信公众号文章中点击"在看"，巧妙地将品牌和产品信息融入用户的阅读场景中，达到了潜移默化的广告宣传效果。

5. 利用定位功能，开拓营销新渠道

相较于传统的网络媒体，微信以其独特的LBS功能脱颖而出，特别是"附近的人"和"摇一摇"等特色功能。这些功能为企业开辟了新的营销渠道。当用户点击"附近的人"时，他们可以查找到与其地理位置相近的其他微信用户，并查看这些用户的基本信息。企业可以巧妙地利用签名档，填入位置信息、促销信息等，从而将微信的签名档转变成一个具有潜力的免费广告空间。随着微信用户基数的不断增长，这个广告位的价值也日益凸显，甚至有可能成为极具价值的"黄金广告位"。

微信的LBS功能在餐饮、房地产、教育等多个行业都有广泛的应用。通过微信平台的精准定位技术，企业能够更精确地了解用户账号的活跃时间和地点，从而进行更为精准的营销活动。这种有针对性的信息推送，大大提高了产品和服务信息的到达率，为企业提供了一个高效且实用的营销渠道。

6. O2O与二维码结合，打造病毒式传播

O2O与二维码的结合，为企业打造了一种病毒式的品牌传播方式，成为连接企业线上线下的核心纽带。二维码作为微信的一大特色功能，使得用户能够轻松通过扫描或在其他平台分享二维码名片，快速拓展微信社交圈。微信的社交网络特性与二维码的便捷性相辅相成，让更多用户得以充分体验移动互联网的便利与实惠。此外，二维码的小巧设计还为各类活动增添了一份时尚与轻松感，更富有趣味性。

借助O2O营销策略，企业能够跨越地域界限，将各地的用户紧密相连，不仅拓宽了活动的覆盖范围，还显著提升了用户的参与热情。因此，企业可以通过设计独特的品牌二维码，利用优惠和折扣等手段吸引用户关注，进一步探索O2O的新营销模式。

7. 依托熟人关系网络，打造微商、微店新世界

作为一种融合移动与社交元素的新型电商模式，微商在微信生态中应运而生，其发展历程可追溯至 2013 年朋友圈代购的兴起。凭借与传统营销方式截然不同的新机制，微商迅速占领了"微用户"的朋友圈，并呈现出强劲的发展势头。微商大致可划分为 B2C 和 C2C 两大类，其中，基于微信公众号的微商被归为 B2C 模式，而依托朋友圈开设店铺的则属于 C2C 模式。这二者相辅相成，共同推动了微商的繁荣发展，可以说，微商正是朋友圈不断发展的产物。

微商营销的核心在于通过对用户进行精准引导来销售产品，而这种营销模式是建立在深厚的信任基础之上的。商业交易的本质，归根结底是信任问题，而微商恰恰放大了这一点。它利用朋友圈的熟人关系网络来销售产品，即便是微信公众号、微信小店或微信商城，也是依赖企业与用户间建立的深厚信任来维系其长期发展。

8. 活用小程序，打通线上线下营销渠道

2017 年 1 月 9 日，微信推出了一项创新功能——小程序，这是一个运行在微信平台上的轻量级应用。小程序成功地连接了微信的多个功能，包括个人号、订阅号、服务号、微信群以及朋友圈，形成了强大的线上网络。同时，它也通过小程序码、微信卡券以及微信支付等方式，与线下的服务和商业活动紧密相连。凭借其无须下载注册、直接提供服务的特性，小程序迅速成为企业营销的新宠。目前，企业主要利用小程序开展以下几种模式的营销。

（1）微信公众号与小程序相互关联

企业通过在微信公众号文章中嵌入文字或图片跳转模块，使用户能够直接点击进入小程序。这种方式不仅丰富了微信公众号的功能，增强了与用户的互动，还显著提升了购买转化率。

（2）利用小程序拉新

小程序内置了多种营销工具，如拼团、分销、砍价、拼手气红包等，这些功能与微信社群的社交特性高度契合。通过分享小程序，企业可以有效地推广品牌并促成购买行为。

（3）增加品牌曝光度

当用户在移动设备上搜索关键词或附近的小程序时，企业的签名档和产品信息得以展示。这种营销方式具有目标精准、反馈及时、成本低廉的特点，特别适合餐饮、商超等行业。

（4）在小程序游戏中融入品牌信息

小程序大致可分为 O2O 服务类和娱乐社交类。一些知名品牌已经敏锐地抓住了这一商机，在小程序游戏中植入品牌元素，从而大幅提升了品牌的曝光度和商业价值。

9. 挖掘用户特征，精准投放信息流广告

微信信息流广告与朋友圈的其他内容相似，同样支持点赞和评论功能，将这类广告巧妙地融入用户日常阅读的资讯之中，能够实现潜移默化的传播效果。这种广告形式依托于微信庞大的用户基础，通过深入分析用户的社交关系、兴趣图谱、信息定位以及浏览习惯等多维度数据，为用户打上个性化的标签。这些标签使得广告能够更精

确地触达具有不同特征和需求的用户群体,实现了广告的精准投放与广泛覆盖。用户对信息流广告的反应和互动行为都会被系统记录并分析,这些数据将成为未来广告活动优化与推送策略制定的重要参考。

10. 挖掘视频号优势,打造微信营销商业闭环

2020年1月,微信推出了视频号功能,官方将其定位为"一个人人可以记录和创作的平台,也是一个了解他人、了解世界的窗口",此举意在弥补微信在长文内容丰富而短视频内容相对缺乏的状况。借助微信生态的强大背景,视频号在众多短视频平台中迅速占据了一席之地。微信为视频号提供了便捷的入口,用户只需通过微信的"发现"页面即可直接访问,从而简化了用户操作流程。此外,微信庞大的用户基础为视频号带来了潜在的巨大流量,而微信的强社交特性则加速了视频号内容的传播与裂变,有效地实现了私域流量的承接与转化。

视频号作为微信生态的一个重要组成部分,与直播、小程序、小商店、微信公众号、个人微信以及朋友圈等多个功能共同构建了一个多链路的传播网络。这些功能节点相互连通,有效地激活了微信内部的流量循环。基于微信现有生态,视频号主要采用了以下几种营销模式。

(1) 视频号结合个人微信

个人微信背后的社交力量不容忽视,它通过连接好友圈子,构建了一个基于强关系的社交网络。视频号独特的"点赞即推荐,点赞即分享"传播机制,使得用户点赞的视频号内容能够推送给其微信好友。因此,企业通过视频号发布优质、有趣且吸引人的内容,能够促使用户点赞分享,进而扩大内容传播范围,增加企业私域获客的机会。

(2) 视频号结合微信公众号与社群

微信公众号与视频号相互影响,共同强化品牌影响力。通过在微信公众号的自动回复、菜单栏或推文中嵌入视频号信息,可以引导用户关注视频号。同样地,在视频号简介或视频内容中嵌入微信公众号信息,也可以吸引用户关注微信公众号。通过这种方式,二者积聚的用户可以通过社群进行进一步的沉淀、维护和转化。

(3) 视频号结合直播与小程序/小商店

企业通过打造"视频号—直播—小程序/小商店"的传播链条,在微信内部构建视频号直播场景。这不仅能够激活视频号原有的私域流量并触达更多用户,还能通过视频号承载的小程序/小商店实现用户"即看即买"的即时转化。随着"直播带货"商业模式的兴起,越来越多的企业正在探索视频号直播的商业潜力。

11. 打造微信社群,实现与用户强连接

作为一款拥有庞大用户基数的移动社交平台,微信为企业提供了大量可挖掘、集聚及转化的潜在用户。借助微信平台构建网络社群,并将营销理念融入其中,以实现商业化变现,已成为当下极为流行的营销模式。微信简便的操作方式显著降低了社群建立的门槛和成本,进而助力企业高效快速地积累用户。企业通过创建微信社群,能够迅速聚集对品牌或产品感兴趣的潜在用户,以及对品牌有深厚信任和认同的忠实用户。这种方式使得产品和品牌信息能够精准触达目标群体,有效传达品牌理念。同时,在与用户互动的过程中,企业可以及时了解并收集用户反馈,与用户建立紧密关系,进一步增强用户忠诚度。

微信社群的良好运营可以为企业带来营销增值。微信社群的营销策略主要有以下几种。

(1) 充分利用微信生态,实现精准引流

微信成熟的生态系统为企业营销提供了广阔的空间。通过个人微信、朋友圈、微信公众号、视频号等多渠道传播,企业可以实现向微信社群的精准引流。例如,美妆品牌雅诗兰黛在官方微信公众号菜单栏设置了"专属群聊"按钮,用户点击后即可收到微信公众号自动回复的二维码,扫描二维码进入群聊即可享受官方福利并优先了解各种专属权益。此举帮助雅诗兰黛聚集了对美妆和品牌感兴趣的用户,激活了微信公众号积累的私域流量,为后续的品牌信息传递和产品销售转化提供了便利。此外,一些企业还会在微信公众号文章的末尾设置提示,引导用户加入社群。微信生态的各节点一旦得到有效利用,便能助力企业实现多渠道为社群引流的目标。

(2) 创造互动场景,促进快速转化

企业通过微信社群发布各种产品或活动信息,并利用微信强大的交流和互动功能与用户进行友好沟通,及时解答社群成员的问题。通过这种方式,企业能够准确把握用户需求,为用户提供优质的服务体验,从而与其建立良好的互动关系。以美妆品牌完美日记为例,其社群负责人每天会在微信社群内发起话题讨论,鼓励群内用户分享自己的心得体会,并为用户提供产品建议等。这不仅保证了社群的活跃度,还让用户在其中获得价值感。同时,在社群内发布吸引人的产品文案或促销信息,可以引导用户下单购买。在这个过程中,企业与用户的良性互动有利于提升品牌好感度。

(3) 培育品牌文化,增强用户黏性

微信社群是传播企业价值或品牌文化的重要平台。企业通过输出文化价值来实现用户的深度沉淀。例如,通过定期开展社群活动等方式营造良好的社群氛围,精心打造社群文化,给用户带来亲近感和归属感。在潜移默化中,将品牌形象和文化理念植入用户心中,从而增强用户对品牌的忠诚度。

案例分析

麦乐送 2022 年卡塔尔世界杯营销

在 2022 年卡塔尔世界杯期间,麦当劳旗下的麦乐送平台利用微信这一国内主流的社交媒体平台,成功实施了一场别具一格的营销活动。作为全球瞩目的体育盛事,世界杯不仅吸引了数十亿观众的关注,也为各大品牌提供了绝佳的营销契机。

麦乐送深知,在世界杯期间,大量球迷会选择熬夜观赛,对于便捷、美味的外卖服务需求激增。因此,他们将目标受众锁定为热爱足球、追求便捷生活的年轻用户,特别是活跃在微信平台上的用户群体。

麦乐送在微信官方账号及小程序上推出了世界杯主题菜单,包括 22 块超值装麦乐鸡（寓意绿茵场上的22位球员）、单人观赛套餐、双人狂欢套餐等，满足用户在不同场景下的观赛需求。据统计，世界杯主题菜单的推出，使得麦乐送在微信平台上的访问量增加了45%，其中主题套餐的订单量占比达到了总订单量的60%。同时，麦乐送利用微信生态内的图文、视频等形式，生动展示产品特色，成功激发了用户的购买欲望。

为了增强用户参与感，麦乐送在微信平台上设置了互动环节，如猜进球数赢取优惠券、分享观赛心得赢取奖品等。这些活动吸引了超过500万用户的参与，不仅提高了用户黏性，还通过口碑传播扩大了品牌影响力，使得品牌提及率在微信平台上提升了50%。

麦乐送利用微信小程序的便捷性，提供24小时在线下单、30分钟速达等高效服务。用户可以通过微信小程序直接下单，享受无缝衔接的购物体验，进一步提升了品牌好感度。据统计，活动期间，通过微信小程序下单的用户占比达到了80%，用户满意度高达95%。

通过微信平台的广泛传播，麦乐送在卡塔尔世界杯期间的品牌曝光度显著提升，吸引了大量潜在用户的关注。据统计，活动期间麦乐送平台的销售额同比增长了20%，订单量增长了25%，充分证明了营销策略的有效性。用户通过微信平台对麦乐送的服务和产品给予了高度评价，这不仅增强了品牌忠诚度，还为未来的营销活动奠定了良好的口碑基础。

思考题

1. 在社会化媒体营销中，KOL在微博营销和微信营销中分别可以发挥怎样的作用？
2. 对比微博营销和微信营销，二者在营销模式上有哪些不同？
3. 社会化媒体营销要点中的深度洞察与把握用户情感，在微博营销和微信营销中应如何具体实施？
4. 企业在进行微信营销时，可以从哪些方面挖掘精准用户？

第十章 数字触点

学习目标

1. 认识数字触点的定义和分类。
2. 了解短视频营销的价值和策略。
3. 了解直播营销的典型模式。

案例引入

茅台冰淇淋春节与情人节抖音营销

2023年春节与情人节期间，茅台冰淇淋这一独特产品，在抖音平台上开展了一场别开生面的营销活动，不仅成功吸引了年轻消费群体的目光，还实现了品牌与销量的双重提升，为传统品牌的数字化转型提供了有益的借鉴。活动于2023年1月15日正式启动，持续至2023年2月28日，精准覆盖了春节与情人节两大重要节日节点。

1. 精准定位与情感共鸣

茅台冰淇淋首先精准定位了目标消费群体——年轻消费者，尤其是追求新奇体验与高品质生活的年轻人。在春节期间，强调"家的温馨"与"团聚的甜蜜"；在情人节期间，则突出"爱的甜蜜"与"浪漫的氛围"。通过情感共鸣，茅台冰淇淋成功地将产品与节日文化相结合，激发了消费者的购买欲望。

2. 创意短视频内容营销

在抖音平台上，茅台冰淇淋发布了一系列创意短视频。这些短视频不仅展示了产品的独特口感与高品质原料（如优质新鲜牛乳、顶级动物淡奶油等），还通过创意场景设置与故事情节，将茅台冰淇淋融入人们的日常生活与节日庆祝。例如，利用过年串门的场景，结合网络热词，既呈现了茅台冰淇淋的食用场景，又满足了阖家团圆、欢声笑语的新春氛围。

3. KOL合作与UGC引导

茅台冰淇淋与抖音平台上的多位KOL进行合作，通过他们的创作与推荐，进一步扩大了品牌的影响力。KOL根据自身账号的特性，巧妙地将茅台冰淇淋融入各种生活场景，如年夜饭、拜年、团聚、社交、约会等，让产品信息更加自然地融入内容之中。同时，茅台冰淇淋还鼓励UGC引导，通过发起话题挑战、抽奖活动等方式，激发了消费者的参与热情，进一步扩大了品牌的传播范围。

4. 线上线下联动

茅台冰淇淋在抖音平台上的营销活动并非孤立存在，而是与线下渠道形成了良好的联动。通过在多个城市开设旗舰店和体验店，以及将带有"茅台冰淇淋"标志的单独冷柜送进大型商超，茅台冰淇淋实现了线上线下的全面覆盖。此外，茅台冰淇淋还借助"i茅台"APP等私域平台，以及天猫、京东、抖音等多个电商平台和银行平台，不断挖掘公域流量，形成了多渠道销售的格局。

第一节 数字触点

一、数字触点的概述

数字触点是指品牌与消费者进行数字化互动和信息传播的接触点，它是连接消费者与品牌的桥梁。在数字营销领域，这些数字触点广泛分布于消费者日常接触的各类数字媒介与使用场景中。

二、数字触点的分类

1. 在线视频

在线视频包括由爱奇艺、腾讯视频、芒果TV和优酷四家牵头的长视频平台，以三大运营商和歌华有线为代表的有线电视平台，以及影视大全、暴风影音等其他视频平台。

2. 短视频

以抖音、快手为代表的竖版短视频平台，由于流量和商业模式的特殊性，从在线视频中独立出来。

3. 融媒体

融媒体主要是指将各种媒介以一种集体的形态进行展示，并实现功能和表现方式的多样化。传统媒介主要包括报纸、广播和电视。如今，新兴媒介如微信、微博、抖音、今日头条等冲击着传统媒介。而融媒体将传统媒介和新兴媒介进行组合，实现了优势互补，能够满足不同人群的需求，更容易做到宣传人群的全覆盖。

4. 综合资讯

综合资讯包括今日头条、腾讯新闻/腾讯网、搜狐新闻/搜狐网、网易新闻/网易、凤凰新闻/凤凰网、新浪新闻/新浪网、央视新闻等平台。

5. 应用工具

应用工具是指用户使用的终端（手机、平板电脑、电脑）中安装的大量工具类软件，这些软件也可以结合场景为广告主提供数字化广告服务。例如，天气类应用适合出行类广告主投放广告，摄影美化类应用适合美妆类广告主投放广告。

6. 物联网营销

在智能家居、可穿戴设备、车联网等物联网终端上进行广告投放，目前在国内尚属创新领域。华为、小米、百度等企业已加速在该领域的战略布局,凭借自身技术优势和庞大用户群体,积极搭建物联网广告平台。

7. 垂直媒体

垂直媒体是服务于特定行业广告主的数字媒介类型,主要有汽车、信息技术、体育运动、母婴亲子、家装家饰、女性时尚、金融、旅游出行和医疗九大垂直需求领域的媒介。

8. 本地生活

本地生活包含饿了么、美团、大众点评、滴滴出行等与地理位置强相关的APP,适合食品饮料、餐饮、零售、出行等类别的广告主投放广告。

9. 智能户外

户外广告媒介贯穿消费者日常的生活轨迹,具有覆盖受众流量大、投放成本优势明显的特点,并且具备强触达、强记忆、强影响等特征。核心户外媒介包括大出行场景,如机场、高铁站;小出行场景,如地铁站、公交站;居住场景,如社区、公寓;工作场景,如写字楼;娱乐场景,如电影院;商圈场景,如商圈大屏;等等。

随着数字时代的发展,如今的户外广告不仅能够满足品牌和产品的宣传展示需求,还更重视用户的感受,强调互动体验,甚至能完成销量的转化。它不仅能够提高产品认知度,还能够影响消费者的购买决策。另外,在社交内容如此发达的当下,优质的户外广告在线下大范围传播的同时,也更容易反哺线上,形成强大的传播效应,从而对品牌产生增益。

10. 信息流

信息流广告是指位于社交媒体用户的好友动态或资讯媒体和视听媒体内容流中的广告。信息流广告的形式有图片、图文、视频等,其特点是算法推荐、原生体验,可以通过标签进行定向投放,广告主可以根据自己的需求选择投放形式。

11. 音频

音频包括音乐音频,如网易云音乐、QQ音乐、酷狗音乐、全民K歌、唱吧等;有声音频,如喜马拉雅、蜻蜓FM等。

第二节 短视频营销

一、短视频营销的概述

1. 短视频营销的概念

短视频营销是指通过制作精简的短视频,将产品、服务或品牌的信息传递给潜在用户,并通过短视频的传播和分享达到提升品牌知名度、推广销售的目的。相较于传统的文字内容和图片广告,短视频结合了视觉、音频和动画等多种元素,更加生动形象地展现产品的特点和优势,吸引用户的注意力。短视频营销具有以下特征。

(1)视觉冲击力较强

短视频以其独特的视觉表现形式,结合了高质量的图像、动画和特效,能够在短时间内迅速吸引用户的注意力。通过精心设计的画面布局、色彩搭配和动态效果，短视频能够生动形象地展示产品的外观、功能和使用效果，使用户对产品产生直观而深刻的印象。相较于传统的文字或图片广告，短视频更具表现力和感染力，能够更好地传达产品的独特卖点和品牌价值。

（2）营销成本相对较低

短视频的时长较短，内容简洁，策划与拍摄周期也较短，因此制作成本较低。同时，短视频可以通过多渠道发布，充分利用社交平台的流量优势吸引客户，降低了传播成本。

（3）时间短，效果好

短视频的时长通常较短，往往只有几十秒甚至更短。这一特点使得用户能够在短时间内快速了解产品的核心信息和特点，并产生进一步的购买行为，有效提高了营销信息的传达效率。

（4）社交分享性强

短视频平台通常具有社交分享功能，用户可以将自己喜欢的短视频分享给朋友、家人或社交媒体上的其他用户。这种社交分享机制使得短视频能够快速传播，扩大营销的影响范围，增加品牌的曝光度。通过用户的自发分享和推荐，短视频营销能够形成口碑效应，提高品牌的知名度和美誉度。

（5）可接触性强

随着智能手机的普及和移动网络的发展，用户可以随时随地通过手机观看和分享短视频。这种便捷性使得短视频营销能够覆盖更广泛的用户群体，无论他们身处何地都能够接触到营销信息。短视频的可接触性还体现在用户可以随时暂停、回放和重复观看，这增加了用户对产品的了解程度，也使购买决策更加便捷。

2. 短视频营销的类型

（1）品牌内容营销

短视频平台的丰富性使得企业在构建短视频营销网络时拥有众多选项。企业可以通过经营自有官方账号，进行品牌内容的推广。一方面，企业可以紧跟时事热点，触动用户情感，传达企业核心价值观，从而塑造出正面的品牌形象；另一方面，企业可以建立自有短视频营销体系，实现多元化的宣传推广。

（2）网红植入营销

除了建立自有短视频账号体系，企业还可以与各大短视频平台上的知名网红进行合作，实施植入式营销。植入式营销是短视频营销的一种早期形式，内容丰富、表现形式多样。企业可以借助网红的影响力进行市场推广，吸引用户的注意力，激发用户的购买意愿。

植入式营销包括直接推广和隐性推广两种方式。直接推广是在短视频中明确提供推广品牌或产品的详细信息；而隐性推广则是将品牌或产品以非常自然的方式融入短视频内容中，使观众在无意中接触到相关信息。这两种方式各有利弊，直接推广类似于传统广告，有利于营销信息的直接展示，但其直白的表述方式可能会引起用户的反感；隐性推广的优势在于能够让推广信息以更自然的方式传达给用户，但过度的"隐性"可能会使用户更关注短视频内容而忽视推广信息,因此对短视频的策划要求较高。

（3）场景体验营销

短视频平台的独特生态和流量优势使其成为场景体验营销的关键渠道。一方面,大多数短视频平台都配备了商品链接功能,允许用户在观看短视频时通过点击视频下方的链接购买商品；另一方面,电商直播的引入也为短视频的场景体验营销提供了重要支持。中国互联网络信息中心发布的第48次《中国互联网络发展状况统计报告》指出,短视频与直播、电商正在深度融合,快手、抖音等平台已成为重要的电商平台。这两个平台根据自身特色,分别朝着信任电商和兴趣电商两个不同方向发展。

快手的信任电商生态以用户和电商内容创作者为核心,通过创作者持续的内容输出与用户建立牢固的信任关系,从而积累私域流量,提高电商转化率；而抖音的兴趣电商生态则通过生动、真实、多样的内容,结合算法推荐技术,让用户在浏览的过程中发现优质商品、激发消费兴趣,从而实现"兴趣推荐+大规模转化"的目标。

二、短视频营销的价值

近年来,短视频作为网络媒介的一种形态,发展速度迅猛,特别是以抖音和快手为代表的平台,它们已经从纯粹的娱乐社区逐渐演变成了国民级的基础应用。由于短视频具有内容精炼、叙述方式灵活以及互动性高等特点,它在广告、电商以及IP塑造等商业领域都展现出了强劲的发展势头。特别值得一提的是,抖音和快手已成为快消品营销的核心渠道。综合来看,短视频营销具有以下价值。

1. 用户基数庞大

中国互联网络信息中心发布的第53次《中国互联网络发展状况统计报告》显示,截至2023年12月,我国网民规模达10.92亿人,互联网普及率达77.5%。网络视频用户规模为10.67亿人,占网民整体的97.7%。其中,短视频用户规模为10.53亿人,占网民整体的96.4%。在人们使用网络的时间中,短视频已经超越了IM,成为占用时间最长的活动。短视频作为一种基础的用户表达和内容消费方式,已经为移动互联网贡献了大部分的使用时间和流量增长,从而成为互联网的核心入口产品。

短视频平台的崛起为短视频营销带来了前所未有的机会。对于依赖网络进行品牌营销的广告主来说,一个互联网平台的用户数量,是决定他们是否在该平台投放广告的关键因素,同时也是衡量该平台营销价值的重要标准。顶级短视频平台所拥有的巨大流量,无疑彰显了短视频作为营销工具的巨大潜力。

2. 内容短小精悍

短视频内容短小精悍,如同快餐式文化商品,便于用户随时随地观看,满足后现代社会人们时间碎片化的需求。其声画内容丰富,叙事逻辑紧凑,易形成社交传播的强语境。短视频时长大多在一分钟以内,能在极短时间内满足用户的视觉快感,减少认知压力,提升品牌好感度。同时,短小的形式不占用用户设备过多存储空间,节省下载和转发流量费用,有利于广泛传播和分享。

3. 营销链路缩短

相较于传统图文,短视频在内容呈现上具有优势,能够带给用户更强的沉浸式体验感，更易吸引用户关注广告信息，并可通过平台商品链接即时购买，大大缩短品牌营销链路，提升转化率，提高营销效率。研究报告显示，大量用户通过短视频平台购买商品或服务，且下单比例不断创新高。

4. 营销产品多元化

短视频重塑了互联网用户注意力结构和广告行业结构。短视频营销类型多样，包括品牌内容营销、网红植入营销和场景体验营销等，能够让品牌找到最适合的推广方式，并成为数字营销行业的主流选择。随着短视频平台商业化水平的提升，营销产品也不断迭代和升级，包括广告类产品、内容类产品和服务类产品等。如此多元化、系统化的营销产品是推动品牌营销不断发展的主要动因。

5. 算法技术精准

短视频行业迅速发展的原因不仅在于产品模式，还在于背后的技术因素。5G 技术改善了用户体验，大数据分析能够优化广告效果并提高营销效率，AI 能实现精准的用户分析。基于用户信息的协同过滤、社交关系推荐和内容流量池的叠加等特有算法能够满足用户个性化需求，推动短视频营销市场增长。短视频平台对用户进行精准画像，广告主可以有针对性地向目标用户投放广告，从而提升转化率。

三、短视频营销的策略

随着科技的进步和时代的演变，短视频已成为品牌与用户之间新的沟通桥梁，其独特的娱乐性、互动性、话题性以及多元化的场景应用，为广告主提供了创新且高效的营销内容展示方式和快速传播的机会。

近年来，短视频营销的策略在行业内逐渐得到完善与成熟，主要可归纳为以下几种。

1. 利用平台资源，创造高质量内容，提升营销效果

在短视频内容多元化的背景下，用户对优质、个性化和精致化内容的需求不断增加。因此，生产高质量内容是短视频营销成功的关键。

（1）短视频平台为品牌内容营销提供支持

通过与 MCN 机构合作，短视频平台能够为品牌内容营销提供支持，利用高质量内容开展营销活动。同时，短视频平台还提供内容营销工具（如"DOU+"和"快手粉条"），助力企业快速提升内容曝光度。

（2）品牌与短视频平台合作创造高质量内容

品牌可与短视频平台合作，共同打造高质量内容。例如，君乐宝与抖音联合推出的《为歌而赞》，通过碎片化传播获得巨大曝光。

（3）品牌自主创作高质量短视频

品牌也可以自主创作高质量短视频。例如，国货美妆品牌花西子通过挖掘傣族文化，制作相关短视频，并邀请明星和网红发布，以民族文化视角传播品牌东方元素，深受用户喜爱。

2. 挖掘垂直化短视频受众，助力品牌精准营销

互联网是一个展现多元价值的社交网络，它为各种兴趣爱好的展示提供了广阔的空间，从而满足了不同网络用户的信息获取和社交需求。这种多样性导致了垂直化细分网络群体的形成，例如二次元、萌宠和古风爱好者等。同时，信息智能分发技术进一步加剧了网络群体的细分，为每个人打造了专属的网络空间。然而，智能算法也使得互联网上的用户节点重新聚合成多元、垂直的细分群体。

（1）宏观视角：专业化平台

随着短视频平台的崛起，其专业化趋势日益明显。例如，早期的抖音主要定位为年轻人的音乐短视频平台，而快手则专注于三线及以下城市和农村地区的市场。此外，还有以幽默为特色的皮皮虾，以及满足明星娱乐"粉丝"需求的美拍等平台。这些平台充分体现了中国互联网用户的圈层化和多元化的内容偏好，同时也为针对不同用户群体的短视频营销提供了多样化的平台选择。

（2）中观视角：专业化社群

当前，短视频平台的内容主要根据专业化的兴趣领域进行划分，涵盖生活、娱乐、萌宠、美食、游戏、美妆、科技、汽车等多个方面。甚至出现了钓鱼、文玩等小众内容领域，且每个细分领域都吸引了大量用户。这些专业化的内容促使相应兴趣的用户迅速聚集，形成了基于共同兴趣的社群。这些社群有效地促进了成员间的兴趣分享与交流和相关产品的推广。

（3）微观视角：专业化KOL

在专业化的兴趣社群中，那些愿意分享个人观点和信息的人，通过自媒体形式，凭借自身的专业能力、责任感、社会地位和人际关系等因素，获得了广泛的认可。他们因此成为KOL，赢得了社群成员的信任和好感。根据"粉丝"数量，他们可以被划分为不同级别，如头部博主、腰部博主和尾部博主。在短视频平台上，拥有众多"粉丝"的KOL具有巨大的商业价值。

3. 借助平台数字技术，打造品牌互动营销

数字技术的持续进步显著地推动了短视频平台的繁荣。这些平台不仅通过技术对自身服务进行不断升级，还研发了专为营销设计的技术产品，从而为品牌的创新营销开辟了更广阔的空间。借助计算机视觉、计算机图形学和AR等技术，营销产品得以创造出极富创新性的内容交互方式。具体来说，计算机视觉技术能解读现实画面，如识别全身人像、手势及建筑；计算机图形学技术能将虚拟设计元素与现实画面融合，生成充满创意的视频效果；而AR技术则可将虚拟物体融入现实世界，既具创意又增强了用户与品牌的交互深度。

（1）塑造品牌独特效果，提升品牌曝光度

国内领先的短视频平台正积极将数字技术应用于商业领域，推出创意贴纸、魔法表情等特效，并结合广告主的品牌特性和产品功能，打造独特的品牌效果。用户使用这些特效，不仅能制作出有趣的短视频，还能与品牌进行更深层次的互动，从而加深对品牌的记忆。

短视频特效大致分为两类。一类是对外界环境的创新效果，如空间AR互动。平台利用AI技术计算地标形状和用户空间位置，叠加3D可互动形象，实现品牌与场景的交融。例如，2021年快手与洛阳文旅合作，推出了以洛阳旅游景点为灵感的AR魔法表情,将虚拟与现实结合,为游客提供了沉浸式体验,同时让景点打卡更有趣味性。另一类是对人体自身的创新效果,平台利用 AI 技术实时捕捉图像中人体的姿态和相机位置,通过特定动作触发与虚拟形象的互动,增强用户与品牌的交互性。

(2) 技术提升产品体验,加深产品理解

短视频平台的营销技术产品不仅能够帮助用户制作出富有创意的短视频,还能让用户进行虚拟商品体验,从而更好地感知产品特性。AR 技术能精确估计人体、人手、人脸等关键信息,实现虚拟商品的试用、试穿、试戴等功能。例如,快手利用 AR 技术为用户提供沉浸式商品体验,在与完美日记的合作中,通过"完美日记试色代言人"活动,让用户通过快手 APP 进行口红试色,该活动获得了极高的曝光度和用户参与度,显著提升了品牌知名度。

(3) 技术助力内容共创,促进用户互动

对于企业来说,利用短视频平台的技术产品不仅能创作出有创意的内容,使品牌形象更加年轻化和现代化,还能鼓励用户生成与品牌相关的高质量内容,扩大品牌的影响力。像抖音、快手这样的短视频平台就以视频特效为基础,发起品牌话题挑战赛等活动。这些活动通过定制的视频特效和任务玩法,吸引用户参与,并通过奖励机制激励更多用户使用品牌特效进行创作,既提升了品牌曝光度,又增强了用户与品牌的互动和连接。

4. 发掘企业自有阵地,构建长效营销生态

对于企业而言,仅仅搭建和注册一个官方账号并不足够,更为关键的是需要持续且深入地运营这一自有阵地。这就要求企业必须结合自身品牌的特点,精心制作并传播短视频内容。

(1) 塑造独特人设与品牌特色

企业应为其账号打造连贯的主题内容或活动,通过风格化和系列化的内容设计,形成独特的标签式传播,进而塑造品牌个性,并拉近与用户的心理距离。在短视频内容营销中,为了增强用户的黏性,企业应塑造一个与其理念、文化和使命高度契合的形象,从而建立品牌与用户之间更为人性化的连接,打破传统营销的单向传播模式。例如,电子阅读品牌掌阅的官方账号精准地锁定了热爱阅读的短视频用户群体,选择了一位知性优雅的女性——都靓,作为账号的代表性人物。她以富有感情的方式朗读书籍中的精华段落,视频下方则嵌入了相关书籍的购买链接,这种舒适自然的宣传方式不仅推广了产品,还实现了有效的销售转化。都靓的形象与掌阅品牌高度契合,使得其子账号"都靓读书"迅速在抖音上积累了百万"粉丝",成为读书领域的头部 IP。此外,品牌还可以利用虚拟人设进行形象塑造,如中国零食品牌三只松鼠就以其标志性的三只小松鼠卡通形象作为品牌人设,在抖音上进行内容创作。

(2) 制作基于品牌定位的差异化内容

众多企业会根据自身的品牌定位和产品特点,制作出差异化的内容,利用新颖有趣的分享类视频吸引用户关注。例如,办公效率品牌飞书就以年轻人的职场成长为切入点,制作了诸如"如何避免职场中的踢皮球现象""为什么有人爱找老板私聊"等短视频内容,并巧妙地植入了飞书产品,从而吸引用户点击观看。同样,外语培训品牌可能会选择英语单词的趣味教学作为传播内容，而服装品牌则可能将自己定位为服饰搭配师，为用户分享穿搭技巧等。

（3）结合平台热点创作短视频

为了提高短视频平台的日活跃度，平台会定期推出官方活动和热门话题来引导企业、达人及普通用户的参与。例如，抖音热榜和快手热榜等就是短视频平台的议程设置机制。企业应抓住这些平台热点话题进行营销，创作高质量的内容以激发用户的参与热情并引发情感共鸣，从而达到良好的传播效果。可供借势的话题主要包括重要节日、重大事件以及热门元素等。在短视频平台上，热门元素可能包括音乐、贴纸和剧情等。例如，在2021年4月，"金毛喊你出去玩"的视频素材在抖音平台上大热，许多官方抖音号也紧跟这一热点进行拍摄。

5. 创设线上电商消费场景，激发用户消费行为

淘宝、京东等电商巨头改变了人们的购物习惯，但这些平台自身也面临着流量和盈利方面的挑战。短视频电商模式应运而生，它改变了传统的消费行为模式，更加注重通过内容吸引用户，而非让用户主动去购物。抖音、快手等平台积极推动短视频电商的发展，主要有以下两种形式。

（1）短视频内容结合商品植入

在短视频中插入商品链接，吸引用户购买。例如，在母婴、美食和教育类短视频内容中植入相关产品。

（2）短视频平台结合电商直播

近年来，直播已成为短视频营销的重要组成部分。罗永浩、董明珠等案例显示了直播的即时性和交互性优势，形成了短视频与直播的良性互动循环。

6. 基于平台打造社交裂变，激发私域价值增量

在当前的短视频行业中，以抖音和快手为主的平台主要依赖公域流量，品牌营销的主要目标用户也来源于此。然而，微信的视频号平台则融合了公域流量和私域流量，为企业提供了多元化的曝光和引流机会，这使得企业在微信视频号上的短视频营销策略显得独树一帜。

（1）依托社交平台生态，构建品牌商业闭环

微信视频号不仅拥有短视频的属性优势，还得益于微信生态的丰富资源。微信为视频号开放了七大类导流入口，与微信公众号形成互补与协同，融合了短视频与图文形式，使各自优势得以充分发挥。这种融合打通了公域流量和私域流量，通过视频号裂变、社群分享、朋友圈传播、微信公众号推送以及搜索等功能，助力企业在微信社交平台上进行全面营销。因此，企业选择微信视频号进行短视频营销时，更有利于在微信生态中构建完整的商业闭环：通过"短视频+直播"发掘新流量，用微信公众号留存新老用户，以微信朋友圈和微信群实现社交传播，由小程序负责销售转化，而企业微信则提供更为专业优质的服务。

（2）利用多元流量入口，加速品牌社交传播

微信视频号与其他短视频平台的主要区别在于其私域流量的运用，这体现了用户思维的核心。视频号的产品设计使其与私域流量紧密相连。企业在视频号发布视频后，

若有用户点赞，该视频就会出现在其微信好友的内容流中，进而可能引发更多的"扩圈裂变"。这种裂变式传播使短视频能够突破个人的社交圈，获得更广泛的曝光。此外，微信视频号的转发功能允许运营人员直接将内容转发至用户社群，同时鼓励用户转发短视频至朋友圈以获取奖励。这不仅打破了朋友圈视频分享的时长限制，为品牌短视频提供了更大的流量入口和曝光度，还显著缩短了营销转化的链路。

第三节 直播营销

如今，"网络视频直播"已经不算是新词汇了，它已成为人们生活中的"常见现象"。数字经济的蓬勃发展催生了大量新业态、新职业，网络直播、共享经济等数字经济新模式拉动了就业人数快速增加。在这一背景下，许多没有知名度的普通人，凭借优质内容创作赢得了关注度。直播正由"蓝海"迈向"红海"，作为电商形式已渗透到各种流量和电商平台。

一、直播营销的概述

1. 直播营销的定义

"直播"一词由来已久，在传统媒体平台就已经有基于电视或广播的现场直播形式，如晚会直播、访谈直播、体育比赛直播、新闻直播等。《现代汉语词典（第7版）》中对"直播"一词的解释为："广播电台不经过录音或电视台不经过录像而直接播送。"随着互联网的发展，尤其是智能手机的普及和移动互联网速度的提升，直播的概念有了新的延展，越来越多的基于互联网的直播形式开始出现。所谓"网络直播"或"互联网直播"，是指用户在手机上安装直播软件后，利用手机摄像头对发布会、采访、旅行等进行实时呈现，其他用户在相应的直播平台可以直接观看和互动。

2. 直播平台的分类

直播平台作为一种新兴的媒体形式，已经渗透到人们日常生活的各个方面。通常，直播平台可以分为五类：电商类直播平台、泛娱乐类直播平台、游戏类直播平台、课程类直播平台以及版权类直播平台。每一种类型的直播平台都有其独特的定义和特征，它们共同构成了直播行业的多元化生态。

（1）电商类直播平台

电商类直播平台是电子商务与直播技术相结合的产物，通过实时互动的形式展示商品，促进销售转化。这类平台通常具备以下特征。

①实时互动。主播或商家可以实时展示商品，解答用户疑问，并提供购物指导。

②销售转化。在直播过程中，用户可以直接下单购买，享受便捷的购物体验。

③营销工具。平台提供丰富的营销工具，如优惠券、限时折扣等，以吸引并留住用户。

电商类直播平台，如淘宝直播、京东直播等，凭借其独特的购物体验和高效的营销手段，已成为电商行业的新风口。

(2) 泛娱乐类直播平台

泛娱乐类直播平台涵盖音乐、舞蹈、才艺展示、生活分享等多种内容形式,以满足用户多样化的娱乐需求。这类平台通常具备以下特征。

①内容丰富。涵盖多个娱乐领域,提供多样化的内容形式。

②社交属性。主播与用户之间的互动性强,形成了活跃的社交氛围。

③虚拟经济。平台通常具备打赏、送礼等虚拟经济体系,鼓励用户参与和互动。

泛娱乐类直播平台,如抖音、快手、YY 直播等,凭借庞大的用户基数和活跃的社区氛围,已成为数字娱乐领域的重要组成部分。

(3) 游戏类直播平台

游戏类直播平台专注于游戏内容的直播,涵盖电子竞技赛事、游戏解说、游戏教学等。这类平台通常具备以下特征。

①游戏内容。以游戏为核心内容,吸引大量游戏爱好者。

②专业主播。主播通常具备较高的游戏技能和解说能力,能够提供高质量的直播内容。

③实时互动。平台提供实时互动功能,用户可以参与游戏讨论、分享心得。

游戏类直播平台,如斗鱼、虎牙等,在游戏产业中扮演着重要角色,推动着电子竞技的普及和发展。

(4) 课程类直播平台

课程类直播平台专注于在线教育服务,提供各类学科知识、职业技能、兴趣课程等直播内容。这类平台通常具备以下特征。

①教育服务。以教育为核心,提供丰富多样的课程内容。

②专业师资。主播通常为具备专业资质的教师或行业专家,确保教学质量。

③便捷学习。平台提供实时互动、课程回放、在线测试等功能,方便用户学习。

课程类直播平台,如腾讯课堂、网易云课堂等,在在线教育领域占据重要地位,推动着在线教育的普及和发展。

(5) 版权类直播平台

版权类直播平台专注于体育赛事、音乐会、演唱会等具有版权内容的直播。这类平台通常具备以下特征。

①版权内容。以版权内容为核心,提供高质量、正版的直播服务。

②独家直播。平台通常与版权方合作,获取独家直播权,提供独特的观看体验。

③多视角观看。提供实时互动、多视角观看等功能,增强用户观看体验。

版权类直播平台,如腾讯体育、PP 体育等,通过购买体育赛事版权、举办线上音乐会等方式,吸引了大量体育爱好者和音乐爱好者的关注。这类平台在保护版权、提升用户体验方面发挥着重要作用。

3. 直播营销的优势

直播营销作为近年来迅速崛起的营销方式,其独特的魅力和巨大的潜力已经得到了广泛认可。直播营销的优势主要体现在以下几个方面。

(1) 实时互动,增强用户参与感

直播营销的特点之一就是其实时性。这种实时性不仅体现在直播内容的即时呈现上，更体现在主播与用户之间的实时互动中。在直播过程中，用户可以通过弹幕、评论等方式即时发表自己的观点和疑问，主播也能即时看到并做出回应。这种即时的反馈机制极大地增强了用户的参与感，使得用户不再只是被动的信息接收者，而是成为直播活动的积极参与者。这种参与感的提升，有助于增强用户对直播内容的关注和兴趣，进而提升营销效果。

（2）直观展示，提升产品信任度

直播营销通过直观展示的方式，将产品的外观、功能、使用方法等直接呈现给用户。与传统的文字或图片描述相比，直播展示更加真实、生动，能够让用户更加直观地了解产品的实际效果。这种直观性有助于消除用户对产品的疑虑和不确定性，从而提升他们对产品的信任度。当用户通过直播看到产品的实际表现，并感受到主播对产品的真实推荐时，他们更容易产生购买意愿。

（3）营造氛围，激发购买欲望

直播营销具有强大的氛围营造能力。主播可以通过语言、表情、动作等多种方式，营造出一种特定的氛围，如限时抢购的紧张感、主播推荐的亲切感等。这种氛围能够激发用户的购买欲望，使他们在观看直播的过程中产生强烈的购买冲动。同时，直播中的互动和社交元素也能进一步强化这种氛围的营造效果，促使用户更加积极地参与购买活动。

（4）精准营销，提高转化率

直播营销具有精准营销的优势。通过数据分析，直播平台可以精准地定位目标用户，并向他们推送相关的直播内容。这种精准推送能够确保直播内容与目标用户的兴趣和需求高度匹配，从而提高转化率。与传统的广撒网式营销相比，精准营销能够更有效地触达潜在用户，减少营销成本的浪费，提高营销效果。

（5）扩大品牌影响力，提升品牌知名度

直播营销具有强大的品牌传播能力。通过与知名主播合作或利用直播平台的广泛覆盖，品牌可以迅速扩大其影响力，提升知名度。在直播过程中，主播对品牌的推荐和介绍能够直接触达大量用户，产生广泛的品牌曝光。同时，用户在社交媒体上的分享和讨论也能进一步扩大品牌的影响力，形成口碑传播效应。这种品牌传播能力使得直播营销成为品牌提升知名度和影响力的有效手段。

二、直播营销的典型模式

作为一种新兴的营销手段，直播营销逐渐在市场中占据重要位置。它不仅改变了传统营销的传播方式，还为企业提供了更多与用户互动的机会。下面将详细介绍直播营销的七种典型模式。

1. 直播+发布会

（1）定义

直播+发布会模式是指企业通过直播平台，实时向用户展示新品发布、活动启动等重要信息的形式。这种模式打破了传统发布会的场地限制，使全球用户都能即时参与，提升了信息的传播效果和覆盖范围。直播+发布会不仅仅是新产品的展示，更是一种全方位的营销策略。通过直播的形式,企业可以与用户进行实时互动,收集反馈,甚至可以根据用户的反馈调整产品策略或市场定位。

(2) 特征

①即时性。信息同步传递,用户无须等待即可获取最新资讯。

②互动性。用户可通过弹幕、评论等方式参与讨论,形成即时反馈。

③全球覆盖。利用互联网无国界的特点,实现全球同步直播。

(3) 案例

长城汽车在2023年上海车展期间创新性地采用了混合发布会形式,通过抖音、微信视频号等多平台同步进行线上线下直播。发布会以品牌广告作为开场,系统展示了新车型的核心技术亮点与市场策略,并邀请品牌高管进行深度解读,实现多维度的品牌信息传播。这种创新的传播模式有效突破了地理限制,成功触达全球观众,显著提升了品牌声量,为后续新品上市营造了良好的市场氛围。

2. 直播+产品体验

(1) 定义

直播+产品体验模式通过主播或专业人员在直播中展示产品的使用过程、效果及特点,让用户直观感受产品价值,从而激发购买欲望。这种模式不仅仅是产品的简单展示,更是通过实际的使用场景和效果,让用户对产品有更深入的了解和认识,从而建立对产品的信任和购买意愿。

(2) 特征

①直观展示。通过实际操作演示,让用户更直观地了解产品功能和优势。

②实时解答。主播可即时解答用户疑问,增强信任感和购买信心。

③场景化营销。模拟真实使用场景,提高用户的代入感和购买意愿。

(3) 案例

理肤泉在抖音平台上通过直播形式进行产品体验展示。主播不仅详细介绍了产品的使用方法、成分和功效,还在直播间内进行了实时试妆,让用户能够直观看到产品在不同肤质和光线下的效果。同时,理肤泉还邀请了皮肤科专家进行专业讲解,解答了用户关于护肤的疑问,提供了个性化的护肤建议。这种直播形式不仅提升了用户对理肤泉产品的信任感和购买意愿,还增强了品牌的专业形象。

3. 直播+日常活动

(1) 定义

直播+日常活动模式是指企业将日常经营活动,如生产流程、团队文化、办公环境等,通过直播形式展现给用户,增加品牌透明度,拉近与用户的距离。这种模式强调企业的真实性和日常性,通过直播让用户看到企业的真实面貌,从而与用户建立更紧密的联系。

(2) 特征

①真实性。真实展示企业日常,增强品牌可信度和亲和力。

②情感共鸣。通过分享企业文化和价值观,激发用户的情感共鸣。

③多样性。内容丰富多样,满足用户的好奇心,提升品牌关注度。

（3）案例

认养一头牛通过直播形式展示了其牧场的日常运营和牛奶的生产过程。用户可以看到奶牛的生活环境、饲料来源以及牛奶的加工和质检过程。这种直播形式不仅增加了品牌的透明度，还让用户更加了解认养一头牛对产品质量和安全的严格把控。同时，认养一头牛还通过直播与用户进行互动，收集了用户对产品的反馈和建议，进一步改进了产品和服务。

4. 直播+解密

（1）定义

直播+解密模式通过直播形式揭秘产品或服务的背后故事、制作工艺、研发过程等，满足用户的好奇心和求知欲，提升品牌形象。这种模式强调产品的独特性和价值，通过揭秘的方式让用户对产品有更深入的了解和认识，从而建立对品牌的信任和忠诚度。

（2）特征

①揭秘性。深度剖析产品或服务的内在价值，增加用户兴趣。

②专业解读。邀请专家或业内人士进行专业讲解，提升内容权威性。

③独特性。提供独家视角和信息，增强品牌差异化竞争优势。

（3）案例

李子柒品牌通过直播形式揭秘了其螺蛳粉的制作工艺和背后故事。在直播中，李子柒展示了螺蛳粉的传统制作工艺，包括选材、发酵、熬制等步骤，并分享了制作过程中的小窍门和心得。用户通过直播不仅了解了螺蛳粉的独特之处，还感受到了李子柒品牌对传统美食文化的传承和创新。这种直播形式引发了用户的共鸣，激发了用户的购买欲望，提升了品牌的知名度和美誉度。

5. 直播+广告植入

（1）定义

直播+广告植入模式是指在直播过程中巧妙地融入广告内容，使用户在娱乐或获取信息的同时，无意识地接收品牌信息。这种模式强调广告的隐蔽性和高效性，通过巧妙的方式将广告融入直播内容中，让用户在不知不觉中接收品牌信息，从而达到营销效果。

（2）特征

①隐蔽性。广告内容自然融入直播场景，减少用户反感。

②高效传播。利用直播的高流量和互动性，快速提升品牌曝光度。

③精准定位。根据直播内容和用户特点，实现广告的精准投放。

（3）案例

在董宇辉的直播中，经常出现巧妙的广告植入。例如，在推销枇杷时，董宇辉不仅展示了枇杷的鲜美口感和营养价值，还特意展示了装满枇杷的精美瓷盘。他幽默地表示，这个瓷盘也是他的心头好，并顺势介绍了这个瓷盘的品牌和购买方式。用户在欢笑中接受了这个广告植入，并对瓷盘产生了兴趣。这种广告植入方式不仅自然流畅，还提升了品牌的曝光度和用户的好感度。

6. 直播+名人访谈

（1）定义

直播+名人访谈模式通过邀请行业专家、明星等名人参与直播，分享专业知识、行业见解或个人经历，吸引用户关注，提升品牌影响力。这种模式强调名人的影响力和话题性，通过名人的参与吸引更多用户关注直播内容，从而提升品牌的知名度和影响力。

（2）特征

①权威性。名人效应增强内容的权威性和可信度。

②话题性。名人访谈自带话题热度，吸引大量用户围观。

③品牌关联。通过与名人合作，建立品牌与高端、专业的形象关联。

（3）案例

东方甄选直播间经常邀请文化、影视等领域的名人进行访谈。例如，刘德华、易中天等名人都曾做客东方甄选直播间，与主播董宇辉进行面对面交谈。在访谈过程中，名人分享了自己的见解和经历，同时也顺势推广了与访谈主题相关的书籍、课程等产品。这种直播模式不仅吸引了大量用户关注，还通过名人的影响力提升了品牌的知名度和销售额。用户在观看访谈的同时，也能够了解到更多有趣的信息和产品推荐。

7. 直播+产品售卖

（1）定义

直播+产品售卖模式是最直接的直播营销模式，主播在直播中直接推广并销售商品，用户可以边看边买，实现即时交易。这种模式强调直播的即时性和交易性，通过直播的形式让用户能够实时了解产品信息并直接进行购买，从而简化购物流程并提升销售效果。

（2）特征

①即时交易。用户可以直接在直播间下单购买，简化购物流程。

②互动促销。通过限时折扣、满减优惠等互动环节，刺激购买欲望。

③销量爆发。直播间的氛围和主播的引导往往能引发销量的爆发式增长。

（3）案例

鸿星尔克在直播间内直接推广并销售其运动产品。主播通过详细介绍产品的特点、功能、优惠活动等信息，吸引用户下单购买。例如，在推销新款运动鞋时，主播展示了鞋子的设计细节、舒适度和耐用性，并提供了限时折扣和满减优惠等促销手段。同时，客服还积极与用户进行互动，解答了用户对产品的疑问，并提供了优质的售后服务。这种直播+产品售卖模式不仅简化了购物流程，还促进了销量的快速增长。用户在观看直播的同时，就能够了解到产品的详细信息，并做出购买决策。

直播营销的七种典型模式各具特色，企业可以根据自身品牌特点、产品属性和目标用户需求，选择合适的直播营销模式。通过精心策划和执行，直播营销不仅能够提升品牌知名度和影响力，还能够有效促进产品销售和业绩增长。未来，随着技术的不断进步和市场的持续变化，直播营销模式也将不断创新和发展，为企业营销带来更多可能性。

案例分析

立白"9月9感恩欢购节"全渠道直播

在数字化营销日益盛行的当下,直播营销以其独特的互动性和即时性成为众多品牌竞相追逐的热点。立白科技集团借势"9月9感恩欢购节",通过全渠道直播营销策略,不仅成功吸引了用户的广泛关注,更实现了品牌与销量的双重提升。

1. 多渠道整合,明星效应加持

立白在策划"9月9感恩欢购节"时,明确了多渠道整合与明星效应并重的策略。一方面,立白充分利用抖音、微信视频号、淘宝直播等热门平台,形成直播矩阵,覆盖更广泛的用户群体;另一方面,邀请喜剧明星金靖及总裁陈泽滨,借助其个人魅力和"粉丝"基础,快速提升直播间的热度和信任度。此外,立白还打造"感恩"主题,通过福利放送和互动环节,增强用户的参与感和归属感。

2. 创意内容,精准触达

在执行过程中,立白注重直播内容的创意性和精准性。直播内容围绕日常生活场景展开,如通过吃火锅展示除味洗衣液的效果,生动直观地传达产品卖点。同时,立白利用大数据和AI技术,对目标用户群体进行精准画像,推送个性化内容和福利,提高转化效率。此外,总裁陈泽滨与明星金靖的幽默互动,不仅增加了直播的趣味性,也有效拉近了品牌与用户的距离。

3. 数据说话,成绩斐然

立白"9月9感恩欢购节"全渠道直播活动取得了显著成效。据统计,活动总曝光量突破数千万人次,直播间在线人数峰值达到数万,互动总量高达数百万次。销售额方面,立白产品销量激增,部分明星产品如立白大师香氛洗衣液销售额近3000万,整体GMV实现大幅提升。更值得一提的是,此次活动不仅带动了线上销售的增长,还引发了线下商超的排队抢购热潮,线上线下联动效应显著。

此外,此次直播活动的成功还得益于立白强大的品牌力和产品力的支撑。在直播过程中,立白不仅展示了其产品的优质性能和独特卖点,还通过总裁亲自上阵、明星助阵等方式,进一步提升了品牌的形象和信任度。这告诉我们,在直播营销中,品牌和产品本身的质量和口碑也是至关重要的。

思考题

1. 短视频营销中的品牌内容营销、网红植入营销和场景体验营销三种类型,各自的侧重点分别是什么?
2. 直播营销的优势有哪些?请结合具体事例进行说明。
3. 短视频营销的策略有哪些?请分别阐述。
4. 直播平台分为哪几类?每类的定义和特征是什么?

第十一章 内容营销

学习目标

1. 认识内容营销的定义和分类。
2. 理解 KOL 营销价值与策略的分析。
3. 理解小红书营销价值与策略的分析。

案例引入

肯德基 2022 年六一宝可梦营销传播

肯德基在 2022 年六一儿童节期间推出的宝可梦营销传播活动是内容营销的一次成功实践。

肯德基精准捕捉六一儿童节的节日氛围，将目标受众不仅局限于儿童，而是扩展到拥有宝可梦情怀的广大成年人群体。通过跨界合作，肯德基与全球知名 IP 宝可梦联手，推出限量版儿童节套餐，并随机附赠三款宝可梦系列玩具——可达鸭音乐盒、皮卡丘八音盒及皮卡丘郊游水壶。这一策略不仅增强了套餐的吸引力，也借助宝可梦的强大 IP 效应，迅速提升品牌曝光度。

肯德基在内容创意上下足了功夫。可达鸭音乐盒以其蠢萌的形象、魔性的音乐迅速走红，成为社交媒体上的热门话题。可达鸭交替摆手的动作搭配可更换的便利贴，激发了消费者的二次创作热情，各种搞笑视频、表情包层出不穷，形成了强大的 UGC 生态。这种情感共鸣与趣味互动的结合，不仅加深了消费者对品牌的记忆点，也促进了内容的自发传播。

从执行效果来看，肯德基的这次内容营销活动取得了显著成效。据不完全统计，可达鸭音乐盒在二手市场上的价格一度被炒至近千元，远超套餐本身价值，体现了其极高的市场热度。同时，社交媒体上关于可达鸭的讨论量激增，相关话题多次登上热搜榜，为肯德基带来了巨大的品牌曝光。此外，套餐销量也实现了显著提升，成功带动了门店的人流与销售额。

肯德基 2022 年六一宝可梦营销传播活动是内容营销的一次典范之作。通过精准定位目标受众、跨界合作知名 IP、创意激发情感共鸣与趣味互动，肯德基不仅成功吸引了消费者的注意，也实现了品牌与销量的双重提升。

第一节　内容营销

一、内容营销的概述

尽管媒体和信息技术在不断演变，但内容营销的核心目标——推动商业推广——始终未变。内容在这里作为一座桥梁，连接着企业与用户。美国内容营销研究院对内容营销的定义是：一种战略性的营销方式，通过创造和分发有价值、相关性强和持续连贯的内容来吸引并留住明确的目标受众，并最终驱动有利可图的用户行为。

首先，内容营销被视为一种长期战略，而非单次活动。它贯穿于用户吸引、转化到购买的整个流程，具有持久性和连续性，这与广告或公关活动形成鲜明对比。在实际操作中，内容营销与产品广告、公关活动相辅相成，共同突出活动主旨。

其次，内容营销的内容设计具有高度针对性和价值性。它并非面向大众，而是针对特定、已被企业深刻理解的用户群体。因此，内容的创建是以用户为导向的，根据他们的兴趣和需求定制，这与广告和公关软文的泛泛而谈大相径庭。例如，在空气净化器的营销中，企业可能会从普及空气污染知识入手，逐步深入到产品特性和优势介绍，最后通过用户案例和售后服务展示来促成购买。

再次，内容营销始终围绕有利可图的商业目标展开。虽然企业可能会在社交媒体上分享一些非业务相关内容以吸引关注，但内容营销的每一篇文章都应是精心策划的结果，旨在引导用户产生购买行为，进而提升企业收入。与广告和公关软文相比，内容营销更为隐性，它如春风化雨般潜移默化地影响用户。

最后，内容营销强调企业的自有媒体资产。由于内容的持续性和独特性，它主要在自有媒体上发布，这降低了营销成本，同时允许企业通过用户反馈更精确地了解内容效果，并通过互动加深与用户的联系。这种对自有媒体的有效利用不仅能提高投资回报率，还能增强用户忠诚度。

尽管内容营销在形式上可能与广告、公关软文等相似，都通过文字、图片或视频来传达企业意图，但它并非仅仅是一种传播手段。同时，"内容"也不应等同于所有发布的营销活动。内容营销是数字营销战略的关键组成部分，在数字化时代，优质内容成为企业获取用户和维护用户的重要手段。在产品触及用户心智之前，内容已经渗透到他们的社交圈中，以有趣和个性化的方式在各种数字媒体上展现。

二、内容营销的分类

1. IP
由独立的知识产权拥有者提供的内容，如迪士尼、漫威等。
2. PGC、UGC
由 MCN、KOL 等机构或个人生产的内容，主要发布在社交媒体上。
3. 内容衍生定制
捆绑 IP 内容，结合品牌信息的内容衍生定制，贴合 IP 观看场景进行定制化投放，最终助力品牌出圈。

4. 娱乐营销

借助娱乐元素或内容，在产品与用户之间建立情感联系，从而达到宣传品牌及带动销售的目的。

5. 游戏营销

不同于传统广告的单向沟通，游戏营销的关键在于将品牌信息嵌入游戏中，与游戏内容高度融合，从而使用户在游戏娱乐中与品牌自然互动，实现更紧密的品牌联系。

6. 体育营销

体育营销是以体育活动为载体来推广自己的产品和品牌的一种市场营销活动，是市场营销的一种手段。它包括两个层面：一是指将体育本身作为产品营销；二是指运用营销学原理，以体育赛事为载体进行非体育产品的推广和品牌传播。

在数字时代，体育赛事或体育活动离不开数字渠道及互联网媒体的传播，同时也涌现出许多以体育为核心的专业媒体和达人。因此，品牌通过数字化的方式开展体育营销的行动也越来越普遍。

三、内容营销的价值分析

1. 内容让产品价值可以被感知

2018年，《舌尖上的中国（第三季）》闪亮登场。节目并未将某家餐馆或美食推向热门，却意外地让章丘铁锅声名大噪。随着节目的播出，网络上对章丘铁锅的需求激增，甚至一度出现缺货现象。特别是节目中王玉海师傅手工锻打的铁锅，在短短三天内，其订单就已经排到了2021年。

这款铁锅深受家庭主妇们的喜爱，主要归功于其精湛的制作工艺——需要历经十二道工序，十八遍火候，经受一千度高温的冶炼，以及高达三万六千次的捶打。然而，我们不禁发问：这些独特的工艺真的是导致消费者疯狂抢购这款铁锅的原因吗？

如果我们改变章丘铁锅的推广策略，例如在《舌尖上的中国》节目中大量投放广告，并在短短的15秒广告时间内，强调其"十二道工序、十八遍火候、一千度高温冶炼、三万六千次捶打"等独特卖点，那么，章丘铁锅是否会因此引发全国范围内的抢购热潮呢？答案很可能是否定的。尽管广告宣传中的卖点相同，甚至曝光率更高，但为何《舌尖上的中国》的内容推广能够激起消费者的购买热潮，而直接的广告宣传却难以达到同样的效果呢？这主要是因为，内容营销能够让产品的价值变得更为直观、可感知。

2. 内容可以成为无限增长的流量入口

如今，越来越多的互联网应用正在向内容化方向进行改造。以淘宝为例，其引入了"有好货""每日好店""淘宝二楼"等以内容为核心的入口，其主页也已经转变为以内容流为主导的界面。同样，诸多APP也正在经历内容化的转型过程，如大众点评、携程等，更不用说像马蜂窝和小红书这样一直强调内容特性的平台了。那么，为何这类平台都趋向于内容化呢？其根本原因在于，纯粹的工具平台会面临流量的上限。如果用户仅仅是为了消费而来，那么无论是用户的数量、在平台上的停留时间，还是消费的次数，都会受到一定的限制。

内容的引入，无疑为平台增添了更多的访问动因。当用户能够像欣赏故事那般去观摩他人的消费经历，将购物过程转化为一种类似于浏览短视频般的愉悦体验时，用户在平台上的停留时间势必会显著延长。同时，这些真实的个人消费故事如同一份份信任的凭证，有力地激发了其他用户的购买意愿。

因此，内容营销成了一个无上限的流量入口。不论是资金短缺、无法购买流量的初创企业，还是流量增长陷入困境的成熟企业，只要它们具备产出高质量内容的能力，便有可能突破流量的限制，实现新的增长。

3. 内容可以成为产品消费的主要动因

瑞幸咖啡与茅台酒的联名营销是一次跨界合作的典范。这次合作的过程首先由双方高层进行多轮洽谈，确定了合作意向和具体方案。随后，两个品牌共同研发了特色联名产品——酱香拿铁，这是一款结合了茅台酒的独特风味与瑞幸咖啡的精致口感的创新饮品。

在推广方面，瑞幸和茅台充分利用了各自的线上线下渠道，通过社交媒体、广告宣传以及线下门店活动等多种方式进行了广泛宣传。此外，他们还邀请了多位知名网红和 KOL 进行产品体验，并通过直播、短视频等形式与"粉丝"互动，进一步扩大了联名产品的影响力。

（1）成功之处

① 品牌互补。茅台酒作为国内高端白酒的代表，与瑞幸咖啡的联名实现了传统与现代、东方与西方的完美结合，吸引了不同年龄层次的消费者。

② 产品创新。茅台瑞幸咖啡的独特口感和创新组合，满足了消费者对新鲜事物的追求，引发了广泛关注和讨论。

③ 营销渠道多样化。通过线上线下多维度的营销推广，有效扩大了品牌曝光度，提高了市场占有率。

（2）对其他企业的影响

① 引领跨界合作潮流。瑞幸与茅台的联名营销为其他企业提供了跨界合作的成功范例，鼓励更多品牌尝试不同领域的合作。

② 提升品牌价值。联名营销不仅提升了瑞幸和茅台自身的品牌价值，也为合作双方带来了更多的商业机会。

③ 激发市场活力。这种创新的营销方式激发了市场的竞争活力，促使其他企业不断创新营销手段以吸引消费者。

通过精心策划的联名活动和创新的产品组合，品牌能够创造出引人入胜的故事和情感连接，从而激发消费者的购买意愿。内容营销不仅提升了品牌的知名度和美誉度，更能够深化品牌与消费者之间的情感纽带，建立长期的品牌忠诚度。因此，企业应充分认识到内容营销的重要性，将其作为推动产品消费的主要动因之一，并积极探索更多创新的内容营销策略。

四、内容营销的策略分析

企业之所以投身于内容营销，主要是因为硬性广告的效果日渐式微，企业希望通过富有吸引力的内容来引导消费者聚焦于其品牌。然而，内容营销的价值远不止于吸引目光那么简单，其更深层的战略意义在于为企业打造一个新的流量入口，从而挑战行业巨头的流量主导地位。若企业意在精通内容营销之道，那么培养成本意识则至关重要。这里的"成本"并不仅指财务支出，它还包括企业内部资源的投入，如时间、创意，以及对消费者心理认知的投入。

1. 选定内容赛道，持续投资

一位志在夺取奥运奖牌的运动员，绝不可能今日专注于长跑训练，明日又转向短跑训练。这种频繁切换不仅会导致运动员的精力被严重分散，更重要的是，短跑和长跑训练之间存在着显著的冲突性，这种冲突会极大地削弱甚至抵消训练效果。与此相似，企业在实施内容营销策略时，也应选择并专注于某一个特定的内容领域，通过持续而深入地耕耘，力求成为该领域的领军者。

以新氧 APP 为例，作为一家专注于医美服务的平台，他们选择将医美知识与娱乐元素相结合作为其主打内容方向。通过在文章中融入专业的医美分析，他们成功地激发了女性用户的传播兴趣，使得新氧的微信公众号在医美相关内容领域表现突出。

2. 让内容沉淀，形成 IP 资产

企业在广告策略中常陷入的误区是过于追求新鲜感的创意以刺激消费者。然而，消费者的心智认知是一项长期投资，需要稳定和持久地维护，而非频繁更变。因此，企业在开展内容营销时，应注重积累与沉淀，努力将营销成果转化为可持续的 IP 资产，如"双 11""淘宝造物节"等已成为消费者生活中不可或缺的一部分。

企业应在变化多样的创意内容中寻找那些能够持久不变的营销元素，并进行持续投入。对于已形成的营销 IP，需要不断创新以保持消费者的新鲜感，但同时也要保持其核心的稳定性和识别度。

3. 优化消费者行为路径，降低转化成本

若要探讨何为优质内容，或许我们能得到层出不穷的答案。内容的形式、风格、深度、创意，乃至其传递的情感与价值，都可能成为评判其优劣的标准。然而，当我们聚焦于何为出色的内容营销时，答案却变得清晰且唯一：唯有能驱动市场增长的内容营销，方可称得上是出色的内容营销。这不仅意味着内容需要具备吸引力和独特性，更重要的是，它必须能够有效地优化消费者行为路径，降低转化成本，从而实现商业价值的最大化。出色的内容营销不仅仅是讲述一个故事或展示一个产品，更是要在这个过程中巧妙地引导消费者，使他们在不知不觉中走完从认知到兴趣，再到购买乃至忠诚的整个消费旅程。

4. 将内容场景化，激发潜在需求

将产品的独特卖点和特色巧妙地融入具体场景中，以此构建出别具一格的场景差异化核心竞争力。只有将场景化的内容描绘得细致入微，精准捕捉消费者的痛点和深层需求，才能在极大程度上唤醒消费者的潜在购买欲望。消费者的心态会经历一系列的转变，从最初的"我并不需要这个产品"，到"这个产品或许对我有用"，再到最后的"我确实非常需要这个产品"。场景描述得越详尽，消费者就越容易在心中构建出生动的画面，进而被精心打造的场景所吸引，最终产生强烈的购买欲望。

5. 借助热点进行内容营销，放大品牌效应

热点内容营销是指巧妙地将企业或品牌理念融入突发热点事件中，旨在提升媒体曝光、吸引消费者、塑造品牌以及促进销售。随着社交媒体的迅猛发展，此策略已在全球范围内得到广泛应用。

突发热点事件的随机性和不可预测性使其更能激发消费者的好奇心和关注。由于这类事件无规律可循，各企业在热点内容营销上的起跑线相对平等，成功的机会也更大。突发热点事件的多样性首先考验企业对事件的反应和解读能力，寻找与品牌的契合点，随后才是内容创意、执行力和传播效率的比拼。

第二节　KOL 营销

一、KOL 营销的概述

KOL 是指那些掌握更多准确的产品信息，被特定群体所信赖，且能显著影响该群体购买决策的人士。KOL 并非新生事物，在传统媒体时代，其影响力已不容小觑，而在社交媒体时代，其覆盖面和影响力更是被极大地提升。

KOL 的发展历程共包括四个阶段，如表 11-1 所示。

表 11-1　KOL 的发展历程

阶段	典型平台	内容类型	变现方式	代表 KOL	各阶段重要变化
1.0 阶段	天涯、豆瓣、贴吧等论坛	文字	知识付费（出版书籍、付费阅读）	网络作家，如韩寒、安妮宝贝等	①明星开始加入 KOL 行列。②初代"素人"开始涌现
2.0 阶段	微博	图片、文字	主要依托社交媒体平台实现商业化，如广告、打赏等	①明星，如姚晨、陈坤等。②网红，如和菜头、回忆专用小马甲等	①KOL 营销生态逐渐走向成熟。②KOL 开始形成独立 IP，如李子柒
3.0 阶段	抖音、快手、小红书、微信公众号	短视频、直播	直播、电商带货	职业红人，如李子柒、papi 酱、张大奕等	
4.0 阶段	抖音、快手、哔哩哔哩、视频号	直播、短视频	直播带货、广告变现、自有 IP 及衍生品等多元化商业模式	①企业家，如雷军、董明珠等。②专业人士，如老爸评测等。③虚拟 IP，如柳夜熙等	①KOL 身份更加多元，扩大至社会各界。②品牌加强直播及内容平台投入

KOL 营销在当今品牌的社会化媒体传播策略中占据着举足轻重的地位。相较于以往，得益于短视频和直播的普及，广告主如今能够通过更加多样化的方式和渠道开展 KOL 营销。

在不同类型的平台上，KOL 的表现也存在差异。例如，抖音的内容主要集中在音乐、舞蹈和生活方式等领域；快手与抖音有相似之处，但在游戏和时尚内容方面更为突出；微博依然是娱乐内容的主要阵地，明星、名人和影视娱乐相关内容占据了大部分关注度；小红书在生活分享方面表现出色，特别是美妆内容；而微信公众号则更多地聚焦于企业、教育和金融财经等领域的内容。这些平台内容的差异也导致了"粉丝"群体的差异。例如，在小红书和微博的 KOL "粉丝"中，女性占比超过 80%，而在快手的 KOL "粉丝"中，女性占比则为 70%。不同平台的 KOL 差异化定位如表 11-2 所示。

表 11-2　不同平台的 KOL 差异化定位

平台	差异化定位
微信	专注于熟人社交的平台，能够自发传播重大事件，并在朋友圈实现病毒式传播效应
微博	大众化的娱乐平台，能够为用户提供广泛的曝光机会，同时助力内容登上热搜，实现全国范围内的传播与通达
抖音	拥有超大流量池的平台，能够实现高效的内容推送与投放，特别适合于低客单价商品的快速转化
快手	以用户为核心的平台，通过普惠机制构建了强信任电商环境，促进用户的高复购率
小红书	趋势的引领者，通过内容共创挖掘新的赛道，并抢占用户心智
哔哩哔哩	一个面向年轻人的平台，以 UP 主①提供的深度内容为核心，通过沉浸式体验影响用户的认知

二、KOL 营销价值的分析

在当今的数字化营销环境中，KOL 的作用日益凸显，已成为品牌推广策略中不可或缺的一部分。KOL 营销凭借其独特优势，不仅增强了品牌与用户之间的情感连接，还极大地提升了营销活动的有效性和效率。以下是对 KOL 营销价值的深入分析。

1. 增强品牌影响力

KOL 在其专注的领域内往往拥有庞大的"粉丝"群体和显著的影响力。他们的每一次推荐或评价，都能迅速吸引大量关注，直接影响"粉丝"的购买决策。品牌通过与这些 KOL 合作，可以快速扩大品牌的曝光范围，有效提升在目标受众中的知名度和认可度，从而构建更加稳固的品牌形象。

2. 提高营销活动的可信度

鉴于 KOL 在其专业领域内的权威地位和长期积累的信任度，他们的推荐被视为更加可靠和真诚的信息来源。这种基于信任的推荐机制，能够显著提升用户对品牌及其产品的信赖感，进而转化为实际的购买行为。

3. 精准定位目标受众

KOL 通常拥有明确的"粉丝"群体，这些"粉丝"对 KOL 的内容高度关注并乐于

---

① UP 主即上传者，指在视频网站、论坛等平台上传视频、音频文件的人，常见于国内哔哩哔哩等视频网站。

接受其推荐。品牌选择与具有特定受众定位的 KOL 合作,意味着能够更精准地触达目标市场,减少营销资源的浪费,提高营销活动的针对性和效率,实现更加精细化的市场渗透。

4. 降低营销成本

相较于传统广告投放,KOL 营销往往能以更低的成本实现更广泛的覆盖和更高的转化率。通过与 KOL 建立合作关系,品牌能够以更加自然、亲和的方式融入用户的日常生活,减少硬性广告的投入,同时达到甚至超越传统营销的效果,实现成本效益的最大化。

5. 促进口碑传播

KOL 的意见和评价具有强大的传播力,能够迅速在社交媒体上引发广泛讨论和分享,从而加速品牌的口碑传播。这种正面的口碑效应不仅有助于塑造和提升品牌形象,还能吸引更多潜在用户的关注,进一步扩大品牌的市场影响力,形成良性循环。

6. 提供有价值的市场反馈

作为"粉丝"群体的代表,KOL 能够直接接触到用户的真实需求和反馈,对市场趋势和竞争态势有着敏锐的洞察力。品牌通过与 KOL 的紧密合作,可以获取第一手的市场信息,及时调整营销策略,确保品牌能够迅速响应市场变化,满足用户日益多样化的需求,保持市场竞争力。

KOL 营销以其独特的优势,为品牌在数字化时代构建强大的市场竞争力提供了有力支持。通过巧妙利用 KOL 的影响力、信任度和精准定位等特性,品牌不仅能够实现高效的营销传播,还能在激烈的市场竞争中脱颖而出,赢得用户的青睐与忠诚。因此,对于希望在现代营销环境中取得成功的品牌来说,充分利用 KOL 营销的价值至关重要。

三、KOL 营销策略的分析

KOL 营销策略凭借精准定位、高效传播和深度互动等优势,已成为众多品牌提升市场影响力和促进销售增长的重要手段。以下是对 KOL 营销策略的详细分析。

1. 精准定位策略

精准定位是 KOL 营销成功的关键。品牌需根据自身的市场定位、目标受众及产品特性,选择合适的 KOL 进行合作。这要求品牌对 KOL 的"粉丝"画像有深入的了解,确保 KOL 的"粉丝"群体与品牌的目标受众高度重合。例如,时尚品牌更倾向于与时尚领域的 KOL 合作,通过 KOL 的个性化穿搭和时尚见解吸引潜在用户。为了实现精准定位,品牌还需要进行市场调研和数据分析,了解目标受众的兴趣爱好、消费习惯以及他们在社交媒体上的行为模式,从而找到最匹配的 KOL 进行合作。

2. 内容共创策略

内容共创是指品牌与 KOL 共同创作具有吸引力的内容,以提升营销效果。这种方式不仅能增强内容的原创性和独特性,还能加深品牌与 KOL 之间的合作关系,提升"粉丝"的信任度和参与感。内容共创包括联名产品、定制视频、直播互动等多种形式,可以根据品牌需求和 KOL 特点灵活选择。在内容共创过程中,品牌需要给予 KOL 足够的创作自由,让他们能够根据自己的风格和"粉丝"的喜好来定制内容,同时确保内容符合品牌的核心价值和传播目标。

3. 矩阵投放策略

矩阵投放是指通过构建多层次的 KOL 矩阵，实现信息的广泛覆盖和深度触达。金字塔式 KOL 矩阵和垂类 KOL 矩阵是两种常见的矩阵形式。金字塔式 KOL 矩阵借助头部 KOL 制造话题热点，腰部 KOL 提供深度内容，尾部 KOL 进行广泛分发；垂类 KOL 矩阵则聚焦特定领域，通过规模化传播实现精准营销。品牌可以根据营销目标和预算灵活选择适合的矩阵形式。

在实施矩阵投放策略时，品牌需要注意不同层级 KOL 之间的协同作用，确保他们能够在各自的影响范围内发挥最大效力，同时保持整体营销信息的一致性和连贯性。

4. 互动参与策略

互动参与是提升 KOL 营销效果的重要手段。品牌可以通过组织线上直播、互动问答等活动，提升用户的参与感和品牌忠诚度。KOL 与"粉丝"之间的互动不仅能提升内容的吸引力，还能激发"粉丝"的购买欲望和口碑传播。为了实现有效的互动参与，品牌需要鼓励 KOL 与"粉丝"进行真实的、有意义的交流，回应他们的评论和疑问，建立一种亲密和信任的关系。此外，品牌还可以设置一些有趣的互动环节或奖励机制，激励"粉丝"更积极地参与活动并分享他们的体验。

5. 数据驱动策略

在 KOL 营销中，数据驱动策略也是至关重要的。品牌需要利用数据分析工具来跟踪和评估 KOL 营销活动的表现，包括曝光量、点击率、转化率等关键指标。通过数据分析，品牌可以了解哪些 KOL 和内容类型更受目标受众的欢迎，从而优化营销策略和预算分配。数据驱动策略还可以帮助品牌识别潜在的市场机会和趋势，及时调整营销方向以抓住市场机遇。

第三节 小红书营销

一、小红书营销的概述

1. 小红书营销的定义

小红书营销是指在小红书平台上，通过发布高质量的内容，利用平台特有的社交功能，实现品牌推广、产品营销和用户增长。其目的在于利用小红书的用户基础和社交影响力，提升品牌知名度、增加用户黏性，并最终实现市场份额和商业价值的提升。

2. 小红书营销的特点

小红书营销的特点主要体现在以下几个方面。

（1）内容创新性

小红书营销的核心在于内容的原创性和创新性。品牌需要创造独特、有价值的内容来吸引用户的关注，内容包括吸引人的故事、实用的教程、有趣的话题等。

小红书鼓励用户分享真实的使用体验和心得，这种口碑传播的方式对于品牌建设尤为重要。品牌可以通过与用户的互动，了解他们的需求和反馈，进一步优化内容策略。

（2）用户互动性

小红书具有强大的社交属性，用户可以通过评论、点赞、收藏等方式与内容进行互动，这为品牌提供了与用户建立深入联系的机会。

除了普通用户，KOL 也是提升互动性的重要手段。品牌可以与他们合作，利用他们的影响力来扩大品牌的曝光度和用户参与度。

（3）数据分析

小红书提供了丰富的数据分析工具，品牌可以根据用户行为数据来优化营销策略。例如，品牌可以追踪用户的点击率、转化率、互动率等指标，了解哪些内容类型、话题或推广方式更受用户欢迎。

数据驱动的内容创作和推广使得营销效果更加精准和可衡量。品牌可以根据数据反馈来调整内容策略，确保营销活动能够持续吸引用户关注并取得良好的商业效果。

（4）社区氛围

小红书具有独特的社区文化，用户之间有较高的信任度和黏性。品牌需要深入了解这个社区的文化和价值观，以确保营销活动能够与社区氛围相融合。

通过融入社区文化，品牌可以提升用户的好感度和忠诚度。例如，品牌可以参与社区话题讨论、举办线上活动或与用户进行互动，以建立更紧密的关系并增强用户对品牌的认同感。

二、小红书营销价值的分析

1. 品牌知名度的快速提升

小红书以其庞大的用户基数和高活跃度的社区氛围，为企业提供了广阔的品牌展示舞台。企业通过发布高质量的内容，结合 KOL 的推广，能够迅速触达目标用户群体，提升品牌曝光度。

2. 用户黏性的有效增强

小红书的互动机制鼓励用户积极参与内容创作与分享，形成了强大的用户黏性。品牌可以通过与用户的直接互动，收集反馈，优化产品，从而建立更加紧密的用户关系。此外，小红书的社区文化强调真实性和有用性，品牌通过发布高质量、有价值的内容，能够进一步巩固用户忠诚度。

3. 传播渠道的多元化拓展

小红书不仅是一个内容创作和分享的平台，更是一个强大的传播渠道。品牌可以通过小红书的笔记、直播、短视频等多种形式，将产品信息传递给用户，实现多渠道覆盖。同时，小红书的算法推荐机制能够根据用户的兴趣和行为习惯，精准推送相关内容，提高传播效率。

4. 口碑营销的高效实现

小红书用户群体的特征为年轻、活跃、消费能力强，他们乐于分享购物心得和使用体验，这为品牌提供了宝贵的口碑营销机会。正面的用户评价和推荐能够迅速在平台上传播，形成良好的口碑效应。品牌可以通过提供优质的产品和服务，鼓励用户在小红书上分享使用体验，从而吸引更多潜在用户，实现口碑与销量的双赢。

5. 市场趋势的敏锐洞察

小红书作为社交媒体平台，汇聚了大量用户的生活分享和消费心得，这些数据为品牌提供了宝贵的市场洞察机会。品牌可以通过分析小红书上的用户行为和讨论热点，了解用户的需求和偏好变化，及时调整营销策略和产品方向。

6. 精准营销的有效实施

小红书的算法和数据分析能力为品牌提供了精准的营销工具。品牌可以利用小红书的用户画像和数据分析功能，精准定位目标用户群体，制定个性化的营销策略。通过定向投放广告、合作推广等方式，品牌可以将产品信息精准传达给潜在用户，提高营销效果和转化率。

三、小红书营销策略的分析

1. 产品+场景体验

小红书通过构建社区，使用户在购买产品前能够浏览他人的购物笔记，并在购买后记录分享购物体验，实现线上互动。这种将线下商场的互动场景移至线上的方式，实现了零距离交流。为产品增加场景体验是提升其价值的有效方法，只有准确定位用户需求，打造目标化场景，才能提升用户的产品认知，激发消费动机。创造产品的场景化体验能为传统产品注入新的市场活力。

2. 产品+社群

小红书注重社群建设，即便上线电商平台后，社群的优越性依然显著。小红书通过推荐好物，展现商品故事和内涵，实现用户间的互动交流，形成带有不同标签的社群。社群活动能提高用户活跃度，增加用户黏性，激发潜在消费需求。社群氛围可逐步加深对目标用户的影响，使其产生信任和依赖感，而产品则是维系用户的纽带。企业可依据产品定位或属性，创建或加入合适的社群，实现传播目标。

3. 产品+新零售

小红书依托线上社区的口碑影响力，开辟线下发展路径，布局线下体验店，将线上客源引流至线下。尽管电商发展迅速，但线下零售仍占据重要市场。新零售概念出现后，电商平台纷纷打造线上线下联动的新模式。新零售渠道借助科技为用户提供不同维度的服务，利用 O2O 模式提高效率，满足用户购物体验的新需求。

4. 产品+IP

小红书汇聚了用户所需的各类"干货"，这使其成为用户进行消费决策时的首选平台。小红书榜单所推荐的品牌或产品赢得了用户的信任，进而形成了小红书专属的 IP。为产品贴上文化标签或许能维持一时的热度，但若想实现持续发展，还需赋予产品更深刻的意义和价值。将产品或品牌进行 IP 化是一条可行之路，具有超强 IP 属性的产品更容易得到传播。

5. 产品+交互

小红书打造了一个对话平台，实现了用户与用户之间以及用户与企业之间的交互。

通过 UGC 模式，用户能够更好地了解品牌，企业也能够更清晰地把握用户的需求，从而调整产品布局。传统营销模式是由企业单向主导的，而在互联网环境下，营销模式以用户思维为主，建立在用户参与的交互环境之上。当产品创新和研发过程有用户参与时，营销设计会更加贴合目标用户群体，产品也就能真正成为用户所喜爱的产品。

案例分析

沃尔沃汽车：人生重启时

在当今竞争激烈的汽车市场中，沃尔沃汽车通过一场名为"人生重启时"的内容营销活动，成功地将品牌安全理念与消费者情感紧密相连，展现了内容营销的深度与魅力。

沃尔沃生命奇迹俱乐部——一个独特的车主社群，仅接纳经历严重车祸后幸存的车主。这一设定本身就充满了故事性与话题性，为内容营销提供了丰富的素材。面对消费者对安全性能认知的疲劳，沃尔沃汽车亟须创新沟通方式，强化品牌"唯爱与生命不可辜负"的核心理念。

沃尔沃汽车摒弃了传统的说教式广告，转而采用真实车主的"劫后余生"故事作为创意原点，通过纪录片的形式，平实记录车主们重启人生的日常，特别是他们独特的"新生日"庆祝仪式，展现了生命的力量与品牌的守护。这种创新的内容形式，极大地提升了内容的吸引力和传播力。

本次活动邀请知名纪录片导演执导，以半开放的手法记录了三位俱乐部成员的"特殊生日现场"。这些生动的故事，通过各大官方平台及合作媒体发布，迅速引发热议。同时，借助"原来生命真的有奇迹"等话题讨论，激发公众对人生意外与安全性的关注，进一步强化了沃尔沃汽车的品牌形象。

在卡塔尔世界杯等热点事件的夹击下，沃尔沃生命奇迹俱乐部的相关话题依然成功登上热搜，最高话题阅读量超过 1.2 亿，互动量达 5.1 万次，充分证明了内容营销的力量，也展示了沃尔沃汽车在情感营销上的成功实践。

沃尔沃汽车"人生重启时"内容营销活动，通过深入挖掘真实故事、创新内容形式、精准定位目标受众，成功实现了品牌安全理念的深度传播与消费者情感的深度共鸣，为汽车行业的内容营销树立了新的标杆。

 思考题

1. 请结合瑞幸咖啡与茅台酒的联名营销案例，分析内容营销如何在跨界合作中发挥作用。
2. 请阐述 KOL 营销价值体现在哪些方面。
3. 在内容营销策略中，如何选定内容赛道并持续投资？请举例说明。
4. 对比不同平台 KOL 的差异化定位，品牌在选择 KOL 合作时应如何考虑？

第十二章 元宇宙营销

学习目标

1. 认识元宇宙的定义和分类。
2. 理解虚拟游戏营销的价值和策略。
3. 理解电子竞技营销的价值与策略。

案例引入

"无畏1980"数字藏品：元宇宙营销新探索

随着元宇宙概念的兴起，品牌营销也迎来了新的变革。清扬携手顶流运动员苏翊鸣推出的"无畏1980"数字藏品，成为元宇宙营销领域的又一亮点。

在元宇宙浪潮下，品牌如何突破传统营销界限，与年轻消费者建立更深层次的连接，成为关键问题。清扬作为知名的个人护理品牌，选择以苏翊鸣为合作对象，不仅因其在北京冬奥会上以"无畏"精神打破世界纪录，更因其年轻、充满活力、敢于挑战的形象与清扬品牌的理念高度契合。

清扬创新性地推出了"无畏1980"数字藏品，该藏品以苏翊鸣内转1980度抓板动作的瞬间为灵感进行设计，并在元宇宙平台限量发行。这一举措不仅赋予了产品独特的收藏价值，还通过元宇宙的沉浸式体验，加深了消费者对品牌的认知与情感连接。

在营销过程中，清扬充分利用了社交媒体与KOL的影响力，通过抖音电商超级品牌日等平台，发起"无畏追爱，翊鸣惊人"挑战赛，邀请用户参与挑战并表白自己的热爱。同时，结合苏翊鸣的"侠客头"造型，清扬还打造了"想拥有苏翊鸣同款侠客头发型"话题，进一步扩大了活动的影响力。据统计，该话题在抖音上的视频播放量破亿，成功吸引了大量年轻用户的关注与参与。

"无畏1980"数字藏品的推出，不仅为清扬带来了显著的品牌曝光与销售增长，更重要的是，它开创了品牌元宇宙营销的新模式。通过元宇宙的虚拟空间，清扬成功构建了与消费者之间的新型互动关系，实现了从产品到情感、从现实到虚拟的全面触达。

"无畏1980"数字藏品案例充分展示了元宇宙营销的巨大潜力与广阔前景。通过创新的数字藏品设计与多渠道的营销传播，清扬不仅提升了品牌形象与市场占有率，更为品牌未来的元宇宙布局奠定了坚实基础。

第一节　元宇宙营销

一、元宇宙营销的概述

元宇宙是一个虚拟现实空间，用户可在其中与科技手段生成的环境及其他人交流互动。元宇宙概念包括用户身份及关系（虚拟身份与社交），沉浸感（VR、AR等技术），实时性和全时性（5G、物联网、云计算），多元化和经济体系（可交易的数字货币、数字藏品）等基本构成要素。

元宇宙是在传统网络空间的基础上，伴随多种数字技术成熟度的提升而形成的既映射于现实世界，又独立于现实世界的虚拟世界。同时，元宇宙并非一个简单的虚拟空间，而是把网络、硬件终端和用户囊括进一个永续的、广覆盖的虚拟现实系统之中，系统中既有现实世界的数字化复制物，也有虚拟世界的创造物。

元宇宙中涵盖的技术、内容和社交等多个维度都已经成为品牌营销的切入点。众多的品牌已经开始积极探索元宇宙营销的落地场景，用新技术和新场景给用户带来新体验，从而拉近用户与品牌的距离。

二、元宇宙营销的分类

1. 数字人

数字人的目标是通过计算机图形学技术创造出与人类形象接近的数字化形象，并赋予其特定的人物身份设定，在视觉上拉近与人类的心理距离，为人类带来更加真实的情感互动。其应用领域多元，主要聚焦于文娱及服务行业。

在多重技术日渐成熟的基础上，数字人的落地场景日渐丰富。由于数字人具有超强的可塑性和更低的操作风险，已被广泛应用于游戏、演唱会等文娱场景以及品牌代言、电商直播等营销场景，成为品牌和用户之间重要的情感纽带。

2. 数字藏品

数字藏品是一个面向个人用户，且用户有直接付费意愿的区块链原生场景。作为数字经济与元宇宙发展的产物，数字藏品是具有收藏价值和现实资产属性的数字资产。数字藏品是元宇宙的必然要素，元宇宙也促进了数字藏品的快速发展。

数字藏品在我国的发展时间不长，其规模和增速却相当惊人。以阿里巴巴的蚂蚁链、腾讯的至信链以及百度的超级链等为代表，头部企业已经在底层平台上建立了丰富的数字藏品生态。包括哔哩哔哩、小红书、起点读书在内的新媒体，以权威官方纸媒为代表的传统内容平台，以及文化投资、旅游交易平台，均发布了自己的数字藏品。

由于数字藏品市场过于火爆，众多企业纷纷加入，从服装、快消到奢侈品企业，都在借助数字藏品的新奇体验和新颖形式，为品牌形象带来更多的活力。

3. 虚拟空间

品牌可以在游戏等公共的虚拟空间中进行品牌植入，提升品牌曝光度；也可以打造自有的虚拟空间，让用户能够自行打造专属的虚拟分身，并让分身参与到众多虚拟世界的活动中去，进而构建元宇宙私域。虚拟空间概念的持续火爆让更多品牌看到了虚拟营销的可能。

4. 沉浸式体验技术

元宇宙主要探讨的是一个持久化和去中心化的在线三维虚拟环境。此虚拟环境可通过 VR/AR 眼镜、手机、个人电脑和电子游戏机等设备进入人造的虚拟世界。VR、AR 等技术都是元宇宙的界面或接口，帮助用户连接元宇宙的虚拟空间。

第二节　虚拟游戏营销

一、虚拟游戏营销的概述

1. 虚拟游戏营销的定义

随着数字技术的飞速发展，虚拟游戏已成为一种重要的娱乐方式，吸引了大量年轻用户的关注。虚拟游戏营销正是基于这一方式，通过游戏中的各种元素和机制，将品牌信息、产品推广融入游戏之中，从而达到营销目的。它不仅能够提供沉浸式的用户体验，还能通过游戏内的互动，增强用户对品牌的认知和好感。

根据游戏和营销的关系，可以将虚拟游戏营销分为两种：游戏植入广告和品牌定制游戏。

游戏植入广告就是将广告信息融入游戏的环节、场景、形象和道具中，让广告和游戏融为一体，从而使广告信息出现在游戏玩家眼前。游戏植入广告出现较早，应用也较多，通常都是品牌和某些用户基数较大的游戏合作，在游戏中植入广告信息，或者开展游戏奖励活动。

品牌定制游戏是指那些专门为传播品牌、宣传产品而开发制作的游戏。这种游戏的开发制作由有营销需求的品牌主导，完全为企业的营销活动服务。在社交游戏兴起以前，这类游戏主要以网页游戏的形式存在。在社交网站和移动互联网兴起后，基于社交网站平台的第三方游戏插件和游戏 APP 成为主要形式，这种虚拟游戏营销形式的影响力也越来越大。

2. 虚拟游戏营销的分类

虚拟游戏营销的核心在于利用游戏的趣味性和互动性，将营销信息以更加生动、有趣的方式传递给目标受众。根据不同的标准，可以将虚拟游戏营销划分成不同的种类。

根据虚拟游戏搭载平台类型的不同，可以将虚拟游戏分为四种：传统游戏机游戏、电脑端游戏、社交游戏（特指在社交网站上运营的社交游戏）和移动游戏（搭载平台为智能移动设备的游戏）。相应地，虚拟游戏营销的方式可以根据游戏类型进行区分。当前虚拟游戏营销主要采用两种形式：一是基于社交网站平台的社交游戏，二是基于智能移动设备、可供用户自由下载的移动游戏。

根据营销信息在游戏中植入程度的不同，可以将虚拟游戏营销划分为以下四种类型。

（1）游戏场景植入

游戏场景植入是最基本、最简单的虚拟游戏营销形式，即在游戏场景中植入广告信息。

（2）游戏道具植入

游戏道具植入即在游戏中将产品以游戏道具的形式植入。这种植入方式能够给企业提供和用户互动交流的机会，也能够更深入地将品牌和游戏内容联系起来，有助于提升用户的游戏体验。

（3）品牌定制游戏

品牌定制游戏即根据品牌和商品的特点及营销要求，量身定制游戏。这种游戏虽然在本质上是"广告游戏"，但是也能给用户提供良好的游戏体验。移动互联网兴起后，社交网站平台上的游戏插件以及品牌定制游戏 APP 越来越多。

（4）虚拟与现实交错游戏

虚拟与现实交错游戏即在游戏中连接虚拟和现实。传统上认为游戏是虚拟的，但是在一定的技术条件下，游戏可以与现实联系起来。

总体而言，随着近些年互联网社交化、移动化的快速发展，虚拟游戏和虚拟游戏营销都取得了快速的发展。新的虚拟游戏营销方式大量出现，但还是可以通过游戏和营销的关系来进行基本划分。

二、虚拟游戏营销的价值

1. 扩大传播影响力

根据《2023—2030 全球游戏行业预测报告》，到 2030 年，全球游戏行业的年收入将达到 3012 亿美元，全球活跃玩家数量将增至 38 亿。无论在营收规模还是玩家数量方面，中国都位居全球前列。拥有庞大玩家基数的游戏能够在营销传播中发挥重要媒介作用，每位游戏玩家都可能成为广告的潜在受众。与传统广告媒介类似，受众规模越大，广告营销价值越高，因此活跃玩家数量多的游戏通常具有更大的营销价值。

2. 提升品牌认知度和形象

通过虚拟游戏营销，企业可以将品牌信息巧妙地融入游戏之中，让玩家在游戏过程中自然而然地接触到品牌，从而提升品牌认知度。同时，通过精心设计的游戏情节和角色设定，企业还可以塑造积极、正面的品牌形象，增强玩家对品牌的好感度。

3. 增强玩家互动与参与度

虚拟游戏营销利用游戏的互动性，鼓励玩家与品牌进行更深入的交流和互动。这种互动不仅可以增加玩家对品牌的了解，还可以激发玩家的参与热情，提高玩家的忠诚度。此外，通过游戏内的社交功能，玩家之间还可以分享游戏经验和品牌信息，进一步扩大品牌的影响力。

4. 促进产品销售与商业变现

虚拟游戏营销不仅可以提升品牌形象和玩家忠诚度，还可以直接促进产品的销售。

通过在游戏内设置购买链接、优惠券等方式，企业可以引导玩家进行实际购买。同时，一些虚拟游戏还通过提供增值服务、游戏内购买等方式实现商业变现，为企业创造更多的商业价值。

三、虚拟游戏营销的策略

1. 精准匹配品牌，定制或植入前沿游戏营销

在当下的游戏市场中，大型多人在线游戏、热门社交应用内的游戏以及移动端游戏成为品牌营销的新宠。品牌不仅选择在这些平台植入广告，还积极开发定制化游戏以满足特定营销需求。植入式营销利用现有游戏的高人气基础，迅速触达海量玩家，但其效果受限于游戏运营方的规则和内容框架。相比之下，定制游戏能完全围绕品牌故事和营销策略设计，从题材到玩法可全面掌控，但初期玩家基数较小，需依赖品牌自身推广力度。

企业应根据品牌影响力和营销目标灵活选择策略。知名品牌常通过定制游戏强化品牌形象，利用既有"粉丝"基础快速聚拢关注。营销性质决定了游戏形式的选择，短期促销适合采用简单有趣的小游戏，而长期品牌塑造则需设计复杂度高、沉浸感强的游戏。

2. 深化品牌、玩家与游戏之间的多维度联系

无论是植入广告还是定制游戏，核心在于通过优质的游戏体验传递品牌价值。营销人员需精准把握品牌信息与游戏体验的平衡，首要任务是明确游戏玩家与品牌目标受众的重合度。随着移动游戏的普及，玩家群体更加多元化，年龄、性别、职业界限变得模糊，为精准营销提供了新机遇。品牌需通过精细的数据分析，确保游戏能精准触达目标受众。

同时，品牌与游戏内容的契合度也至关重要。传统电脑端游戏题材受限，而社交游戏与移动游戏则涵盖生活的方方面面，为品牌植入提供了更多创意空间。品牌需深入挖掘与游戏内容的内在联系，创造独特的营销点。

3. 在游戏中融入品牌元素，在保障体验的同时强化传播

品牌与游戏的融合需要巧妙进行，且不能破坏游戏原有的体验。在视觉层面，品牌信息应与游戏界面和谐统一，以增强产品的表现力。在机制层面，品牌可以化身游戏道具、场景或任务，通过提供实物奖励或现实互动来增强玩家的参与感。

4. 运用AR、VR等技术，打破虚拟与现实的界限

AR、VR等新兴技术为虚拟游戏营销带来了革命性的变化，它们能够提供沉浸式体验，增强玩家的黏性，并引导玩家在现实中的行为。

5. 激发游戏的娱乐性和社交性，促进自发传播

游戏的娱乐性和社交性是提升用户黏性的关键因素。优质的游戏体验能够吸引玩家长时间投入，而社交功能则能够增强玩家之间的互动，形成口碑传播。品牌需要在游戏中巧妙地融入社交环节，鼓励玩家分享游戏体验，从而扩大品牌的影响力。

6. 整合营销资源，最大化虚拟游戏营销效果

虚拟游戏营销应作为整合营销的一部分，与其他营销手段协同发挥作用。品牌需要明确虚拟游戏在整体营销中的角色，设计综合方案，结合线下活动、传统媒体与数字营销，形成全方位、立体化的营销攻势。

第三节 电子竞技营销

一、电子竞技营销的概述

电子竞技是近年来迅速崛起的一项新兴产业，它将传统体育项目与数字技术相结合，形成了一种全新的竞技方式。电子竞技营销则是基于这一平台，利用电子竞技赛事、选手、战队等元素进行品牌推广和市场营销的活动。电子竞技领域已成为当下年轻人的核心聚集地之一，随着其社会影响力的上升，电子竞技领域正成为品牌年轻化战略的必争之地，电子竞技营销也因此成为众多企业和品牌争相布局的重要领域。

二、电子竞技营销模式的分类

从品牌与电子竞技的合作模式来看，除了传统的赞助模式外，联名产品、共创内容、主题活动、沉浸体验等多元化创新合作模式正不断涌现。电子竞技营销模式的分类如表 12-1 所示。

表 12-1　电子竞技营销模式的分类

分类	说明	营销案例
赞助营销	品牌赞助电子竞技赛事、电子竞技俱乐部及电子竞技选手等	①奔驰×英雄联盟职业联赛 ②英特尔×JDG 京东电子竞技俱乐部 ③耐克×简自豪（游戏 ID：Uzi）
内容营销	品牌结合电子竞技 IP 推出相关纪录片、综艺、漫画等内容	①百事可乐×王者荣耀 ②马克华菲×和平精英
活动营销	品牌结合电子竞技 IP 举办赛事、见面会、直播等活动	①骁龙电子竞技先锋赛 ②平安银行×电子竞技"粉丝"狂欢节
游戏营销	品牌在电子竞技游戏内推出联名皮肤、装备、道具等	①敦煌研究院×王者荣耀 ②肯德基×第五人格 ③玛莎拉蒂×和平精英
场景营销	品牌结合电子竞技 IP 打造具有电子竞技特色和氛围的线下场景	①Tims 咖啡×腾讯电子竞技 ②北京环球影城×王者荣耀
文创营销	品牌结合电子竞技赛事、电子竞技 IP 推出电子竞技联名产品	①百事可乐×王者荣耀 ②马克华菲×和平精英

三、电子竞技营销的价值

1. 广泛的受众覆盖

电子竞技作为一种新兴的娱乐方式，吸引了大量年轻、活跃的受众群体。通过电子竞技营销，企业能够有效地触达这一目标受众群体，提高品牌的知名度和影响力。

2. 高度的用户参与度

电子竞技赛事往往具有较高的观赏性和互动性，能够激发用户的参与热情。企业通过赞助电子竞技赛事或战队，可以借助赛事的热度提高用户对自身品牌的关注度和参与度。

3. 多元化的营销手段

电子竞技营销提供了多元化的营销手段，如赛事赞助、选手合作、战队冠名等。这些手段可以灵活地满足不同企业的营销需求，实现品牌与电子竞技元素的深度融合。

四、电子竞技营销的策略

1. 赞助电子竞技赛事或电子竞技战队

赞助电子竞技赛事或电子竞技战队是电子竞技营销中最直接且有效的方式之一。品牌通过赞助知名的电子竞技赛事或电子竞技战队，可以获得广泛的曝光机会，并在特定的电子竞技领域树立威信和声誉。这种方式不仅提升了品牌的知名度，还能通过与电子竞技文化的融合，增强品牌的年轻化与时尚感。

2. 社交媒体营销

社交媒体已成为电子竞技营销的重要渠道。品牌可以在微博、微信、哔哩哔哩等平台创建专用账号，发布与电子竞技相关的内容，与电子竞技爱好者互动，分享赛事精彩瞬间、选手生活日常等，增强用户的参与感和忠诚度。通过定期发布吸引人的内容，品牌可以持续吸引潜在用户的关注。

3. 直播平台合作

直播平台如斗鱼、虎牙等是电子竞技爱好者的聚集地。品牌可以通过在这些平台直播赛事、进行品牌广告宣传，吸引年轻人的关注。直播中的互动环节，如抽奖、问答等，还能进一步增加用户的参与度和品牌曝光率。

4. 内容营销

内容营销是电子竞技营销的核心策略之一。品牌可以创建高质量的内容，如游戏预告片、开发者访谈、玩家故事等，以吸引潜在用户的兴趣。此外，与电子竞技网红或知名主播合作，让他们试玩并宣传游戏，也能带来大量潜在用户。

5. 线下活动

线下活动如电子竞技赛事、"粉丝"见面会等，为品牌提供了与电子竞技爱好者直接互动的机会。这些活动不仅能增强用户的参与感，还能通过面对面交流的方式提升品牌忠诚度。

6. 跨界合作

跨界合作是电子竞技营销的创新方式之一。品牌通过与其他不同行业的品牌合作，可以拓展品牌影响力和市场份额。这种合作方式不仅能为电子竞技赛事或电子竞技战队带来更多的资源和支持，还能让品牌借助电子竞技文化的力量，吸引更多年轻用户的关注。

7. 用户参与导向

将用户参与置于营销创新的核心位置。品牌可以通过举办线上挑战、互动游戏等活动,创造用户参与的体验,提高用户的参与度和分享意愿。同时,倾听用户的声音和反馈,根据用户需求调整营销策略,以增强用户忠诚度。

案例分析

宝马虚拟工厂之旅:用手游玩转"工业元宇宙"

在元宇宙概念日益火爆的背景下,宝马汽车凭借其创新性的营销策略,将"工业元宇宙"概念引入公众视野,特别是通过"宝马虚拟工厂之旅"这一手游项目,不仅展现了未来汽车制造的魅力,也重新定义了品牌与用户之间的互动方式。

1. 案例背景

宝马汽车在沈阳投资建设的里达工厂是其在中国最大的单项投资项目,总投资额高达150亿元人民币。这座工厂从设计之初便全面采用虚拟仿真技术,通过数字孪生模型进行全方位模拟与优化,实现了从虚拟到现实的精准映射。在此基础上,宝马汽车推出了"宝马虚拟工厂之旅"手游,让用户通过指尖操作就能体验这一未来工厂的神奇魅力。

2. 策略实施

"宝马虚拟工厂之旅"借助 Epic Games 的虚幻引擎,打造了高度逼真的开放世界手游体验。玩家无须下载安装,通过扫描二维码即可轻松进入游戏。游戏内容涵盖了里达工厂约290万平方米的庞大厂区,从冲压车间到涂装车间,再到总装车间,每一个环节都进行了精细还原。

在游戏中,玩家不仅可以参观工厂办公环境,了解金属钢板如何变成车身钣金零件,还能根据自己的喜好选择车身颜色,并近距离观察汽车零件的装配过程。通过漫游模式和导览模式,玩家可以根据自己的偏好自由探索或跟随虚拟导游深入了解。此外,游戏还融入了丰富的互动任务,如参与冲压、焊接、喷漆等模拟操作,让玩家在娱乐中了解汽车制造的全过程。

3. 效果评估

自"宝马虚拟工厂之旅"上线以来,吸引了大量用户的参与和关注。据统计,超过25万人参与游戏,得到了用户的深度认可,并吸引了各行业品牌的关注。这一项目不仅提升了宝马汽车的知名度和美誉度,还成功地将元宇宙概念与汽车制造相结合,为行业树立了新的标杆。

更重要的是,通过"宝马虚拟工厂之旅",宝马汽车让用户更加直观地感受到了其先进的制造技术和对品质的追求,增强了用户对品牌的信任和忠诚度。同时,这一项目也为宝马汽车在元宇宙领域的进一步探索奠定了坚实基础。

4. 结论

"宝马虚拟工厂之旅"作为元宇宙营销的成功案例,展示了品牌如何通过创新技术提升用户体验和品牌价值。通过高度逼真的虚拟世界和丰富的互动体验,宝马汽车不仅让用户更加深入地了解了汽车制造的全过程,还成功地将元宇宙概念引入汽车营销领域，为行业带来了新的启示和思考。

 思考题

1. 元宇宙营销中的数字人、数字藏品、虚拟空间和沉浸式体验技术分别如何为品牌营销带来新的机遇和挑战？

2. 结合案例分析，虚拟游戏营销如何通过不同方式提升品牌认知度和形象？

3. 电子竞技营销的主要模式有哪些？请分别举例说明其在营销中的应用。

4. 对比虚拟游戏营销和电子竞技营销，二者在营销受众和营销手段上有哪些异同点？

[1] 彭英．数字营销［M］．北京：清华大学出版社，2023．

[2] 陈国胜，陈凌云．数字营销［M］．大连：东北财经大学出版社，2021．

[3] 科特勒，卡塔加雅，塞蒂亚万．营销革命3.0：从产品到顾客，再到人文精神［M］．毕崇毅，译．北京：机械工业出版社，2011．

[4] 科特勒，卡塔加雅，塞蒂亚万．营销革命4.0：从传统到数字［M］．王赛，译．北京：机械工业出版社，2021．

[5] 程海燕．数字营销实务［M］．桂林：广西师范大学出版社，2023．

[6] 彭英．大数据营销［M］．北京：清华大学出版社，2023．

[7] 宋星．数据赋能［M］．北京：电子工业出版社，2021．

[8] 李永平，董彦峰，黄海平．数字营销［M］．北京：清华大学出版社，2021．

[9] 小马宋．营销笔记［M］．北京：中信出版社，2022．

[10] 华迎，马双．大数据营销［M］．北京：中国人民大学出版社，2022．

[11] 阳翼．大数据营销［M］．2版．北京：中国人民大学出版社，2021．